van den Hövel | Die Tenorierung im Zivilurteil

Die Tenorierung im Zivilurteil

Darstellung anhand praktischer Beispielsfälle

Von
Dr. jur. Markus van den Hövel
Vorsitzender Richter am LG
Richter am DGH NRW (bis 2016)

8. Auflage 2020

des von Egon Schneider unter dem Titel
»Die Kostenentscheidung im Zivilurteil« begründeten
und bis zur 2. Auflage bearbeiteten Werkes

Verlag Franz Vahlen

Zitiervorschlag: *van den Hövel* Tenorierung Rn.

www.vahlen.de

ISBN 978 3 8006 6445 0

Wilhelmstraße 9, 80801 München
Druck: Druckhaus Nomos
In den Lissen 12, 76547 Sinzheim

Satz: R. John + W. John GbR, Köln
Umschlagkonzeption: Martina Busch Grafikdesign, Homburg Saar

CO_2 neutral
vahlen.de/nachhaltig

Gedruckt auf säurefreiem, alterungsbeständigem Papier
(hergestellt aus chlorfrei gebleichtem Zellstoff)

Vorwort

Richtig zu tenorieren bleibt examens- und praxisrelevant und so ist nun wieder die Zeit für eine Neuauflage gekommen! Nach über einem Jahrzehnt auf dem Fachbuchmarkt muss das Rad der Tenorierung auch in diesem Buch nicht neu erfunden werden, kleinere »kosmetische« Korrekturen und Ergänzungen reichen aus. Der »Tenorierungs-Trainer« erscheint nunmehr »bekannt und bewährt« in der 8. Auflage.

Die Neuauflage bleibt »händelbar«, praxis- und arbeitstauglich. Sie wurde inhaltlich überprüft, soweit möglich »entschlackt« und soweit nötig aktualisiert und ergänzt. So bleibt das seit vielen Jahren etablierte Werk »im Fluss«. Ich habe insoweit wiederum gerne sinnvoll erscheinende Anregungen aus dem Leserkreis aufgegriffen. Vollständig neu ist das praxisrelevante Problem der Kostentenorierung im Fall der Zurückweisung der Berufung durch Beschluss nach § 522 Abs. 2 ZPO, mit der zugleich die (unselbstständige) Anschlussberufung ihre Wirkung verliert (§ 524 Abs. 4 ZPO). Die Neufassung des § 544 ZPO erforderte zudem die komplette Überarbeitung der Berufungstenöre, da in vielen Fällen nunmehr § 713 ZPO an Bedeutung gewonnen hat. Aktualisiert wurde der Tenor im Arrestverfahren.

Soweit es erforderlich schien, sind auch die bisherigen Fälle einschließlich der vertiefenden Literatur- und Rechtsprechungshinweise überarbeitet worden.

Die bewährte Struktur des Buches bleibt unverändert. Das Buch soll Grundwissen der Tenorierung vermitteln, aber auch in schwierigen Einzelfällen sicher weiterhelfen. Jedes konkrete Einzelfallproblem und dessen Lösung lassen sich schnell »auf einen Blick« erschließen. Gleichermaßen zügig ist die originäre und systematische Erarbeitung der Tenorierungsproblematik möglich.

Neu in dieser Auflage ist das erleichterte Auffinden der sogenannten Basisfälle der Tenorierung: diese zum Grundwissen der Tenorierung zählenden Fälle sind nunmehr besonders mit ☑ gekennzeichnet, so dass das rasche Erfassen des »Basiswissens« erleichtert wird.

Möge auch diese Auflage vielen mit Tenorierungsfragen beschäftigten Juristen eine wertvolle Hilfe darstellen.

Auch die Neuauflage widme ich meinem Vater *Johannes van den Hövel*, ehem. Vorsitzender Richter am OLG; seine beeindruckende Fähigkeit, auch in schwierigen Fällen juristische Lösungen zu entwickeln, mit denen die Parteien »etwas anfangen können«, die praxistauglich und konfliktlösend ohne theoretischen Selbstzweck sind, hat mich in jungen Jahren inspiriert und verdeutlicht mir in der täglichen Rechtspraxis die Bedeutung, juristisches *Denken stets mit Pragmatismus und Vernunft* in Einklang zu bringen.

Bochum, im Juni 2020 *Markus van den Hövel*

Aus dem Vorwort zur 3. Auflage

Erfahrungsgemäß bereitet Rechtsreferendaren gerade die richtige, dh die in sich stimmige und vollständige Tenorierung immer wieder erhebliche Schwierigkeiten, wie leider viele Referendarklausuren belegen. Dabei ist gerade der Tenor eines Urteils die »Visitenkarte« einer Klausur, da der Prüfer bei ordnungsgemäßem Urteilsaufbau nach dem regelmäßigen »Überblättern« des Rubrums den Tenor in der Regel als erste ernsthaft zu bewertende juristische Leistung des Kandidaten zur Kenntnis nimmt. Ist aber schon der Tenor unvollständig bzw. in sich nicht stimmig, so wird damit bereits zu Beginn der Arbeit bzw. Korrektur der erste negative Eindruck über die Klausur des Kandidaten begründet; diesen durch die weitere Bearbeitung wieder zu korrigieren ist schwierig: jeder kleinere Fehler wird eher zur Verfestigung des negativen Gesamtbildes führen. Ist hingegen der Tenor in sich stimmig und vollständig, so hat der Kandidat frühzeitig die ersten – kleinen – Pluspunkte gesammelt und damit eine bessere Startposition im Hinblick auf die folgende Hauptbearbeitung und die eigentlichen Probleme der Arbeit. Um nicht missverstanden zu werden: maßgeblich ist nicht die Frage, ob die Entscheidung als solche richtig ist oder nicht, ob somit der Kandidat die Klage abgewiesen hat statt ihr ganz oder teilweise stattzugeben; häufig schließen sich auch in einer Klausur vollständig konträre Lösungen und Tenorierungen nicht aus, sondern sind mit entsprechend nachvollziehbarer Begründung jeweils gut vertretbar. Relevant ist somit vielmehr die Problematik, ob der Kandidat das später in den Entscheidungsgründen dargelegte Ergebnis – wie auch immer es ausfallen möge – **in sich stimmig** und **vollständig** tenoriert hat. Dies ist nach meinen Erfahrungen mit Referendarklausuren in mehr als zwei Dritteln der Fälle nicht gegeben. Es fehlt an hinreichender Erfahrung mit den unterschiedlichen Modifikationen eines Tenors. »Tenorierungswissen« wird in Referendar-Arbeitsgemeinschaften aus Zeitmangel häufig kaum oder äußerst knapp vermittelt, Lehrbücher räumen dieser Problematik im Verhältnis zu dem übrigen Lehrstoff wenig Raum ein, spezielle Übungsaufgaben hierzu fehlen. Zudem wird die Bedeutung des Tenors von Referendaren chronisch unterschätzt, der Schwerpunkt des Lernens wird auf prozessuale und materiellrechtliche Probleme beschränkt, Tenorierungen werden nicht »geübt«, sondern eher ignoriert. (…)

In zahlreichen unterschiedlichen – gleichermaßen praxis- und examensrelevanten – Konstellationen wird **jeder Tenor im Einzelnen ausformuliert und Schritt für Schritt erläutert.** Der Kandidat kann folglich diese Fälle selbst nacharbeiten und zudem die richtige Tenorierung einüben. Auf diese Weise lässt sich schon nach kurzer Zeit die erforderliche Routine und Sicherheit begründen, um in der knapp bemessenen Zeit einer Klausur in der gebotenen Zügigkeit zeitsparend und »richtig« zu tenorieren.

Neben der beschriebenen Möglichkeit, sich das Buch systematisch, vom ersten bis zum letzten Fall zu erarbeiten, soll es zugleich auch als Nachschlagewerk für den jeweils konkreten Einzelfall dienen, um ein spezifisches Tenorierungsproblem zu lösen. Es ist deshalb zum einen der besseren Übersichtlichkeit wegen nach einzelnen Themenschwerpunkten unterteilt, die ein rasches Erfassen der jeweiligen Problemdarstellungen ermöglichen. Zum anderen sind die gewählten Beispielsfälle und die dazugehörigen Erläuterungen zu den einzelnen Tenorierungsproblemen in der Weise konzipiert, dass sie umfassend und in sich verständlich sind, ohne zuvor eine Einarbeitung in die anderen Fälle zu erfordern; zur Vermeidung unnötiger Wiederholungen erfolgen im Einzelfall schnell auffindbare Verweisungen zu dem Beispielsfall, in dem das spezifische Problem ausführlich und vertieft dargestellt wird. Hilfreich sind zudem das Inhalts- sowie das sorgfältig untergliederte Stichwortverzeichnis.

Das Werk richtet sich insbesondere auch an Berufsanfänger namentlich im Richter- und Anwaltsberuf. Erfahrungsgemäß bestehen regelmäßig Schwierigkeiten mit der zutreffenden Tenorierung bzw. Antragstellung. Auch insoweit soll dieses Buch eine sowohl praktische als auch zeitökonomisch einprägsame Hilfestellung leisten.

Schließlich soll das Buch dem erfahrenen Praktiker dienen. Dieser findet ebenfalls immer wieder Fälle vor, in denen Unsicherheit über die zutreffende Formulierung des Tenors in der Hauptsache besteht; exemplarisch seien Haupt- und Hilfsanträge, Stufenklagen, Zug-um-Zug-Verurteilungen sowie die Problematik von Erledigungs- und Säumnisentscheidungen genannt. (…)

Das didaktische Konzept dieses Buches begründet sich aus der nahezu täglichen Erfahrung des Verfassers als Referendararbeitsgemeinschafts- sowie Ausbildungsleiter mit Referendaren und der daraus resultierenden Erkenntnis, das erforderliche Wissen über die Tenorierung insbesondere durch das **praktische Beispiel,** dh durch die Übung am relevanten Anwendungsfall, vermitteln zu können. (…)

Bochum, im Januar 2004 *Markus van den Hövel*

Inhaltsverzeichnis

Übersicht der Basisfälle

Abkürzungsverzeichnis

aA	anderer Ansicht
aaO	am angegebenen Ort
Abs.	Absatz
aE	am Ende
AG	Amtsgericht
Alt.	Alternative
Anm.	Anmerkung
arg. e.	Argument aus
Aufl.	Auflage
Az.	Aktenzeichen
Beschl.	Beschluss
BGB	Bürgerliches Gesetzbuch
BGH	Bundesgerichtshof
BGHZ	Entscheidungssammlung des BGH in Zivilsachen
BRAGO	Bundesgebührenordnung für Rechtsanwälte
BVerfGG	Gesetz über das Bundesverfassungsgericht
bzw.	beziehungsweise
ca.	circa
DGH	Dienstgerichtshof (für Richter)
dh	das heißt
DRiZ	Deutsche Richterzeitung
EGZPO	Einführungsgesetz zur ZPO
etc.	et cetera
EUR	Euro
FamFG	Gesetz über das Verfahren in Familiensachen und in den Angelegenheiten der freiwilligen Gerichtsbarkeit
ff.	folgende
Fn.	Fußnote
GbR	Gesellschaft bürgerlichen Rechts
ggf.	gegebenenfalls
GKG	Gerichtskostengesetz
hM	herrschende Meinung
Hs.	Halbsatz
idR	in der Regel
incl.	inclusive
insbes.	insbesondere
iSd	im Sinne des
iVm	in Verbindung mit
JVEG	Justizvergütungs- und -entschädigungsgesetz
KG	Kommanditgesellschaft
km	Kilometer
KV	Kostenverzeichnis (GKG)
LG	Landgericht

max. . . . . maximal
mE . . . . meines Erachtens
Mio. . . . . Million
mwN . . . . mit weiteren Nachweisen

NJW . . . . Neue Juristische Wochenschrift
NJW-RR . . . . NJW-Rechtsprechungs-Report Zivilrecht
Nr. . . . . Nummer
NRW . . . . Nordrhein-Westfalen
NVwZ . . . . Neue Zeitschrift für Verwaltungsrecht
NZBau . . . . Neue Zeitschrift für Baurecht

OLG . . . . Oberlandesgericht
OLGR . . . . OLG-Report

Rn. . . . . Randnote/Randnummer
Rspr . . . . Rechtsprechung
RVG . . . . Rechtsanwaltsvergütungsgesetz

S. . . . . Satz, auch: Seite
s.o. . . . . siehe oben
Str. . . . . Straße
StVG . . . . Straßenverkehrsgesetz

VB . . . . Vollstreckungsbescheid
vgl. . . . . vergleiche
VOB . . . . Verdingungsordnung für Bauleistungen
VU . . . . Versäumnisurteil
VV . . . . Vergütungsverzeichnis (RVG)

zB . . . . zum Beispiel
Ziff. . . . . Ziffer
ZPO . . . . Zivilprozessordnung
ZSEG . . . . Gesetz über die Entschädigung von Zeugen und Sachverständigen
zT . . . . zum Teil

Literaturverzeichnis

Anders/Gehle	Anders/Gehle, Das Assessorexamen im Zivilrecht, 14. Aufl. 2020
Baumbach/Hopt/*Bearbeiter*	Baumbach/Hopt, Handelsgesetzbuch, 39. Aufl. 2020
BLHAG/*Bearbeiter*	Baumbach/Lauterbach/Hartmann/Anders/Gehle, Zivilprozessordnung, 78. Aufl. 2020
Fischer/Uthoff	Fischer/Uthoff, Die Richter- und Anwaltsklausur im Zivilrecht, 2003
Furtner	Furtner, Das Urteil im Zivilprozess 5. Aufl. 1985
Gerold/Schmidt/*Bearbeiter*	Gerold/Schmidt, Rechtsanwaltsvergütungsgesetz, 24. Aufl. 2019
Hartmann/Toussaint	Hartmann/Toussaint, Kostengesetze, 50. Aufl. 2020
HK-ZPO/*Bearbeiter*	Saenger, Zivilprozessordnung, 8. Aufl. 2019
Knöringer	Knöringer, Die Assessorklausur im Zivilprozess, 17. Aufl. 2018
Lackmann	Lackmann, Der Zivilrechtsfall im Assessorexamen, 2. Aufl. 2014
MüKoZPO/*Bearbeiter*	Münchener Kommentar zur Zivilprozessordnung, Bd. 1, 6. Aufl. 2020; Bd. 2, 5. Aufl. 2016; Bd. 3, 5. Aufl. 2017
Musielak/Voit/*Bearbeiter*	Musielak/Voit, Zivilprozessordnung, 17. Aufl. 2020
Palandt/*Bearbeiter*	Palandt, Bürgerliches Gesetzbuch, 79. Aufl. 2020
Prütting/Gehrlein/*Bearbeiter*	Prütting/Gehrlein, Zivilprozessordnung, 12. Aufl. 2020
Reinking/Eggert	Reinking/Eggert, Der Autokauf, 14. Aufl. 2020
Schellhammer Arbeitsmethode Zivilrichter	Schellhammer, Die Arbeitsmethode des Zivilrichters, 18. Aufl. 2019
Schellhammer Zivilprozess	Schellhammer, Zivilprozess, 15. Aufl. 2016
Schneider	Schneider, Die Kostenentscheidung im Zivilurteil, 1. Aufl. 1962, 2. Aufl. 1977
Schuschke/Kessen/Höltje	Schuschke/Kessen/Höltje, Zivilrechtliche Arbeitstechnik im Assessorexamen, 35. Aufl. 2013
Staudinger/*Bearbeiter*	Staudinger, Bürgerliches Gesetzbuch, Bearbeitung ab 2000
Stein/Jonas/*Bearbeiter*	Stein/Jonas, Zivilprozessordnung, 23. Aufl., ab 2003
Theimer/Theimer	Theimer/Theimer, Mustertexte zum Zivilprozess, Bd. I, 10. Aufl. 2020, und Band II (zit.: II), 8. Aufl. 2018
Thomas/Putzo/*Bearbeiter*	Thomas/Putzo, Zivilprozessordnung, 41. Aufl. 2020
van den Hövel Arbeitstechnik	van den Hövel, Richterliche Arbeitstechnik, 5. Aufl. 2013
van den Hövel Zivilrechts-AG-Trainer	van den Hövel, Der Trainer in der Zivilrechts-AG, 1. Aufl. 2010
Wagner/Zartmann	Wagner/Zartmann, Das Prozessformularbuch, 2. Aufl. 1967
Werner/Pastor	Werner/Pastor, Der Bauprozess, 17. Aufl. 2020
Wieczorek	Wieczorek, Zivilprozessordnung und Nebengesetze, 2. Aufl. 1976
Zimmermann Klage, Gutachten und Urteil	Zimmermann, Klage, Gutachten und Urteil, 21. Aufl. 2019
Zimmermann ZPO	Zimmermann, Zivilprozessordnung, 10. Aufl. 2015
Zöller/*Bearbeiter*	Zöller, Zivilprozessordnung, 33. Aufl. 2020

1. Teil. Einführung in Bedeutung und Inhalt des Urteilstenors

A. Die Bedeutung des Tenors

Der Tenor eines Urteils stellt die Verkörperung der Entscheidung des Rechtsstreits 1
und damit dessen Herzstück und Essenz dar (vgl. *Schuschke/Kessen/Höltje* Rn. 384); Tatbestand und Entscheidungsgründe dienen – lediglich – als letztlich funktional nachrangige Urteilsbestandteile der Begründung des tenorierten Ergebnisses in tatsächlicher und rechtlicher Hinsicht. Sie haben sich ausnahmslos dem Urteilsausspruch unterzuordnen, dürfen über diesen nicht hinausreichen, aber auch nicht dahinter zurückbleiben. Aus ihnen kann (und darf) sich niemals eine andere – vollstreckbare – Entscheidung in der Sache ergeben als diejenige, die im Tenor ihren Niederschlag gefunden hat. Für die Parteien sowie für das das Urteil vollstreckende Vollstreckungsorgan ist deshalb namentlich der Tenor die Magna Charta der getroffenen Entscheidung. In der Regel wird nämlich allein der Tenor zur Kenntnis genommen, nicht aber die häufig für den juristischen Laien nur schwer verständlichen, allzu juristisch formulierten Entscheidungsgründe, die letztlich allenfalls dem Rechtsanwalt bei der Überlegung helfen, ob er gegen das Urteil ein Rechtsmittel einlegen soll. Es leuchtet deshalb ein, dass besonderer Wert auf die sorgfältige Formulierung der Entscheidung zu legen ist (vgl. *van den Hövel* Arbeitstechnik § 9 III.). Der Tenor ist so knapp, aber gleichermaßen prägnant und präzise wie nur möglich zu formulieren; überdies muss er eine umfassende Entscheidung des Rechtsstreits zum Ausdruck bringen (soweit nicht im Einzelfall erkennbar eine Teilentscheidung vorliegt, vgl. Fälle 100 und 101).

B. Der Inhalt des Tenors

2 Die in dem Urteilstenor verkörperte umfassende Entscheidung eines Rechtsstreits erfolgt grundsätzlich auf drei Ebenen. In Einzelfällen kann ein Annex als »vierte« Ebene hinzutreten, auf der im Wesentlichen über die Frage der Zulassung eines Rechtsmittels zu entscheiden ist (vgl. → Rn. 64 ff.). Letztlich handelt es sich hierbei aber um keine Entscheidung **dieses** konkreten Rechtsstreits, so dass hier weiterhin die klassische Dreiteilung des Tenors aufrechterhalten wird. Auf der ersten Ebene des Tenors ist zunächst eine Entscheidung über das Hauptbegehren der Parteien, dh über die Klageanträge in der Hauptsache, zu fällen. Darüber hinaus löst ein Rechtsstreit Kosten aus, Gerichtskosten, Rechtsanwaltsgebühren, Kosten einer Beweisaufnahme etc.; es muss deshalb – auf der zweiten Ebene – auch tenoriert werden, wer die Kosten des Rechtsstreits in welchem Umfang zu tragen hat. Der dritte Teil der tenorierten Entscheidung klärt schließlich die Frage, ob und unter welchen Voraussetzungen das Urteil (vorläufig) vollstreckbar ist. Soweit und solange die Einlegung von Rechtsmitteln gegen das Urteil möglich ist, muss gewährleistet sein, dass der Vollstreckungsschuldner keinen dauerhaften Nachteil in dem Fall erleidet, in dem er die erstinstanzlich zugunsten des Gläubigers titulierte Forderung zwar gezwungenermaßen erfüllt, danach aber das Urteil zu seinen Gunsten abgeändert wird. Der Gesetzgeber hat hierzu in den §§ 708 ff. ZPO ein kompliziertes System von Sicherheitsleistungen normiert.

I. Die Entscheidung über das Klagebegehren in der Hauptsache

3 Der Tenor enthält zunächst und vorrangig die Entscheidung über die Hauptsache, dh das sich in den Sachanträgen manifestierende Klagebegehren der Parteien. Die Hauptsachenentscheidung ist der wichtigste Teil des Urteils (vgl. *Anders/Gehle* A-165). Dabei bringt sie zum Ausdruck, ob die Klage Erfolg, teilweise Erfolg und teilweise Misserfolg hat oder insgesamt abzuweisen ist. Stets ist zu beachten, dass das Gericht über die jeweils gestellten Anträge gemäß § 308 ZPO **vollständig** zu entscheiden hat. Wenn folglich die Klage nur zum Teil begründet ist, ist sie – soweit sie eben keinen Erfolg hat – im Übrigen abzuweisen. Nur dann kommt hinreichend erkennbar zum Ausdruck, dass das Gericht wirklich über den gesamten Anspruch entschieden hat. Andernfalls ließe sich dem Tenor allein nicht entnehmen, ob das Gericht den geltend gemachten Antrag bereits umfassend oder aber erst teilweise beschieden hat.

Besonderes Augenmerk ist auf die Formulierung des Tenors zu legen. Diese muss derart klar und präzise sein, dass er einen vollstreckungsfähigen Inhalt hat, dh aus sich selbst heraus – ohne Rückgriff auf die Urteilsgründe – verständlich und vollstreckbar ist. Es ist deshalb ein schwerer, leider in Referendarklausuren immer wieder anzutreffender Fehler, lediglich zu tenorieren, dass zB der Klage »stattgegeben« wird. Ein derartiger Urteilstenor ist allein für sich – ohne Kenntnis, welchem Klagebegehren denn nun in welcher Weise konkret entsprochen worden ist – völlig unverständlich; insbesondere die obsiegende Partei kann mit ihm trotz etwaiger Kenntnis der Urteilsgründe nichts anfangen, da der von ihr zu beauftragende Gerichtsvollzieher mangels eines konkreten Vollstreckungsinhalts nicht vollstrecken darf. Es bleibt unklar, ob und was zB der Beklagte gegenüber dem Kläger als Leistung zu erbringen oder als Handlung zu unterlassen hat. Deshalb ist konkret und präzise die etwaige, von dem Beklagten zu erbringende Leistung oder zu unterlassene Handlung (vgl. Fälle 71 und 72) so genau wie möglich zu bezeichnen. Man muss sich darüber bewusst sein, dass der Tenor letztlich insbesondere die »Arbeitsanweisung« an den Gerichtsvollzieher darstellt, die getroffene Entscheidung zu vollstrecken. Dies gilt jedenfalls für den Fall, dass sich der Schuldner der Entscheidung nicht freiwillig beugt. Deshalb muss diese Arbeitsanweisung in sich und aus sich selbst heraus verständlich sein.

II. Die Kostenentscheidung

1. Einführung

Die Tenorierung der Hauptsache allein reicht aber zur Entscheidung und Beendigung des Rechtsstreits noch nicht aus. Dabei bliebe nämlich außer Betracht, dass ein Rechtsstreit Kosten auslöst. Mit der Inanspruchnahme des Gerichts werden Gerichtskosten und – soweit ein Rechtsanwalt beauftragt wird – Rechtsanwaltsgebühren fällig. Überdies können Kosten einer Beweisaufnahme entstehen, weil das Gericht Zeugen vernommen hat. Diese machen ggf. Fahrt- bzw. Reisekosten sowie Verdienstausfall geltend. Möglicherweise hat das Gericht im Rahmen der Beweisaufnahme auch einen Sachverständigen mit der Erstellung eines Gutachtens über streitige Fragen beauftragt, zu deren Beantwortung ihm selbst die erforderliche Sachkunde fehlt. So ist zB häufig in Bau- oder Arzthaftungsprozessen, aber auch bei gewöhnlichen Verkehrsunfällen die Einholung von Sachverständigengutachten erforderlich. Diese Gutachten sind selbstredend nicht unentgeltlich zu erhalten, im Einzelfall je nach Begutachtungsaufwand und -umfang sogar sehr kostenintensiv. Auch diese Kosten sind grundsätzlich von den Parteien des Rechtsstreits zu tragen. 4

Neben dem Ausspruch zur Hauptsache muss deshalb der Urteilstenor – auf der zweiten Entscheidungsebene – idR auch eine Entscheidung darüber treffen, wer die in und durch diesen Rechtsstreit ausgelösten Kosten in welchem Verhältnis zueinander zu tragen hat. 5

Anzahl und Höhe der einzelnen Gerichtskosten sind im GKG normiert; für die Anwaltsgebühren sind die entsprechenden Regelungen im RVG einschlägig, die Entschädigung für Zeugen und Sachverständige findet sich im JVEG.

In der Kostenentscheidung ist somit zu tenorieren, welche Partei die insgesamt in dem Rechtsstreit entstandenen Kosten zu tragen hat bzw. in welchem Verhältnis zueinander. Hierzu ist aber vorab die Feststellung erforderlich, welche Kosten überhaupt im konkreten Einzelfall entstanden sind.

2. Die bei einem Rechtsstreit entstehenden Kosten

a) Die Gerichtskosten

Ein Rechtsstreit kostet Geld – eine Binsenweisheit, die von Parteien bei der Abwägung von Prozesschancen, insbesondere aber -risiken nicht immer hinreichend bedacht wird. Die Inanspruchnahme staatlicher Gerichte löst grundsätzlich Gerichtsgebühren aus, soweit nicht im Einzelfall eine Partei, etwa wegen der Bewilligung von Prozesskostenhilfe, hiervon befreit ist. Allerdings begründet nicht jeder Rechtsstreit 6

Gerichtskosten in derselben Höhe. Die Kostenhöhe ist nicht statisch festgelegt, sondern richtet sich nach den beiden Faktoren, wie viele Gebühren überhaupt entstehen (Gebührenanzahl) und wie hoch der Streitwert ist (Gebührenhöhe).

7 **aa)** Wie viele Gerichtsgebühren im Einzelfall entstehen, hängt davon ab, in welcher Weise das Gericht tätig wird, dh welche »Leistungen« es erbringt. Grundsätzlich sind im Prozessverfahren eines bürgerlichen Rechtsstreits (Zivilprozess) **drei** Gebühren gemäß § 3 Abs. 2 GKG iVm Nr. 1210 des Kostenverzeichnisses (KV) (Anlage 1 zu § 3 Abs. 2 GKG) zu entrichten. Diese sind zunächst von dem Kläger sofort mit der Einreichung der Klage einzuzahlen. Erst nach dem Eingang der Zahlung wird die Klage zugestellt, § 12 Abs. 1 S. 1 GKG. Dies gilt auch für die Erweiterung des Klageantrages, § 12 Abs. 1 S. 2 GKG. Die drei Gerichtsgebühren fallen in dem (Regel-)Fall an, dass der Rechtsstreit streitig, dh durch ein Urteil, entschieden wird. Sie reduzieren sich bei fortdauernder **streitiger** Verhandlung nicht mehr, können sich jedoch bei einer nachträglichen Klageerweiterung noch entsprechend erhöhen (zur Gerichtskosten*reduzierung* vgl. Nr. 1211 KV, Anlage 1 zu § 3 Abs. 2 GKG). Insoweit gilt wiederum die Vorschusspflicht gemäß § 12 Abs. 1 S. 2 GKG. Auch ein Anerkenntnis**teil**urteil reduziert nicht die Gerichtsgebühren (arg. e. Nr. 1211 KV (Anlage 1 zu § 3 Abs. 2 GKG)), ebenso wenig die Beendigung des Rechtsstreits durch ein Versäumnisurteil. In diesem Fall erspart sich das Gericht zwar gemäß § 313b Abs. 1 S. 1 ZPO die Arbeit, über den Tenor hinaus einen Tatbestand und Entscheidungsgründe abfassen zu müssen; gleichwohl fallen die gesamten drei Gerichtsgebühren an. Ob und in welcher Höhe Beweis erhoben wird, ist für die Gerichtsgebühren ebenso wie für die Anwaltsgebühren gleichgültig: die Gebühren entstehen insgesamt und einheitlich.

Nur in den in Nr. 1211 des Kostenverzeichnisses (Anlage 1 zu § 3 Abs. 2 GKG) ausdrücklich genannten Fällen, in denen der Beklagte den geltend gemachten Anspruch vollumfänglich – nicht nur teilweise (!) – anerkennt, der Kläger seine Klage insgesamt – ebenfalls nicht nur teilweise – zurücknimmt bzw. auf den Anspruch verzichtet oder aber die Parteien sich einigen, dh einen Vergleich vor dem Gericht abschließen, reduzieren sich die Gerichtskosten auf **eine** Gebühr. Die weiteren Fälle, dass die Parteien auf Tatbestand und Entscheidungsgründe des kontradiktorischen Urteils gemäß § 313a Abs. 2 ZPO verzichten bzw. eine übereinstimmende Erledigungserklärung ohne (streitigen) Kostenbeschluss abgeben, sind kaum praxisrelevant, da sie idR mit einem umfassenden Vergleich enden. Der Kläger, der mit bzw. nach der Einreichung der Klageschrift regelmäßig bereits drei Gebühren eingezahlt hat, erhält in diesen Fällen nach Abschluss des Verfahrens folglich zwei Gerichtsgebühren zurück.

8 **bb)** Die **Anzahl** der Gerichtsgebühren trifft noch keine Aussage über die **Höhe** der einzelnen Gebühren. Diese ist vielmehr streitwertabhängig. Das bedeutet, dass ein Rechtsstreit umso teurer wird, je höher der Streitwert ist. Deshalb ist zur Klärung der Kostenfrage immer zunächst der **Streitwert** zu bestimmen. Klagt der Kläger zB 100.000 EUR ein, ist der Rechtsstreit teurer als bei einer Klageforderung von 100 EUR. So beträgt in den vorgenannten Beispielsfällen eine Gerichtsgebühr bei einem Streitwert von 100 EUR lediglich 35 EUR, bei einem Streitwert von 100.000 EUR hingegen 1.026 EUR. Die jeweilige Gebührenhöhe ergibt sich aus der Gebührentabelle der Anlage 2 zu § 34 Abs. 1 S. 3 GKG. Die weiteren Einzelheiten der Streitwertbestimmung werden unter → Rn. 21 ff. dargestellt.

b) Die Rechtsanwaltsgebühren

In der Regel lassen sich Parteien durch die bei dem jeweiligen Gericht zugelassenen Rechtsanwälte vor Gericht vertreten. Dies ist in Familienstreitigkeiten gemäß § 114 Abs. 1 FamFG sowie in sämtlichen Streitigkeiten vor dem Landgericht, Oberlandesgericht und Bundesgerichtshof ohnehin gemäß § 78 Abs. 1 ZPO zwingend vorgeschrieben. Die Beauftragung eines Rechtsanwaltes kostet Geld, da dieser seine Dienste gegenüber dem Mandanten gemäß § 611 Abs. 1 BGB nur entgeltlich erbringen muss. Die siegreiche Partei eines Rechtsstreits möchte aber selbstredend nicht auf den Kosten sitzen bleiben, die unterlegene Partei, der die Kosten des Rechtsstreits gemäß § 91 Abs. 1 ZPO auferlegt werden, muss neben den Gerichtskosten sowohl die eigenen als auch die Anwaltskosten des Gegners tragen. 9

Prinzipiell vergleichbar mit den Gerichtskosten sind auch bei den Anwaltsgebühren wiederum zwei Fragestellungen voneinander zu unterscheiden:

aa) Wie viele Gebühren kann der Rechtsanwalt beanspruchen? Dies ist davon abhängig, welche prozessualen Leistungen der Anwalt in dem Rechtsstreit erbracht hat. Dies richtet sich vornehmlich nach dem Vergütungsverzeichnis (VV) des RVG (Anlage 1 zu § 2 Abs. 2 RVG). 10

- Allein für das Betreiben des Geschäfts einschließlich der Information, dh für die prozessuale Vertretung nebst Vorbereitung erhält jeder Rechtsanwalt grundsätzlich 1,3 Verfahrensgebühren gemäß Nr. 3100 VV (Anl. 1 zu § 2 Abs. 2 RVG) iVm Vorbemerkung 3 (2). Die wegen desselben Gegenstands bereits *vorprozessual* entstandene 0,5 bis 2,5fache Geschäftsgebühr wird gemäß Vorbemerkung 3 (4) zur Hälfte, jedoch höchstens mit einem Gebührensatz von 0,75 auf die Verfahrensgebühr des gerichtlichen Verfahrens angerechnet (vgl. Gerold/Schmidt/*Müller-Rabe* RVG VV Vorb. 3 Rn. 250). 11
- Für die Vertretung in einem Verhandlungs-, Erörterungs- oder Beweisaufnahmetermin erhält der Rechtsanwalt 1,2 Terminsgebühren gemäß Nr. 3104 VV RVG iVm Vorbemerkung 3 (3). Die Verhandlung wird idR bereits durch die Stellung der (widerstreitenden) Anträge gekennzeichnet. 12
- Für die Wahrnehmung **nur eines** Termins, in dem eine Partei nicht erschienen oder nicht ordnungsgemäß vertreten ist und lediglich ein Antrag auf Versäumnisurteil oder zur Prozess- oder Sachleitung gestellt wird, entsteht nach Nr. 3105 VV RVG nur eine halbe (0,5) Terminsgebühr. 13
- Im nachfolgenden Termin, mag dieser wiederum nichtstreitig geführt werden – und der Anwalt etwa einen Antrag auf Erlass eines Zweiten Versäumnisurteils stellen –, erstarkt die halbe Terminsgebühr zur 1,2fachen Regel-Terminsgebühr gemäß Nr. 3104 VV RVG. Nr. 3105 VV RVG bezieht sich nämlich nur auf **einen** Termin (vgl. Gerold/Schmidt/*Müller-Rabe* RVG VV 3105 Rn. 60). 14
- Wird nach dem Erwirken des Versäumnisurteils im nachfolgenden Einspruchstermin streitig verhandelt, erhält der Rechtsanwalt ebenfalls insgesamt nur die 1,2 Terminsgebühren gemäß Nr. 3104 VV RVG. Die bereits zuvor entstandene 0,5 Terminsgebühr nach Nr. 3105 VV RVG geht hierin vollständig auf, bleibt somit nicht zusätzlich bestehen (vgl. Gerold/Schmidt/*Müller-Rabe* RVG VV 3105 Rn. 59; anders der frühere § 38 Abs. 2 BRAGO). 15
- Führt das Gericht eine Beweisaufnahme durch, ändert sich an den Gebühren des Rechtsanwalts nichts: es bleibt bei den insgesamt 2,5 Gebühren, dh 1,3 Verfahrens- und 1,2 Terminsgebühren. Etwas anderes gilt nur für die Durchführung eines idR 16

dem Rechtsstreit vorgelagerten selbstständigen Beweisverfahrens gemäß §§ 485 ff. ZPO. Die insoweit entstehenden Verfahrensgebühren werden zwar auf die Verfahrensgebühren des Rechtsstreits angerechnet (Vorbemerkung 3 (5)); nimmt der Anwalt hingegen an einem Beweisaufnahmetermin (mit dem Sachverständigen) teil, so behält er die insoweit entstehenden Terminsgebühren auch in einem nachfolgenden streitigen Verfahren als zusätzliche Gebühren, ohne diese auf die nunmehr entstehenden Terminsgebühren anrechnen lassen zu müssen, Vorbemerkung 3 (3) iVm (5).

17 • Soweit die Parteien sich in dem Rechtsstreit vor Gericht einigen, dh einen Vergleich schließen, erhält der Anwalt gemäß Nrn. 1000 iVm 1003 VV RVG zusätzlich eine Einigungsgebühr.

18 **Zusammenfassung:**

Das bedeutet somit, dass der Rechtsanwalt in einem vor einem Gericht ausgetragenen Rechtsstreit maximal **3 1/2** Gebühren verdienen kann. Ggf. kommen 1,2 Terminsgebühren für die Teilnahme an einem Beweistermin im selbstständigen Beweisverfahren hinzu. In der Regel verdient jeder Anwalt im Rechtsstreit 2,5 Gebühren (1,3 Verfahrens- und 1,2 Terminsgebühren), unabhängig davon, ob das Gericht in dem Rechtsstreit selbst eine Beweisaufnahme durchgeführt hat oder nicht. Ebenso wenig ist entscheidend, ob ein Anwalt bereits in einem mündlichen Verhandlungstermin ein Versäumnisurteil erwirken konnte. Die insoweit zunächst entstandene 0,5 Terminsgebühr bleibt nicht als zusätzlich verdiente Gebühr bestehen, sondern erstarkt in einem nachfolgenden Termin – sei er streitig geführt oder wiederum einseitig – lediglich zu der üblichen 1,2fachen Terminsgebühr. Schließen die Parteien in dem Rechtsstreit einen Vergleich, erhält jeder Anwalt eine weitere (Einigungs-)Gebühr.

19 **bb) Wie hoch ist – wiederum – der Streitwert?** Die Höhe der einzelnen Gebühren richtet sich wiederum nach dem Streitwert. Die Anlage 2 zu § 13 Abs. 1 S. 3 RVG enthält die Höhe der einzelnen Gebühren, gestaffelt nach dem jeweiligen Streitwert. Für den Fall der Beiordnung eines Rechtsanwaltes im Falle der Bewilligung von Prozesskostenhilfe sind die nunmehr von der Landeskasse zu tragenden Rechtsanwaltsgebühren zwar weiterhin streitwertabhängig, der Höhe nach aber geringer, vgl. § 49 RVG. Die genaue Höhe der einzelnen Gerichts- und Rechtsanwaltsgebühren lassen sich am besten auf einen Blick der Gebührentabelle im Anhang der Schönfelder-Gesetzessammlung entnehmen.

c) Die sonstigen Kosten

20 Hierbei kommen namentlich die Kosten der Beweisaufnahme in Betracht. Wenn das Gericht Beweis erhebt, lösen die »Beweismittel« ihrerseits idR Kosten aus. So erhalten Zeugen ihre Kosten – überwiegend Fahrt- und Reisekosten sowie Verdienstausfall – nach § 19 Abs. 1 JVEG mit den Verweisen auf § 5 (Fahrtkostenersatz), §§ 6, 7 (Entschädigung für Aufwand und sonstige Aufwendungen), § 20 (Entschädigung für Zeitversäumnis), § 21 (Entschädigung für Nachteile bei der Haushaltsführung) und § 22 (Entschädigung für Verdienstausfall) erstattet. Holt das Gericht ein Sachverständigengutachten ein, so ist der Gutachter für seine Tätigkeit nach § 8 JVEG zu entlohnen. Grundsätzlich erfolgt die Abrechnung nach dem Stundenaufwand zu festen Stundensätzen für einzeln definierte Sachgebiete, vgl. § 9 Abs. 1 JVEG iVm Anlage 1. Wird ein Dolmetscher oder Übersetzer tätig, so richtet sich

seine Vergütung nach § 8 iVm § 9 Abs. 3 JVEG; auch insoweit wird der Stundenaufwand honoriert. Für Übersetzungen regelt § 11 JVEG die Höhe des Zeilengeldes.

3. Der Streitwert

a) Einführung

Der Streitwert ist der maßgebliche Faktor zur Bestimmung der Kostenhöhe. Denn nach § 3 Abs. 1 GKG richten sich die Gerichtsgebühren (grundsätzlich) nach dem Wert des Streitgegenstandes (Streitwert), soweit nichts anderes bestimmt ist. Dieser ist von dem Prozessgericht grundsätzlich (von Amts wegen) nach dem Abschluss des Verfahrens durch Beschluss festzusetzen, § 63 Abs. 2 GKG. Auch die Rechtsanwaltsgebühren richten sich gemäß § 2 Abs. 1 RVG nach dem Gegenstandswert, im gerichtlichen Verfahren nach den für die Gerichtsgebühren geltenden Wertvorschriften, § 23 Abs. 1 S. 1 RVG. Gemäß § 32 Abs. 1 RVG ist die gerichtliche Festsetzung des für die Gerichtsgebühren maßgeblichen Wertes auch für die Gebühren des Rechtsanwalts maßgebend. 21

Die Höhe der einzelnen Gebühren wiederum lässt sich nach Kenntnis des Streitwerts aus der Gebührentabelle zum GKG gemäß § 34 Abs. 1 S. 3 GKG (Anlage 2 zu § 34 Abs. 1 S. 3 GKG) sowie der Gebührentabelle zum RVG gemäß § 13 Abs. 1 S. 3 RVG (Anlage 2 zu § 13 Abs. 1 S. 3 RVG) entnehmen. Wie bereits erwähnt, lassen sich sämtliche Gebühren in der Gebührentabelle im Anhang der Schönfelder-Gesetzessammlung rasch auf »einen« Blick erfassen. 22

Es sei noch einmal ausdrücklich betont, dass ohne die Bestimmung des Wertes des Streitgegenstands eine Berechnung der Gebührenhöhe weder nach dem GKG noch nach dem RVG möglich ist. Der Streitwert bestimmt folglich die **Höhe** der einzelnen Gerichts- und Anwaltskosten, nicht hingegen die **Anzahl** der entstandenen einzelnen Gebühren. Insoweit wird auf die obigen Ausführungen zu Ziff. 2. (→ Rn. 6 ff.) verwiesen. 23

b) Die normativen Grundlagen

Die Parteien bestimmen mit ihrem Begehren den Streitwert. Maßgebend hierfür sind die Sachanträge der Parteien, im erstinstanzlichen bürgerlichen Rechtsstreit somit die Anträge zu Klage und ggf. Widerklage. Gesetzliche Bestimmungen hierzu enthalten die ZPO und das GKG nach einem gesetzlich festgelegten Ausschlussprinzip. Die Vorschriften der §§ 3 bis 9 ZPO enthalten Bestimmungen über den Streitwert; sie gelten aber unmittelbar nur für den **Zuständigkeits**streitwert, dh für die Frage, ob das Amts- oder Landgericht sachlich zuständig ist. Für den **Gebühren**streitwert finden die §§ 3 bis 9 ZPO nur insoweit Anwendung, als die §§ 39 bis 48 GKG nichts Abweichendes vorsehen, vgl. § 48 Abs. 1 S. 1 GKG. 24

Damit ist wie folgt zu prüfen: 25

- Zunächst ist festzustellen, ob die (vorrangigen) §§ 39 bis 48 GKG für den vorliegenden Einzelfall Bestimmungen über den Streitwert treffen.
- Falls dies nicht der Fall ist, wird gemäß § 48 Abs. 1 S. 1 GKG auf die Bestimmungen der ZPO zurückgegriffen, und zwar wiederum in einem »Rangverhältnis«:
- Zunächst sind die spezielle Bestimmungen enthaltenden Vorschriften der §§ 4 bis 9 ZPO zu prüfen.

- Regeln diese nicht bereits den konkreten Fall, so ist auf die Auffangklausel des § 3 ZPO zurückzugreifen und der Wert nach freiem Ermessen festzusetzen. Es gibt zu § 3 ZPO jedoch eine umfangreiche Kasuistik infolge einer nahezu unübersehbaren Anzahl gerichtlicher Entscheidungen; letztlich hilft – namentlich bei nicht bezifferten Anträgen – nur der Blick in den ZPO-Kommentar zum jeweiligen Stichwort weiter (vgl. zB die ausführliche und übersichtliche Kommentierung bei Zöller/*Herget* ZPO § 3 Rn. 16).

c) Allgemeine Bemessungsgrundsätze

26 Maßgebend für die Bemessung des Streitwertes sowie die Fälligkeit der Gebühren ist die Einreichung der Klage-, Antrags-, Einspruchs- oder Rechtsmittelschrift, § 6 Abs. 1 Nr. 1 GKG. Das gilt auch dann, wenn der Klageantrag in der Klageschrift nur angekündigt, aber in der mündlichen Verhandlung nicht – oder nicht in dieser Höhe – gestellt worden ist. Bereits dieser angekündigte – bei Gericht eingereichte – Antrag löst die gemäß § 12 Abs. 1 GKG vorab zu entrichtenden Gerichtsgebühren sowie die Prozessgebühren der Rechtsanwälte entsprechend seinem Wert aus. In vielen Fällen lässt sich der Streitwert ohne Schwierigkeiten bestimmen, namentlich wenn die Anträge beziffert sind. Ist der Klageantrag der Höhe nach eindeutig bestimmt, wie dies regelmäßig bei einem konkret gestellten Zahlungsbegehren der Fall ist, so entspricht der Streitwert unproblematisch dem Antrag.

27 Zu bewerten ist stets nur das unmittelbar beantragte Begehren des Klägers, nicht etwa die möglichen günstigen wirtschaftlichen Auswirkungen, die für den Kläger hiermit im Falle des Obsiegens verbunden sein könnten. Ebenso wenig sind die Erfolgsaussichten bzw. die Schlüssigkeit der Klage maßgebliche Bestimmungsfaktoren. Schreibfehler, Rechenfehler oder andere offenbare Unrichtigkeiten dürfen berichtigt werden, der berichtigte Antrag ist Grundlage der Festsetzung. Der Kläger, der versehentlich 100.000 EUR einklagt, tatsächlich aber erkennbar 1.000 EUR beantragen wollte, wie sich aus der Klagebegründung zweifelsfrei ergibt, hat auf Grund eines Schreibfehlers bzw. eines falsch gesetzten Kommas keinen Streitwert in Höhe von 100.000 EUR, sondern lediglich in Höhe von 1.000 EUR begründet.

28 Maßgebend ist bei vermögensrechtlichen Streitigkeiten der gemeine Verkehrswert, der Wert somit, den der mit der Klage geforderte Leistungsgegenstand für jedermann hat, nicht aber ein ideeller – höherer – Wert oder aber ein geringer Wert, wenn der Einzelne an der Sache kein bzw. ein geringeres Interesse hat.

29 Entscheidet das Gericht über Haupt- und Hilfsantrag, so werden beide Ansprüche zusammengerechnet, § 45 Abs. 1 S. 2 GKG. Dies gilt nicht, wenn beide Ansprüche denselben Gegenstand betreffen, § 45 Abs. 1 S. 3 GKG: insoweit gilt der höhere Wert. Eine bloß mehrfache Begründung der Klage führt grundsätzlich nicht zu einem erhöhten Streitwert. Zu den schwierigen Einzelfällen, ob es sich insoweit um einen Haupt- und Hilfsantrag handelt (bei kumulativ denkbaren Sachverhalten) – ggf. ist letzterer verdeckt – oder aber um eine mehrfache Klagebegründung (bei nur alternativ denkbaren Sachverhalten), vgl. Fälle 28 bis 37.

30 Ebenso ist es nicht entscheidend, ob der Kläger aus eigenem oder einem fremden abgetretenen Recht klagt.

31 Bei Klagen, die auf eine Leistung Zug um Zug gegen eine von dem Kläger zu erbringende Gegenleistung gerichtet sind, ist die Gegenleistung idR nicht zu berücksichtigen, mag sie auch einen durchaus erheblichen wirtschaftlichen Wert verkörpern. Problematisch ist die Frage, ob zB eine Zahlungsklage, gerichtet auf den Rücktritt vom Kaufvertrag mit einer zugleich Zug um Zug beantragten Rückgewähr des empfangenen Leistungsgegenstandes sich nach dem Wert des Zahlungsbegehrens oder aber lediglich nach dem wirtschaftlichen (Differenz-)Interesse richtet. Denn der Kläger, der zB den Kaufpreis für einen PKW mit geringen Mängeln zurückverlangt, hat wirtschaftlich nicht das Interesse, einen Rechtsstreit über den (hohen) Kaufpreis zu führen, sondern will letztlich nur über die darin begründete Wertdifferenz streiten, dass das Fahrzeug seines Erachtens nicht dem Kaufpreis entspricht, weil es auf Grund der Mängel wertmäßig zB 1.000 EUR darunter liegt. Vgl. hierzu im Einzelnen die Fälle 43 bis 49.

Das konkrete Interesse des Beklagten am Rechtsstreit ist grundsätzlich für die Bemessung des Streitwertes unbeachtlich, ebenso, ob und wie er sich gegen die Klageforderung verteidigt. Dies gilt jedoch nicht, wenn sich der Beklagte mit einer **hilfsweise** erklärten Aufrechnung mit Gegenforderungen verteidigt, § 45 Abs. 3 GKG, vgl. Fälle 51 bis 54, oder aber seinerseits zum Angriff übergeht und eine Widerklage erhebt, § 45 Abs. 1 GKG, vgl. Fälle 55 bis 57. 32

d) Teile des Streitgegenstands

Eine wichtige und grundsätzliche Regelung enthält § 36 Abs. 1 GKG. Wenn prozessuale Handlungen nur einen Teil des Streitgegenstands betreffen, sind die Gebühren nur nach dem Wert dieses Teils zu berechnen. Nach dieser Vorschrift wird die Möglichkeit eröffnet, in einem Rechtsstreit **unterschiedliche** Wertansätze für die Berechnung der Gebühren zugrunde zu legen, es kann folglich gewissermaßen mehrere Streitwerte geben. 33

Relevant wird dieser Fall inzwischen nur noch im Hinblick auf die Rechtsanwaltsgebühren. So kann durchaus für die Verfahrens-, Termins- und Einigungsgebühren jeweils ein unterschiedlicher Streitwert gelten. Dies verdeutlicht das folgende Beispiel:

Wenn der Kläger zunächst 10.000 EUR einklagt, der Beklagte noch vor dem Termin zur mündlichen Verhandlung 2.000 EUR anerkennt und die Parteien sich schließlich nach einer Beweisaufnahme unter Einbeziehung einer weiteren Forderung von 10.000 EUR auf einen Zahlungsbetrag von 12.000 EUR einigen, so entstehen folgende Gebühren: 34

- Zunächst drei Gerichtsgebühren nach einem Streitwert von 10.000 EUR, Nr. 1210 KV (Anlage 1 zu § 3 Abs. 2 GKG). Diese werden nach dem Wert der Klageforderung bestimmt und sind gemäß § 6 Abs. 1 Nr. 1 GKG iVm § 12 Abs. 1 S. 1 GKG sofort mit der Einreichung der Klageschrift fällig. Sie reduzieren sich bei fortdauernder **streitiger** Verhandlung nicht mehr. Ob und in welcher Höhe ggf. Beweis erhoben wird, ist für die Gerichtsgebühren ebenso wie für die Anwaltsgebühren gleichgültig: die Gebühren entstehen insgesamt und einheitlich (vgl. → Rn. 7). Auch das Teil-Anerkenntnis – ebenso wenig ein etwaiges Anerkenntnisteilurteil – reduziert nicht die Gerichtsgebühren (arg. e. Nr. 1211 KV (Anlage 1 zu § 3 Abs. 2 GKG)). 35

Die Einbeziehung einer weiteren Forderung in den Vergleich ist keine Klageerweiterung, erhöht folglich die Gerichtsgebühren nicht.

Durch den Abschluss des Vergleichs reduzieren sich im Nachhinein die drei Gerichtsgebühren aber auf eine einzige Gerichtsgebühr, weil eine Gesamtbeendigung des Verfahrens vorliegt, Nr. 1211 KV (Anlage 1 zu § 3 Abs. 2 GKG).

36 • Im Hinblick auf die Rechtsanwaltsgebühren gilt:

Die für jeden Anwalt entstehenden 1,3 Verfahrensgebühren berechnen sich ebenfalls nach einem Wert von 10.000 EUR.

Die 1,2 Terminsgebühren hingegen fallen nur nach einem Streitwert in Höhe von 8.000 EUR an; nur in dieser Höhe ist im mündlichen Verhandlungstermin verhandelt worden. Sie sind somit geringer.

Der Gegenstandswert für die Einigungsgebühren hingegen berücksichtigt die Einbeziehung der weiteren Forderung über 10.000 EUR in den Vergleich. Er beläuft sich somit auf 18.000 EUR; dies war die Gesamthöhe der – streitigen – Forderungen, über die die Parteien sich im Vergleichswege verständigt haben. Hierbei außer Betracht bleiben die weiteren anfangs eingeklagten 2.000 EUR; dieser Betrag ist durch das (Teil-)Anerkenntnis nicht in den Vergleich über die **streitigen** Forderungen einbezogen worden. Ebenso wenig ist für den Gegenstandswert des Vergleichs maßgeblich, über welche Höhe der Zahlungspflicht des Beklagten sich die Parteien verständigt haben. In diesem Fall sind somit drei Streitwerte entstanden!

37 Man sollte den Streitwert im Beschluss wie folgt festsetzen:

> Der Streitwert wird auf 10.000 EUR festgesetzt, im Hinblick auf die Terminsgebühren beträgt er aber nur 8.000 EUR und im Hinblick auf die Einigungsgebühren 18.000 EUR.

38 Es wird auch vertreten und praktiziert, den Streitwert nach Zeitabläufen festzusetzen, dh im Beispielsfall den Streitwert ab dem Tag der mündlichen Verhandlung auf 8.000 EUR zu beschränken und ab dem Tag des Abschlusses des Vergleichs auf 18.000 EUR.

39 Von dieser Form der Festsetzung dürfte aber abzuraten sein. Sie ist zum einen missverständlich – hier insbesondere im Hinblick auf den Streitwert für die Terminsgebühren –, zum anderen kann allein aus dem Beschluss heraus nicht nachvollzogen werden, welche Gebühren konkret entstanden sind. Hierzu ist die Akte jedenfalls durchzuarbeiten, um die Daten und die streitwertrelevanten prozessualen Ereignisse, ggf. im Zusammenhang mit Terminsprotokollen, verifizieren zu können.

e) Nebenforderungen

40 Nebenforderungen bleiben gemäß § 43 Abs. 1 GKG außer Betracht, wenn sie zugleich mit der Hauptforderung betroffen sind.

41 Sind Nebenforderungen hingegen zu Hauptforderungen geworden, weil der Hauptanspruch nicht – mehr – streitig ist, so wird nunmehr nur noch über die Nebenforderungen gestritten; diese werden folglich gemäß § 43 Abs. 2 GKG streitwertbestimmend, soweit sie den Wert des Hauptanspruchs nicht übersteigen.

42 Bei den Kosten des Rechtsstreits iSd § 43 Abs. 3 GKG sind nur die Kosten *dieses* Verfahrens erfasst, soweit sie Hauptforderung werden (vgl. *Hartmann/Toussaint* GKG § 43 Rn. 8). Diese Kosten sind etwa in den Fällen der vollständigen Erledigung des Rechtsstreits oder des Anerkenntnisses streitwertbestimmend, wenn der Streit

sich nur noch auf die Kosten des laufenden Rechtsstreits bezieht. Auch insoweit bildet der Wert des Hauptanspruchs die Obergrenze.

f) Besondere Fälle

Die Bemessung des Streitwertes für auf Besitz, Pfandrecht oder Grunddienstbarkeiten gestützte Klagen richtet sich mangels besonderer Vorschriften im GKG nach den §§ 6 und 7 ZPO. **43**

Miet-, Pacht- und ähnliche Nutzungsverhältnisse bestimmen sich nach § 41 GKG, der Streitwert für »wiederkehrende Leistungen« regelt sich nach § 42 GKG. Insoweit gelten §§ 8 und 9 ZPO nur für den Zuständigkeits- und Rechtsmittelstreitwert. **44**

Im Einzelfall problematisch ist die Bewertung nichtvermögensrechtlicher Streitigkeiten. Insoweit bestimmt § 48 Abs. 2 GKG, dass der Streitwert unter Berücksichtigung aller Umstände des Einzelfalls, insbesondere des Umfangs und der Bedeutung der Sache und der Vermögens- und Einkommensverhältnisse der Parteien, nach Ermessen zu bestimmen ist. Der Wert darf nicht über eine Million Euro angenommen werden. Damit ist die früher in diesen Fällen heranzuziehende – allgemeine – Ermessensbestimmung des § 3 ZPO etwas konkretisiert worden, ohne tatsächlich Klarheit zu schaffen. Die Normierung eines Regelstreitwerts wäre allerdings im Hinblick auf die Pluralität der möglichen Lebenssachverhalte wohl auch zu statisch gewesen; letztlich ist eine Einzelfallentscheidung geboten, die sich nachvollziehbar begründen lassen, jedenfalls eine gewisse Plausibilität in sich tragen sollte. Ist ein nichtvermögensrechtlicher Anspruch mit einem aus ihm hergeleiteten vermögensrechtlichen Anspruch verbunden, so ist gemäß § 48 Abs. 3 GKG nur der höhere maßgeblich. Da die Kommentierung der vorgenannten Vorschriften bzw. die Erläuterung der Streitwertbestimmung im Einzelnen den Rahmen und die Thematik der hier abzuhandelnden Tenorierungsproblematik sprengen würde, wird auf die einschlägige Spezial-Literatur zum Streitwert verwiesen. **45**

4. Die Grundzüge der Kostenentscheidung

a) Einführung

Über die Frage der Kostentragungspflicht entscheidet das Gericht von Amts wegen gemäß § 308 Abs. 2 ZPO, ohne dass es eines Antrages einer Partei bedarf (vgl. Thomas/Putzo/*Hüßtege* ZPO Vor § 91 Rn. 18/19). Die Kostenentscheidung stellt nach und neben dem Ausspruch zur Hauptsache, dh der Entscheidung über die Sachanträge zu der Frage, wer den Rechtsstreit in welcher Weise bzw. Höhe gewinnt, die **zweite** wesentliche Entscheidungsgrundlage des Tenors dar. Da sich die Kostenfrage ausnahmslos in jedem Rechtsstreit stellt und für die grundsätzlich kostentragungspflichtigen Parteien von erheblichem wirtschaftlichen Interesse ist, ist auch insoweit nicht nur auf eine prozessual, sondern insbesondere materiell richtige (= gerechte) Entscheidung zu achten. Es ist nachvollziehbar, dass ein Tenor, der Kläger solle ein Drittel, der Beklagte hingegen zwei Drittel der Kosten des Rechtsstreits tragen, diesem Grundsatz nicht gerecht wird, wenn der Kläger tatsächlich mit 70% (statt 66,67%) seiner Klageforderung gewinnt. Auch die Kostenentscheidung bedarf somit stets sorgfältiger Überlegung und muss entsprechend dem obigen Beispiel im vollständigen Einklang mit dem Tenor in der Hauptsache stehen! Im Übrigen ist die Entscheidung so vollständig abzufassen, dass im Kostenfestsetzungs- **46** verfahren die **konkrete** Berechnung der jeweils von den Parteien geschuldeten Beträge möglich ist.

b) Der Grundsatz des § 91 Abs. 1 ZPO

47 Die Kostentragungspflicht folgt grundsätzlich aus §§ 91 ff. ZPO. Das Prinzip bedarf keiner weiteren Erläuterung: die unterlegene Partei trägt gemäß § 91 Abs. 1 ZPO sämtliche Kosten des Rechtsstreits. Es entspricht der materiellen Gerechtigkeit, der obsiegenden Partei, die folglich völlig zu recht den Rechtsstreit geführt bzw. sich erfolgreich verteidigt hat, keinerlei Kosten aufzubürden. Sie muss zwar grundsätzlich wegen des vertraglich begründeten Mandatsverhältnisses – zunächst – ihren eigenen Rechtsanwalt bezahlen, erlangt aber auf Grund einer entsprechenden Kostengrundentscheidung im Urteilstenor einen Erstattungsanspruch gegenüber dem Prozessgegner.

Mit den Kosten des Rechtsstreits sind sämtliche, zur zweckentsprechenden Rechtsverfolgung erforderlichen Kosten gemeint. Vorgerichtliche Rechtsanwaltsgebühren – Geschäftsgebühren nach Nr. 2300 VV RVG –, die nicht auf die Verfahrensgebühr angerechnet werden – angerechnet wird nur die Hälfte dieser Gebühren, jedoch maximal mit einem Gebührensatz von 0,75 (Vorbemerkung 3 Abs. 4 VV der Anlage 1 zu § 2 Abs. 2 RVG) –, zählen zu diesen Kosten nicht; sie sind ggf. separat einzuklagen, erhöhen den Streitwert als Nebenforderung aber nicht und sind folglich für die Tenorierung der Kostenentscheidung ohne Bedeutung. Im Einzelfall kann problematisch sein, ob und welche Kosten erstattungsfähig sind, zB Reisekosten einer Partei bzw. Kosten, um den eigenen Rechtsanwalt aufzusuchen, weil dieser zB in einem weit entfernten Ort seine Kanzlei betreibt. Insoweit wird auf die einschlägige Kommentierung zu § 91 ZPO verwiesen, da die Frage der Erstattungsfähigkeit der Kosten ebenfalls nicht die hier thematisierte und allein interessierende Problemstellung der Tenorierung der Kosten im Zivilurteil berührt. Der Tenor bezieht sich nämlich immer nur auf die Frage der **Kostengrundentscheidung,** dh darauf, wer grundsätzlich die Kosten zu tragen hat bzw. in welchem Verhältnis zueinander die Parteien hierfür einzustehen haben. Es ist hingegen nicht Gegenstand des Tenors, ob und welche von einer Partei geltend gemachten Kosten im Einzelfall erstattungsfähig sind; es wird vielmehr nur entschieden, wer grundsätzlich in welchem prozentualen Verhältnis zueinander kostentragungsverpflichtet ist.

c) Ausnahmen von § 91 Abs. 1 ZPO

48 Das Prinzip, dass die unterlegene Partei die Kosten des Rechtsstreits zu tragen hat, gilt faktisch nicht einschränkungslos. Denn das GKG sieht in § 22 Abs. 1 S. 1 iVm 31 Abs. 2 GKG eine Zweitschuldnerhaftung für den Antragsteller vor. Das bedeutet, dass im Hinblick auf die Gerichtskosten der obsiegende Kläger in Anspruch genommen wird, wenn die unterlegene beklagte Partei, die grundsätzlich gemäß § 91 Abs. 1 ZPO die Kosten des Rechtsstreits zu tragen hat und gemäß § 29 Nr. 1 GKG Kostenschuldner ist, ausfällt. Dies gilt nicht, wenn der unterlegenen Partei Prozesskostenhilfe bewilligt worden ist, § 31 Abs. 3 GKG. Insoweit verbleibt jedoch stets auch ein Kostenrisiko für die obsiegende klagende Partei.

49 Eine wichtige Modifikation der Grundregel des § 91 Abs. 1 ZPO, dass die unterliegende Partei die Kosten des Rechtsstreits tragen muss, enthalten die §§ 93 und 97 Abs. 2 ZPO. Nach § 93 ZPO ist die unterliegende Partei von der Kostentragungspflicht befreit, wenn sie den Anspruch sofort anerkennt und keine Veranlassung zur

Klage gegeben hat, dh regelmäßig, sich nicht im Verzug befunden hat. Damit wird der Kläger mit seiner »zu schnell« erhobenen Klage sanktioniert, da er zunächst außergerichtlich durch ein Mahnschreiben versuchen soll, die Klageforderung zu realisieren (vgl. Fall 107).

Nach § 97 Abs. 2 ZPO sind die Kosten des Berufungsverfahrens der obsiegenden Partei aufzuerlegen, wenn sie aufgrund neuen Vorbringens gewinnt, dass sie bereits in der ersten Instanz hätte geltend machen können. Es ist gerecht, die Kosten des erstinstanzlichen Rechtsstreits der letztlich unterliegenden Partei aufzuerlegen, nicht hingegen die Kosten des Berufungsverfahrens. Denn diese wären vermeidbar gewesen, wenn die obsiegende Partei ihrer prozessualen Pflicht genügt hätte, von vornherein bereits in erster Instanz vollständig vorzutragen (vgl. Fall 168).

d) Das teilweise Obsiegen und Unterliegen

Im Falle des teilweise Obsiegens und Unterliegens sind die Kosten gemäß § 92 Abs. 1 ZPO nach dem Verhältnis des Obsiegens und Unterliegens zu teilen. Das Gericht kann aber gemäß § 92 Abs. 2 ZPO einer Partei die gesamten Kosten des Rechtsstreits auferlegen, wenn die Zuvielforderung der anderen Partei verhältnismäßig geringfügig war und keine oder nur geringfügig höhere Kosten veranlasst hat (Nr. 1; vgl. Fall 15) oder der Betrag der Forderung der anderen Partei von der Festsetzung durch richterliches Ermessen, von der Ermittlung durch Sachverständige oder von einer gegenseitigen Berechnung abhängig war (Nr. 2). Ist das Obsiegen und Unterliegen der Parteien jeweils gleich hoch zu bewerten – der Kläger erhält zB von den eingeklagten 2.000 EUR mit 1.000 EUR genau den hälftigen Betrag –, so können die Kosten des Rechtsstreits dem Tenor in der Hauptsache entsprechend gemäß § 92 Abs. 1 S. 1 2. Alt. ZPO verhältnismäßig geteilt, dh beiden Parteien »**jeweils zur Hälfte**« auferlegt werden. 50

Es sollte aber vorrangig gemäß § 92 Abs. 1 S. 1 1. Alt. und S. 2 ZPO die insbesondere im Vergleich gemäß § 98 ZPO übliche Formulierung gewählt werden, wonach die Kosten des Rechtsstreits »**gegeneinander aufgehoben**« werden. Diese Regelung ist zwar im Hinblick auf die Gerichtskosten identisch mit der obigen Tenorierung der hälftigen Kostenteilung, da die Gerichtskosten entsprechend geteilt werden § 92 Abs. 1 S. 2 ZPO). Im Hinblick auf die außergerichtlichen Kosten bedeutet sie aber lediglich, dass keine Partei von der anderen Partei eine Kostenerstattung erhält. Jede Partei trägt ihre außergerichtlichen Kosten selbst. Eine hälftige Kostenteilung der außergerichtlichen Kosten erfolgt somit hierbei nicht, wenn jede Partei außergerichtliche Kosten in unterschiedlicher Höhe hat, weil etwa nur eine Partei anwaltlich vertreten ist. Will man folglich eine Kostenquotierung von »50 zu 50« erreichen, so sind die Kosten des Rechtsstreits den Parteien je zur Hälfte aufzuerlegen. Will man die sparsame, nicht anwaltlich vertretene Partei nicht mit Rechtsanwaltskosten der Gegenpartei belasten, so sind die Kosten gegeneinander aufzuheben (vgl. Fall 14).

III. Die Entscheidung über die Vollstreckbarkeit

1. Einführung

Die dritte und grundsätzlich letzte Entscheidungsebene des Urteilstenors stellt 51
schließlich der Ausspruch zur Vollstreckbarkeit des Urteils dar. Die Partei will natur-

gemäß wissen, ob und in welcher Weise die durch das Urteil zu ihren Gunsten oder auch Lasten getroffene, entsprechend tenorierte Entscheidung zur Hauptsache (→ Rn. 3) und zu den Kosten (→ Rn. 4 ff.) auch ggf. zwangsweise durchgesetzt, dh **vollstreckt** werden kann. Hierbei ist zu beachten, dass ein erstinstanzliches Urteil idR nicht sofort rechtskräftig wird, sondern mit Rechtsmitteln angegriffen werden kann. Insoweit ist ein sachgerechter Ausgleich zu schaffen zwischen dem berechtigten Bedürfnis einer obsiegenden Partei, nach einem ggf. langen und mühsamen Rechtsstreit nunmehr endlich vollstrecken zu können, und dem gleichermaßen zu berücksichtigenden Risiko, dass dieses Urteil von dem unterlegenen Gegner mit einem Rechtsmittel angegriffen und in einer höheren Instanz ggf. abgeändert oder sogar aufgehoben werden kann. Bis zum Eintritt der Rechtskraft ist deshalb auch der Vollstreckungsschuldner schutzwürdig. Denn es soll einerseits gerade das Risiko vermieden werden, dass er auf Grund eines erstinstanzlich zu seinen Lasten ergangenen Urteils die Klageforderung nebst Kosten notgedrungen erfüllt, später aber eine (Berufungs-)Entscheidung zu seinen Gunsten erstreitet, auf Grund zwischenzeitlicher Insolvenz des Vollstreckungsgläubigers aber seine Leistung nun nicht mehr zurückerhält. Würde man andererseits mit einer Vollstreckungsmöglichkeit des Gläubigers solange warten, bis das Urteil nach Beendigung des Instanzenzuges rechtskräftig geworden ist, dann bestünde zum einen die Gefahr, dass die obsiegende Partei erst nach langen Jahren ein Urteil zu ihren Gunsten erstreitet, dann aber eine Vollstreckung beim Gegner auf Grund dessen möglicher Zahlungsunfähigkeit nicht mehr erfolgreich durchführen kann. Zum anderen würde auch jedes nicht rechtskräftige Urteil eines Instanzgerichtes faktisch nahezu wertlos sein. In diesem Spannungsfeld, bedingt durch nicht ipso jure rechtskräftige Urteile, versuchen die §§ 708 ff. ZPO, einen sachgerechten Ausgleich zwischen den vorgenannten Interessen und Risiken zu normieren.

2. Das Grundprinzip der Sicherheitsleistung gemäß § 709 ZPO

52 Das Grundprinzip der Regeln über die Vollstreckbarkeit eines Urteils besteht darin, dass die obsiegende Partei, die aus dem – noch nicht rechtskräftigen – Urteil vollstrecken möchte, vorab Sicherheit in einer die Vollstreckungsforderung übersteigenden Höhe leisten muss, um den Gegner vor einem faktisch endgültigen Vermögensnachteil für den Fall zu schützen, dass er mit Rechtsmitteln zu einem späteren Zeitpunkt eine das Urteil abändernde bzw. aufhebende Entscheidung zu seinen Gunsten erstreiten sollte. Dieser Grundsatz kommt vor allem in der Regelung des § 709 ZPO zum Ausdruck. Zu beachten ist jedoch, dass diese Vorschrift nur subsidiär in dem Fall gilt, dass nicht ein vorrangig zu prüfender Fall des § 708 ZPO vorliegt (vgl. → Rn. 56 ff.). Innerhalb ihres Anwendungsbereiches, der sich auf größere Vollstreckungsbeträge bezieht – Verurteilungen in der Hauptsache zu mehr als 1.250 EUR oder vollstreckbare Kosten, die 1.500 EUR übersteigen (arg. e. § 708 Nr. 11 ZPO) – bestimmt § 709 S. 1 ZPO die Anordnung des Gerichts, dass ein nicht rechtskräftiges Urteil nur gegen eine der Höhe nach zu bestimmende Sicherheit für vorläufig vollstreckbar zu erklären ist. Damit diese von dem Gläubiger zu erbringende Sicherheit den Schuldner auch tatsächlich **vollständig** absichert, muss die Sicherheit die Höhe der reinen Vollstreckungsforderung übersteigen und neben dem zu vollstreckenden Betrag in der Hauptsache auch die bereits entstandenen und voraussichtlich noch bis zur Rechtskraft der Entscheidung entstehenden Zinsen sowie die zu vollstreckenden Kosten erfassen. Grundsätzlich hat das Gericht die Höhe der Sicherheitsleistung genau zu bestimmen; da der Schuldner geschützt werden, der Gläubiger aber durch die

Erbringung der Sicherheitsleistung keinen erheblichen wirtschaftlichen Nachteil erleiden soll, ist die Sicherheitsleistung durchaus großzügig zu bemessen. Selbstredend kann zur Berechnung der Zukunftszinsen der voraussichtliche Zeitraum bis zur letztinstanzlichen Entscheidung im Vorhinein nicht exakt bestimmt werden; insoweit ist eine »Sicherheitsprognose« vorzunehmen. § 709 S. 2 ZPO enthält für Geldforderungen, die in vielen Fällen in der Praxis Streitgegenstand sind, eine wesentliche Erleichterung der Tenorierung, von der auch Gebrauch gemacht werden sollte. Es reicht aus, die Höhe der Sicherheitsleistung in einem bestimmten Verhältnis zum »**jeweils zu vollstreckenden**« Betrag anzugeben. Die Praxis der Gerichte verfährt insoweit aber bislang nicht einheitlich; soweit ersichtlich, werden Sicherheitsleistungen in Höhe von 110 bis 130% vertreten. Deshalb wird hier entsprechend der eigenen früheren Praxis des Verfassers in der 2. Zivilkammer des LG Bochum durchgehend der Mittelwert von 120% zugrunde gelegt. Damit wird dem Sicherungsbedürfnis des Vollstreckungsschuldners ausreichend Rechnung getragen. § 709 S. 2 ZPO lässt auch ein »Splitting« der Sicherheitsleistung zu, etwa im Hinblick auf die Kosten des Rechtsstreits (= Geldforderung), auch wenn in der Hauptsache (zB wegen der *Herausgabe einer Sache*) die Sicherheitsleistung konkret zu beziffern ist (vgl. Fälle 67 und 70).

Soweit § 709 S. 1 und 2 ZPO anwendbar ist, lautet der Tenor folglich: **53**

> Das Urteil ist gegen Sicherheitsleistung in Höhe von 120% des jeweils zu vollstreckenden Betrages vorläufig vollstreckbar

oder im Falle des »Splittings«:

> Das Urteil ist vorläufig vollstreckbar,
> in der Hauptsache gegen Sicherheitsleistung in Höhe von *(zB)* 36.000 EUR,
> im Übrigen wegen der Kosten gegen Sicherheitsleistung in Höhe von 120% des jeweils zu vollstreckenden Betrages.

Der exakten Formulierung dieses Tenors ist besondere Aufmerksamkeit zu widmen. **54** Es ist nämlich nicht Sicherheit in Höhe von 120% des nach dem Urteilsausspruch gesamt möglichen vollstreckbaren Betrages zu leisten, sondern nur desjenigen Betrages, den der Gläubiger im Einzelfall **konkret** vollstrecken will. Natürlich möchte der Gläubiger im Regelfall den zu seinen Gunsten titulierten **Gesamt**betrag von dem Schuldner erhalten; es ist aber durchaus denkbar, dass sich der Gläubiger aus rein wirtschaftlichen Überlegungen heraus zunächst nur zur Vollstreckung eines Teilbetrages entschließt. Wenn der Gläubiger zB einen Vollstreckungstitel über 1 Mio. EUR gegenüber dem Schuldner erstritten hat, müsste er, wollte er den Gesamtbetrag vollstrecken, selbst zunächst 120% dieses Betrages (= 1,2 Mio. EUR) an Sicherheit leisten. Hierzu ist er möglicherweise schwerlich in der Lage; eine Bankbürgschaft in entsprechender Höhe zu erhalten, setzt jedenfalls entsprechende Sicherheiten voraus. Hierzu zählt die ungewisse Vollstreckungsmöglichkeit gegenüber dem Schuldner idR nicht. Vielleicht ist dem Gläubiger aber auch bekannt, dass der Schuldner den geschuldeten – vollstreckbaren – Gesamtbetrag ohnehin nicht wird aufbringen können. Insoweit entstünden allenfalls unnötige Vollstreckungskosten, ohne einen realistischen Vollstreckungserfolg in der Sache. Vollstreckt der Gläubiger deshalb nur einen Teilbetrag in Höhe von zB 10.000 EUR – etwa weil er weiß, dass der Schuldner jedenfalls über diesen Betrag verfügt –, dann muss er auch nur eine entsprechend geringere Sicherheit leisten, nämlich nur 12.000 EUR – *120% des jeweils zu vollstreckenden Betrages (!) –;* für diesen Betrag dürfte im Regelfall ein solventer Gläubiger auch eine Bankbürgschaft leichter erhalten können. Nach § 108 Abs. 1 S. 2 ZPO kann

– ohne anderweitige Bestimmung durch das Gericht – von vornherein die Sicherheitsleistung durch die schriftliche, unwiderrufliche, unbedingte und unbefristete Bürgschaft eines im Inland zum Geschäftsbetrieb befugten Kreditinstituts erbracht werden.

55 Im Zweiten Teil dieses Buches wird in zahlreichen praxisrelevanten Beispielen im Einzelnen dargestellt, in welchen Fällen und bzgl. welcher Vollstreckungssummen diese Vorschrift des § 709 ZPO, die das Grundprinzip der Abhängigkeit der Vollstreckung von der Erbringung der Sicherheitsleistung am klarsten verkörpert, einschlägig ist.

3. Die Vorschriften der §§ 708 Nr. 11, 711 ZPO

a) Das Grundprinzip

56 Bei kleineren Beträgen – in der Hauptsache werden max. 1.250 EUR vollstreckt oder aber es handelt sich ausschließlich um die Vollstreckung von Kosten, die 1.500 EUR nicht übersteigen – wird das unter → Rn. 52 ff. dargestellte Grundprinzip, nur gegen Sicherheitsleistung vollstrecken zu können, erheblich modifiziert. In der Regel soll in diesen Fällen der wirtschaftlich geringeren Bedeutung der Vollstreckungsgläubiger sofort vollstrecken können, ohne selbst erst eine Sicherheitsleistung erbringen zu müssen. Dieser Grundsatz wird in § 708 S. 1 ZPO vorrangig normiert: »für **vorläufig vollstreckbar ohne Sicherheitsleistung** sind zu erklären: …« Um aber den Schuldner, der bislang lediglich ein noch nicht rechtskräftiges Urteil gegen sich gelten lassen muss, nicht schutzlos zu stellen, beschreitet die anfänglich nicht leicht durchschaubare Vorschrift des § 711 ZPO einen im Vergleich zu § 709 S. 1 ZPO prinzipiell unterschiedlichen Weg der Bestimmung einer Sicherheitsleistung. § 711 ZPO wendet sich nämlich zunächst nicht primär an den Vollstreckungsgläubiger, sondern räumt vielmehr dem Vollstreckungs**schuldner** die Möglichkeit ein, durch die Erbringung einer eigenen Sicherheit die Vollstreckung des Vollstreckungs**gläubigers** – zunächst – zu verhindern.

57 Das führt zu folgenden Konsequenzen:

- Der Gläubiger kann grundsätzlich ohne Sicherheitsleistung vollstrecken, solange und soweit sich der Schuldner nicht – durch Erbringung der Sicherheitsleistung in vorgegebener Höhe – wehrt.
- Erbringt der Schuldner eine Sicherheit, kann er die Vollstreckung – zunächst – stoppen. Um nun aber dem Gläubiger nicht die Möglichkeit zu nehmen, aus dem zu seinen Gunsten erstrittenen, wenngleich nicht rechtskräftigen Urteil zu vollstrecken, kann er nunmehr seinerseits den Schuldner wiederum stoppen, indem auch er eine entsprechende Sicherheit erbringt. In diesem Fall ist für den Schuldner der Anlass für die Sicherheitsleistung weggefallen; er kann die Rückgabe seiner Sicherheit gemäß § 109 ZPO verlangen (*OLG Köln* MDR 1993, 270; Thomas/Putzo/*Seiler* ZPO § 711 Rn. 5). Endgültig kann der Schuldner somit trotz Leistung einer eigenen Sicherheit den Gläubiger letztlich nicht an der Vollstreckung hindern – jedenfalls nicht, soweit dieser bereit ist, selbst eine Sicherheitsleistung zu erbringen. Inwieweit dieses mehrschichtige System der Abwendungs- und »Gegenabwendungsbefugnis« bei den durchweg kleineren Beträgen Sinn macht, soll an dieser Stelle nicht näher dogmatisch vertieft werden. Es sei aber doch angemerkt, dass die Differenzierung des § 708 ZPO im Verhältnis zu § 709 ZPO nicht

tragfähig begründbar ist; der Gesetzgeber sollte dem Gedanken näher treten, § 709 ZPO als alleinige Vollstreckungsregel – unabhängig von der Höhe der Vollstreckungsforderung – auszugestalten. Wer aus einem nicht rechtskräftigen Urteil vollstreckt, muss vorher eben eine ausreichende Sicherheit leisten – was ist daran nicht sachgerecht? Warum dieses Prinzip in den »großen« Fällen des § 709 ZPO, nicht aber für die geringeren Vollstreckungsforderungen akzeptiert wird, leuchtet nicht ernstlich ein. Etwas anderes gilt für die Fälle des § 708 Nrn. 1 bis 3 ZPO, in denen der Schuldner nicht schutzwürdig ist, so dass insoweit auch weiterhin keine Sicherheit geleistet werden muss.

b) Die unterschiedliche Höhe der Sicherheitsleistungen

Auch in den Fällen des § 711 ZPO ist die Höhe der zu erbringenden Sicherheitsleistung von dem anordnenden Gericht zu bestimmen. Es wird auch insoweit eine differenzierende Regelung getroffen, um dem Vollstreckungsschuldner für den Fall der Urteilsabänderung ausreichenden Schutz zu gewährleisten. Bei Geldforderungen kann wiederum ein prozentuales Verhältnis von Vollstreckungsforderung und Sicherheitsleistung bestimmt werden; es empfiehlt sich deshalb, an der 120% – Klausel festzuhalten. Anders als bei § 709 S. 2 ZPO ist hier die Ausgangsgröße aber nicht der »jeweils zu vollstreckende« Betrag, sondern gemäß § 711 S. 2 ZPO – für den **Schuldner** – der **»auf Grund des Urteils vollstreckbare« Betrag.** Nur mit dieser Modifizierung verweist § 711 S. 2 ZPO auf § 709 S. 2 ZPO. Auf mögliche Teilvollstreckungen und entsprechende Teilsicherheiten kommt es folglich nicht an. Der Schuldner, der die Vollstreckung zunächst abwenden will, zumindest aber auch eine Sicherheitsleistung vom Gläubiger erstrebt, muss unabhängig von der Höhe des Betrages, den der Gläubiger zu vollstrecken bereit ist, Sicherheit in Höhe des (maximal) auf Grund des Urteils vollstreckbaren Betrages leisten, dh nicht 120% des jeweils von dem Gläubiger zu vollstreckenden (Teil-)Betrages, sondern 120% des sich auf Grund des Urteils ergebenden vollstreckbaren **Gesamt**betrages! Offensichtlich soll bei den kleineren Beträgen eine unnötige Kompliziertheit durch die Leistung von Teilsicherheiten vermieden werden. Diese Differenzierung im Vergleich zu § 709 S. 2 ZPO ist somit genau zu beachten, wird aber in Referendarklausuren häufig übersehen! Auch die Praxis der Gerichte trägt diese Differenzierung nicht immer mit. **58**

Zugleich ist auf die weitere Besonderheit im Hinblick auf die Sicherheitsleistung des **Gläubigers** zu achten. Sinnvoll wäre es im Rahmen des Systems des § 711 ZPO, von dem Gläubiger eine Sicherheit in gleicher Höhe zu fordern, um auch nach Erbringung der Sicherheitsleistung durch den Schuldner (weiter) vollstrecken zu können. In der Praxis wird deshalb zum Teil wie folgt tenoriert: **59**

> Das Urteil ist vorläufig vollstreckbar.
> Dem Beklagten wird nachgelassen, die Vollstreckung durch den Kläger gegen Sicherheitsleistung in Höhe von 120% des **auf Grund des Urteils** vollstreckbaren Betrages abzuwenden, wenn nicht der Kläger vor der Vollstreckung Sicherheit **in gleicher Höhe** leistet.

Dieser Tenor, der durchaus sachgerecht ist (vgl. *Anders/Gehle* A-228) stellt hingegen für Gläubiger und Schuldner einheitlich auf den »jeweils zu vollstreckenden« Betrag ab), entspricht nicht der gesetzlichen Regelung des § 711 S. 2 ZPO! Denn § 711 S. 2 ZPO ordnet für die Sicherheitsleistung des **Gläubigers** die uneingeschränkte Geltung des § 709 S. 2 ZPO an. Das bedeutet, dass der **Gläubiger** Sicherheit nur in Höhe von 120% des **jeweils zu vollstreckenden** Betrages zu leisten hat. Auch wenn über Sinn **60** und Unsinn dieser Differenzierung zu recht gestritten werden kann, empfiehlt es sich insbesondere in der Examensklausur, den sicheren Weg zu gehen und dem Wortlaut des Gesetzes zu folgen (vgl. die Differenzierungen bei *Knöringer* § 4 II; vgl. näher Fall 2). Die Vollstreckbarkeit ist folglich in den Fällen der §§ 708 Nr. 11, 711 ZPO – exakt der gesetzlichen Regelung entsprechend – wie folgt zu tenorieren:

Das Urteil ist vorläufig vollstreckbar.
Dem Beklagten wird nachgelassen, die Vollstreckung durch den Kläger gegen Sicherheitsleistung in Höhe von 120% **des auf Grund des Urteils vollstreckbaren** Betrages abzuwenden, wenn nicht der Kläger vor der Vollstreckung Sicherheit in Höhe von 120% **des jeweils zu vollstreckenden** Betrages leistet.

4. Die grundsätzliche Prüfung

61 Die Vollstreckbarkeit der streitigen Entscheidung folgt im Regelfall aus § 708 Nr. 11 oder § 709 ZPO.

Vorab ist aber zunächst festzustellen, ob ein Sonderfall vorliegt, der von § 708 Nrn. 1 bis 10 ZPO erfasst ist.

Wird dies verneint, so kommt es darauf an, ob nun § 708 Nr. 11 ZPO in der ersten oder zweiten Alternative bzw. § 709 ZPO einschlägig ist. Hierzu ist zur Bestimmung des zutreffenden Tenors jeweils für jede Partei getrennt zu untersuchen, welche Forderung bzw. Kosten sie in welcher Höhe jeweils vollstrecken kann. Ist eine Vollstreckung in der Hauptsache möglich, so richtet sich die Vollstreckbarkeit nach § 708 Nr. 11 (1. Alt.) ZPO oder § 709 S. 1 ZPO. Dies hängt davon ab, ob der Gegenstand der Verurteilung in der Hauptsache einen Betrag von 1.250 EUR übersteigt; in diesem Fall ist § 709 S. 1 ZPO einschlägig, im anderen Fall des geringeren, 1.250 EUR nicht übersteigenden Betrages § 708 Nr. 11 **1. Alt.** ZPO. Auf Zinsen und Kosten, die neben der Hauptsache auch mitvollstreckt werden können, kommt es in diesem Fall nicht an.

Kann eine Partei hingegen – nur – ihre Kosten vollstrecken, so richtet sich die Vollstreckbarkeit nach § 708 Nr. 11 (2. Alt.) ZPO oder wiederum nach § 709 S. 1 ZPO. Übersteigen die vollstreckbaren Kosten 1.500 EUR, so ist § 709 S. 1 ZPO einschlägig, im anderen Fall § 708 Nr. 11 **2. Alt.** ZPO.

62 Mit dem System dieser beiden Vorschriften – §§ 708 und 709 ZPO –, das sich nicht sofort auf den ersten Blick erschließt, muss man sich zwingend vertraut machen; andernfalls ist jeder Tenor, jedenfalls im Hinblick auf die dritte Entscheidungsebene der Regelung der vorläufigen Vollstreckbarkeit, zwangsläufig falsch – ein nicht nur für die tägliche juristische Praxis, sondern auch für jede Examensklausur verheerendes Ergebnis!

5. Die Ersatzleistung

63 Da eine Partei häufig nicht in der Lage ist, die tenorierte – hohe – Sicherheit zu stellen, gewährt § 108 Abs. 1 S. 2 ZPO die Möglichkeit, die Sicherheit – auch – durch eine schriftliche, unwiderrufliche, unbedingte und unbefristete Bürgschaft eines im Inland zum Geschäftsbetrieb befugten Kreditinstituts zu erbringen. Diese Möglichkeit der Erbringung einer Sicherheit hat der Schuldner nach der Neufassung des § 108 ZPO vorbehaltlich einer anderweitigen gerichtlichen Bestimmung in jedem Fall, ohne dass es einer ausdrücklichen Tenorierung bedarf.

IV. Die Entscheidung über die Zulassung eines Rechtsmittels

In Einzelfällen ist schließlich – gewissermaßen als vierte Entscheidungsebene des Tenors – eine Entscheidung darüber zu treffen, ob das erstinstanzliche Gericht (Amts- oder Landgericht) die Berufung zulässt (vgl. § 511 Abs. 2 Nr. 2 ZPO). Das gilt in den Fällen, in denen die für die Zulässigkeit der Berufung grundsätzlich gemäß § 511 Abs. 2 Nr. 1 ZPO erforderliche Beschwer von mehr als 600 EUR nicht erreicht ist. 64

Das zweitinstanzlich entscheidende Berufungsgericht (Land- oder Oberlandesgericht) hat stets im Tenor zu entscheiden, ob die Revision gemäß § 543 Abs. 1 Nr. 1 ZPO zuzulassen ist, da diese nicht mehr beschwerabhängig ist. 65

Um eine Entscheidung dieses konkreten Rechtsstreits handelt es sich aber im Ergebnis nicht, sondern letztlich nur um einen Annex im Tenor für die Frage der möglichen Fortsetzung des Rechtsstreits im Rechtsmittelverfahren. Deshalb verbleibt es bei der hier bevorzugten Terminologie, von **drei Entscheidungsebenen** des Tenors zu sprechen. 66

2. Teil. Übungsfälle zur Tenorierung

A. Der Tenor in erstinstanzlichen Verfahren ohne eine bereits zuvor ergangene Entscheidung

I. Die Klage ist unzulässig

☑ Fall 1: Die örtliche Unzuständigkeit des Gerichts 67

Der Kläger aus Bochum verklagt vor dem Amtsgericht Bochum den Beklagten aus München auf Zahlung von 3.000 EUR auf Grund einer unerlaubten Handlung in Dortmund. Der Beklagte rügt die örtliche Unzuständigkeit des Amtsgerichts Bochum. Auf einen richterlichen Hinweis, ob der Rechtsstreit verwiesen werden solle, reagiert der Kläger nicht. Das Amtsgericht weist die Klage ab.

Urteilstenor:

Die Klage wird **als unzulässig** abgewiesen. 68
Die Kosten des Rechtsstreits werden dem Kläger auferlegt.
Das Urteil ist vorläufig vollstreckbar.
Dem Kläger wird nachgelassen, die Vollstreckung durch den Beklagten gegen Sicherheitsleistung in Höhe von 120% des auf Grund des Urteils vollstreckbaren Betrages abzuwenden, wenn nicht der Beklagte vor der Vollstreckung Sicherheit in Höhe von 120% des jeweils zu vollstreckenden Betrages leistet.

Erläuterungen:

Das AG Bochum ist unzuständig; zuständig wäre das AG München als Gericht 69 am Wohnsitz des Beklagten, §§ 12, 13 ZPO, aber auch das LG Dortmund als Gericht am Ort der unerlaubten Handlung, § 32 ZPO.

Der Zusatz, die Klage »als unzulässig« abzuweisen, ist nach zutreffender Ansicht 70 in den Tenor mit aufzunehmen (Zöller/*Greger* ZPO Vor § 253 Rn. 9; aA: *Anders/Gehle* A-169, wonach diese Tenorierung in der Regel nicht erforderlich sei; zu weitgehend *Schuschke/Kessen/Höltje* Rn. 382, wonach dieser Zusatz »falsch« sei; ähnlich aber auch *Lackmann* Rn. 269); er verhindert die Rechtskraft hinsichtlich des Streitgegenstandes: der Kläger kann die Klage vor dem zuständigen Gericht erneut erheben. Durch die hier gewählte Formulierung des Tenors wird bereits deutlich, dass keine Klageabweisung in der Sache erfolgt.

Die Kostenentscheidung beruht auf § 91 Abs. 1 ZPO, die Entscheidung über die 71 vorläufige Vollstreckbarkeit auf § 708 Nr. 11 2. Alt. iVm § 711 S. 1 und 2 ZPO.

Vorliegend kann nur der Beklagte vollstrecken, und zwar seine Rechtsanwaltskos- 72 ten, dh eine 1,3fache Verfahrensgebühr und eine 1,2fache Terminsgebühr gemäß Nr. 3100 VV und Nr. 3104 VV RVG. Diese erreichen die Obergrenze von 1.500 EUR nicht, da jede einzelne Gebühr nach § 13 Abs. 1 S. 3 RVG iVm Anlage 2 bei einem Streitwert von 3.000 EUR jeweils 201 EUR netto beträgt (vgl. Gebührentabelle im Anhang der Schönfelder-Gesetzessammlung). Die hier für jede Partei anfallenden 2,5 Anwaltsgebühren belaufen sich somit insgesamt auf 502,50 EUR netto.

Gerichtsgebühren kann der Beklagte nicht vollstrecken, da der Kläger die drei Ge- 73 bühren gemäß Nr. 1210 des Kostenverzeichnisses als Anlage 1 zu § 3 Abs. 2 GKG im

Zusammenhang mit der Klageerhebung bereits eingezahlt hat und diese auch als unterlegene Partei endgültig tragen muss. Damit ist das Urteil (für den Beklagten) grundsätzlich gemäß § 708 S. 1 ZPO ohne Sicherheitsleistung vorläufig vollstreckbar. Es ist aber in diesen Fällen immer auch die Regelung der Abwendungsbefugnis des § 711 ZPO zu prüfen. Danach ist zugunsten des Klägers, dem gegen das Urteil das Rechtsmittel der Berufung zusteht, die Abwendungsbefugnis durch Sicherheitsleistung auszusprechen, die jedoch der Beklagte wiederum durch Leistung einer eigenen Sicherheit beseitigen kann. Wegen der Einzelheiten hierzu vgl. unten Fall 2 sowie die Besonderheiten des Falles 9 bei der Verweisung des Rechtsstreits auf Antrag des Klägers an das zuständige Amtsgericht.

II. Die Klage ist unbegründet

☑ Fall 2: Die Anwendung des § 708 Nr. 11 ZPO

74 Der Kläger verklagt den Beklagten auf Zahlung in Höhe von 700 EUR. Die Klage ist unbegründet.

Urteilstenor:

75 Die Klage wird abgewiesen.
Die Kosten des Rechtsstreits werden dem Kläger auferlegt.
Das Urteil ist vorläufig vollstreckbar.
Dem Kläger wird nachgelassen, die Vollstreckung durch den Beklagten gegen Sicherheitsleistung in Höhe von 120% des auf Grund des Urteils vollstreckbaren Betrages abzuwenden, wenn nicht der Beklagte vor der Vollstreckung Sicherheit in Höhe von 120% des jeweils zu vollstreckenden Betrages leistet.

Erläuterungen:

76 Mit der Klageabweisung werden die Sachanträge der Parteien umfassend beschieden.

Die Kostenentscheidung folgt aus § 91 Abs. 1 ZPO.

Die Entscheidung über die vorläufige Vollstreckbarkeit ergibt sich auch in diesem Fall wiederum aus §§ 708 Nr. 11 2. Alt., 711 S. 1 und 2 ZPO.

77 Aus diesem Urteil kann nur der Beklagte vollstrecken, und zwar nur seine Kosten. Gerichtsgebühren hat er nicht zu entrichten, da er den Rechtsstreit gewonnen hat. Der Kläger hat bereits die – drei – Gerichtsgebühren eingezahlt, so dass insoweit kein Kostenausgleich zu erfolgen hat. Der Beklagte kann 2,5 Anwaltsgebühren gegenüber dem Kläger vollstrecken (1,3 Verfahrensgebühren und 1,2 Terminsgebühren gemäß Nrn. 3100 und 3104 VV RVG); diese liegen im Gesamtbetrag unter der Wertgrenze des § 708 Nr. 11 von 1.500 EUR, entstehen nämlich bei einem Streitwert von 700 EUR in Höhe von jeweils 80 EUR netto pro Gebühr. Hinzu kommen Auslagen und die Umsatzsteuer. Damit ist das Urteil grundsätzlich gemäß § 708 S. 1 ZPO ohne Sicherheitsleistung vorläufig vollstreckbar. Da das Urteil aber nicht rechtskräftig ist, ist der unterlegene Kläger schutzbedürftig. Er hat nämlich die Chance, im Wege der Berufung eine Entscheidung zu seinen Gunsten zu erzielen. Folglich ist in diesen Fällen immer die zu § 708 ZPO korrespondierende Vorschrift des § 711 ZPO zu beachten. Grundsätzlich kann der Beklagte zwar sofort ohne Sicherheitsleistung vollstrecken; da das Urteil aber mit der Berufung angreifbar ist, gestattet § 711 ZPO dem Kläger, die Vollstreckung durch Sicherheitsleistung abzuwenden. Dies wiederum kann der Beklagte verhindern, wenn nunmehr auch er Sicherheit leistet!

Zur Höhe der zu leistenden Sicherheiten ist § 711 S. 2 iVm § 709 S. 2 ZPO **sorgfältig** zu beachten: vorliegend hat das Gericht von der bei Geldforderungen bestehenden Möglichkeit des § 711 S. 2 ZPO iVm § 709 S. 2 ZPO Gebrauch gemacht und die Höhe der Sicherheitsleistung in ein bestimmtes Verhältnis (120%) zur Höhe des **auf Grund des Urteils** vollstreckbaren Betrages gesetzt. 78

Der Kläger muss somit hier zur Abwendung der Vollstreckung 120% **des auf Grund des Urteils vollstreckbaren Betrages,** dh 120% des vollstreckbaren **Gesamt**betrages leisten. 79

Der Beklagte als Gläubiger hingegen braucht zur »Abwendung der Abwendung« »nur« 120% des **jeweils zu vollstreckenden Betrages** zu leisten – insoweit gilt nämlich auf Grund der Verweisung in § 711 S. 2 ZPO die Regelung des § 709 S. 2 ZPO –, dh 120% desjenigen Betrages, den er konkret vollstrecken will; dies muss zB aus Kostengründen nicht zwingend der Gesamtbetrag sein! Will der Gläubiger somit zunächst nur einen Teilbetrag vollstrecken, dann muss er lediglich 120% dieses Teilbetrages als Sicherheit – zur Abwendung der Abwendung – erbringen. 80

Nur wenn der Beklagte als Gläubiger den Gesamtbetrag vollstrecken will, sind die Sicherheitsleistungen von Gläubiger und Schuldner der Höhe nach identisch. Dann muss nämlich auch der Gläubiger die Sicherheitsleistung in Höhe von 120% des vollen Betrages leisten. 81

Zur hier vorgeschlagenen Tenorierung, die exakt den gesetzlichen Vorgaben folgt, vgl. *OLG Celle* NJW 2003, 73; Zöller/*Herget* ZPO § 711 Rn. 2; BLHAG/*Schmidt* ZPO § 711 Rn. 6; *Knöringer* § 4 II; *Lackmann* Rn. 326; *Anders/Gehle* A-228. 82

Unzutreffend ist die nach wie vor in der Praxis verbreitete Übung, die Sicherheitsleistung für den Gläubiger »in gleicher Höhe« zu tenorieren (vgl. *Anders/Gehle,* A-228). 83

Zum Teil wird die Auffassung vertreten, die Differenzierung des § 711 ZPO sei wenig sachgerecht; es müsse bei der Bestimmung der Sicherheitsleistung für **beide** Parteien auf den »jeweils zu vollstreckenden Betrag« abgestellt werden (*König* NJW 2003, 1372; Thomas/Putzo/*Seiler* ZPO § 711 Rn. 3a, für den Fall der konkret bezifferten Sicherheitsleistung). Es wäre in der Tat nachvollziehbar, konsequent und vor allem sachgerecht, wenn beide Parteien Sicherheit in gleicher Höhe leisten müssten, und zwar im Verhältnis zum jeweils zu vollstreckenden Betrag. Der Gesetzgeber hat aber gleichwohl in eindeutiger Differenzierung in § 711 S. 2 ZPO geregelt, dass § 709 S. 2 ZPO einschränkungslos eben nur für den Gläubiger gilt, für die Sicherheitsleistung des Schuldners hingegen auf den »auf Grund des Urteils vollstreckbaren Betrag« abzustellen ist. Mag diese Mindermeinung in der Sache somit durchaus vernünftig erscheinen, so hat sie aber jedenfalls den klaren Gesetzeswortlaut gegen sich.

Da die Beschwer über 600 EUR liegt, bedarf es gemäß § 511 Abs. 2 Nr. 1 ZPO keines Ausspruches über die Zulassung bzw. Nichtzulassung der Berufung. 84

☑ Fall 3: Die Anwendung des § 709 ZPO

Der Kläger verklagt den Beklagten auf Zahlung von 70.000 EUR. Die Klage ist unbegründet. 85

Urteilstenor:

Die Klage wird abgewiesen. 86

Die Kosten des Rechtsstreits werden dem Kläger auferlegt.

Das Urteil ist gegen Sicherheitsleistung in Höhe von 120% des jeweils zu vollstreckenden Betrages vorläufig vollstreckbar.

Erläuterungen:

87 Auch in diesem Fall kann nur der Beklagte seine Kosten vollstrecken; diese übersteigen den in § 708 Nr. 11 2. Alt. ZPO benannten Höchstbetrag von 1.500 EUR: bereits **eine** Anwaltsgebühr beträgt bei einem Streitwert von 70.000 EUR netto 1.333 EUR; entstanden sind für den Beklagten zumindest 2,5 Gebühren nach Nrn. 3100 und 3104 VV RVG, nämlich 1,3 Verfahrens- und 1,2 Terminsgebühren. Damit ist die Vollstreckbarkeit nach § 709 S. 1 und 2 ZPO zu tenorieren.

Im Übrigen ist zu beachten, dass die Sicherheitsleistung in diesem Fall nur in Höhe von 120% des Betrages erbracht werden muss, den die jeweilige Partei – hier: der Beklagte – **jeweils** vollstrecken will. Im Gegensatz hierzu sind nach § 711 S. 2 ZPO von dem Schuldner 120% des auf Grund des Urteils vollstreckbaren, dh insgesamt möglichen Vollstreckungsbetrages, zu erbringen. Der die Vollstreckung nicht beeinflussende Schuldner muss (vorsorglich) den Gesamtbetrag als Sicherheit leisten, der Gläubiger jeweils nur im prozentualen Verhältnis zu der von ihm gewünschten Vollstreckungshöhe (vgl. § 709 S. 1, 2 und § 711 S. 2 ZPO).

☑ Fall 4: Die Anwendung des § 713 ZPO

88 Der Kläger verklagt den Beklagten auf Zahlung von 300 EUR. Die Klage ist unbegründet.

Urteilstenor:

89 Die Klage wird abgewiesen.
Die Kosten des Rechtsstreits werden dem Kläger auferlegt.
Das Urteil ist vorläufig vollstreckbar.
Die Berufung wird nicht zugelassen.

Erläuterungen:

90 Mit der Klageabweisung wird der Antrag vollständig beschieden.

Die Kostenentscheidung folgt aus § 91 Abs. 1 ZPO.

Die Entscheidung über die vorläufige Vollstreckbarkeit folgt in diesem Fall aus §§ 708 Nr. 11 2. Alt. iVm **§ 713 ZPO**. Ein Rechtsmittel besteht gegen das Urteil – bei nicht zugelassener Berufung – nämlich auf Grund der 600 EUR nicht übersteigenden Beschwer gemäß § 511 Abs. 2 Nr. 1 ZPO nicht. Zwar kann im Einzelfall das erstinstanzliche Gericht die Berufung gemäß § 511 Abs. 2 Nr. 2 iVm Abs. 4 ZPO zulassen. Dies dürfte aber eine Ausnahme sein, da bei derartig geringen Streitwerten die Rechtssache idR weder grundsätzliche Bedeutung haben noch die Fortbildung des Rechts oder die Sicherung einer einheitlichen Rechtsprechung eine Entscheidung des Berufungsgerichts erfordern dürfte. Insoweit ist nur die vorläufige Vollstreckbarkeit im Tenor ohne Abwendungsbefugnis nach § 711 ZPO auszusprechen. Denn wenn es kein Rechtsmittel gegen die Entscheidung gibt, bedarf es keiner Sicherungsmechanismen zum Schutz der unterlegenen Partei. Die grundsätzlich jederzeit gegebene Möglichkeit, gemäß § 90 Abs. 1 BVerfGG Verfassungsbeschwerde gegen das Urteil einzulegen und damit eine Abänderung des Urteils zu erreichen – häufigste Rüge in diesen Fällen ist die Verletzung rechtlichen Gehörs (vgl. nunmehr die Neuregelung des § 321a ZPO) –, hat selbstredend keine Auswirkungen auf die Tenorierung der Vollstreckbarkeit, da die Verfassungsbeschwerde kein ordentliches Rechtsmittel ist (vgl. *van den Hövel* NVwZ 1993, 549, 552).

Die Frage der Zulassung bzw. Nichtzulassung der Berufung sollte ebenfalls in den Fällen des Nichterreichens der Beschwer tenoriert werden, da das Gericht hierüber gemäß § 511 Abs. 4 ZPO zu **entscheiden** hat (im Ergebnis zutreffend *Anders/Gehle* S-39; wenig konsequent *Schuschke/Kessen/Höltje* Rn. 476, wonach nur die Entscheidung über die Zulassung der Berufung – nicht über die Nichtzulassung – in den Tenor aufzunehmen sei). 91

Fall 5: Abwandlung: Die Zulassung der Berufung

Das AG will die Berufung wegen der grundsätzlichen Bedeutung der Rechtssache, der Fortbildung des Rechts bzw. der Sicherung einer einheitlichen Rechtsprechung zulassen. 92

Urteilstenor:

Die Klage wird abgewiesen. 93
Die Kosten des Rechtsstreits werden dem Kläger auferlegt.
Das Urteil ist vorläufig vollstreckbar.
Dem Kläger wird nachgelassen, die Vollstreckung durch den Beklagten gegen Sicherheitsleistung in Höhe von 120% des auf Grund des Urteils vollstreckbaren Betrages abzuwenden, wenn nicht der Beklagte vor der Vollstreckung Sicherheit in Höhe von 120% des jeweils zu vollstreckenden Betrages leistet.
Die Berufung wird zugelassen.

Erläuterungen:

Da das Amtsgericht hier ausnahmsweise die Berufung gemäß § 511 Abs. 2 Nr. 2 iVm Abs. 4 ZPO zugelassen hat, ist das Landgericht als Berufungsgericht hieran gemäß § 511 Abs. 4 S. 2 ZPO gebunden und muss in der Sache über eine etwaige Berufung entscheiden. 94

In diesem Fall der nicht rechtskräftigen Entscheidung des Amtsgerichts ist die Vollstreckbarkeit somit wiederum gemäß § 708 Nr. 11 2. Alt. iVm § 711 S. 1 und 2 ZPO zu tenorieren; wegen der Einzelheiten vgl. Fall 2.

Fall 6: Die nicht prüfbare Schlussrechnung

Der Kläger klagt gegen den Beklagten auf Grund seiner Schlussrechnung vom 20. Oktober 2006 restlichen Werklohn in Höhe von 12.000 EUR ein. Das Landgericht gelangt zu der Auffassung, dass die Rechnung auf Grund ihrer Abweichungen von dem zuvor erstellten Leistungsverzeichnis nicht prüfbar (nachvollziehbar) ist. 95

Urteilstenor:

Die Klage wird **als zurzeit unbegründet** abgewiesen. 96
Die Kosten des Rechtsstreits werden dem Kläger auferlegt.
Das Urteil ist gegen Sicherheitsleistung in Höhe von 120% des jeweils zu vollstreckenden Betrages vorläufig vollstreckbar.

Erläuterungen:

Auch wenn dieses Urteil rechtskräftig werden sollte, erfolgt noch keine endgültige Abweisung der Werklohnforderung; der Kläger kann durch Vorlage einer neuen prüfbaren Schlussrechnung iSd § 14 Abs. 1 VOB/B nachbessern und die Forderung neu einklagen. Um dies zweifelsfrei bereits im Hauptausspruch des Urteils zu ver- 97 deutlichen, sollte deshalb entsprechend tenoriert werden (vgl. *BGH* MDR 2000, 1429; *Werner/Pastor* Rn. 1878). In der Praxis wird allerdings häufig die Klarstellung im Tenor unterlassen; dies ist aber nach der Auffassung des *BGH* (NJW 2000, 653) unschädlich, wenn sich die Einschränkung der Rechtskraft des Urteils aus den Gründen hinreichend deutlich ergibt. Gleichwohl ist der hier gewählte Zusatz zu empfehlen, da ein Tenor stets so klar und umfassend wie möglich gefasst werden und als »Magna Charta« des Urteils auch die Essenz der Entscheidung vollständig erfassen sollte, nämlich vorliegend, dass noch keine endgültige Rechtskraft im Hinblick auf die Werklohnforderung eintreten wird, der Kläger vielmehr in einem neuen Rechtsstreit »nachbessern« kann.

Die Kostenentscheidung beruht – unproblematisch – auf § 91 Abs. 1 ZPO.

Die vorläufige Vollstreckbarkeit folgt aus § 709 S. 1, 2 ZPO, da der Beklagte Kosten vollstreckt, und zwar 2,5 Anwaltsgebühren (1,3 Verfahrens- und 1,2 Terminsgebühren, Nrn. 3100 und 3104 VV RVG), die in der Summe bei dem hier vorliegenden Streitwert von 12.000 EUR die Kostengrenze des § 708 Nr. 11 2. Alt. ZPO in Höhe von 1.500 EUR knapp übersteigen: eine Gebühr beträgt 604 EUR netto, brutto somit 718,76 EUR. Hinzu kommen 20 EUR gemäß Nr. 7002 VV RVG als Entgelt für Post- und Telekommunikationsdienstleistungen. Zur Berechnung in der Praxis dürfte es ausreichen, auf die Nettogebühren abzustellen. Insoweit käme man auf einen (vollstreckungsrechtlich relevanten) Betrag von 1510 EUR (2,5 x 604 EUR).

III. Die Klage ist begründet

☑ Fall 7: Die Anwendung des § 708 Nr. 11 1. Alt. ZPO

98 Der Kläger verklagt den Beklagten auf Zahlung in Höhe von 1.000 EUR nebst üblicher Zinsen (5 Prozentpunkte über dem Basiszinssatz, § 288 Abs. 1 S. 2 BGB) seit Rechtshängigkeit. Die am 24. Februar 2010 zugestellte Klage ist begründet.

Urteilstenor:

99 Der Beklagte wird verurteilt, an den Kläger 1.000 EUR nebst Zinsen in Höhe von 5 Prozentpunkten über dem jeweiligen Basiszinssatz seit dem 25. Februar 2010 zu zahlen.
Die Kosten des Rechtsstreits werden dem Beklagten auferlegt.
Das Urteil ist vorläufig vollstreckbar.
Dem Beklagten wird nachgelassen, die Vollstreckung durch den Kläger gegen Sicherheitsleistung in Höhe von 120% des **auf Grund des Urteils** vollstreckbaren Betrages abzuwenden, wenn nicht der Kläger vor der Vollstreckung Sicherheit in Höhe von 120% des **jeweils zu vollstreckenden** Betrages leistet.

Erläuterungen:

100 Es ist darauf zu achten, dass der Tenor einen vollstreckungsfähigen Inhalt hat, dh eine genaue Anweisung an den Gerichtsvollzieher enthält. Falsch ist es – wenngleich in Klausuren immer wieder anzutreffen –, der Klage lediglich ohne nähere Angaben »stattzugeben« oder zu tenorieren: »Die Klage ist begründet«. Damit kann ein Gerichtsvollzieher, der vollstrecken will, nichts anfangen. Deshalb ist eindeutig zum Ausdruck zu bringen, **wer an wen wieviel** zu zahlen hat. Wenn zusätzlich Zinsen tituliert werden, ist anzugeben, welcher Betrag – bzw. welcher Prozentsatz von welcher Summe – seit wann geschuldet wird. Falsch wiederum ist es, entsprechend den in der Praxis häufig gestellten Anträgen Zinsen »seit Rechtshängigkeit« zuzu-

sprechen. Auch diese Angabe hilft dem Gerichtsvollzieher nicht weiter. Es ist vielmehr das exakte Anfangsdatum des Beginns der Zinsverpflichtung mitzuteilen. Der Tag der Zustellung der Klage zählt bei Rechtshängigkeitszinsen als Anfangsdatum für den Zinsbeginn gemäß § 187 Abs. 1 BGB nicht mit (vgl. Palandt/*Ellenberger* BGB § 187 Rn. 1).

Der Beklagte hat als unterlegene Partei gemäß § 91 Abs. 1 ZPO die Kosten des Rechtsstreits zu tragen.

Die Vollstreckbarkeit richtet sich nach §§ 708 Nr. 11 1. Alt. ZPO. Denn es handelt sich um eine Verurteilung in der Hauptsache, deren Gegenstand (1.000 EUR) den Höchstbetrag von 1.250 EUR nicht übersteigt. Die Zinsen und weiteren Kosten (Gerichts- und Anwaltskosten) zählen insoweit nach § 708 Nr. 11 1. Alt. ZPO nicht mit, wenn eine Verurteilung in der Hauptsache zu einem bestimmten Betrag erfolgt ist, der vollstreckt werden kann. Da das Urteil mit dem Rechtsmittel der Berufung angreifbar ist, ist der unterlegene Beklagte schutzwürdig, damit er durch eine gegen sich gerichtete Vollstreckung keinen unabwendbaren Nachteil für den Fall erleidet, dass er mit der Berufung eine – vollständige oder teilweise – Klageabweisung erzielen sollte. Deshalb kann er gemäß § 711 S. 1, 2 ZPO die Vollstreckung durch Leistung einer Sicherheit in Höhe von 120% des auf Grund des Urteils vollstreckbaren Betrages zunächst abwenden. Dies wiederum kann jedoch der Kläger zunichte machen, wenn er seinerseits nach § 711 S. 1, 2 ZPO eine Sicherheit in Höhe von 120% des jeweils zu vollstreckenden Betrages leistet. In diesem Fall ist der Beklagte jedoch ausreichend geschützt und erhält sein Geld für den Fall einer erfolgreichen Berufung zurück.

☑ Fall 8: Die Anwendung des § 709 ZPO

Der Kläger verklagt den Beklagten auf Zahlung von 5.000 EUR. Die Klage ist begründet. 101

Urteilstenor:

Der Beklagte wird verurteilt, an den Kläger 5.000 EUR zu zahlen. 102
Die Kosten des Rechtsstreits werden dem Beklagten auferlegt.
Das Urteil ist gegen Sicherheitsleistung in Höhe von 120% des jeweils zu vollstreckenden Betrages vorläufig vollstreckbar.

Erläuterungen:

Es kann grundsätzlich auf die Ausführungen zum vorherigen Fall 7 verwiesen werden. 103

Die vorläufige Vollstreckbarkeit richtet sich jedoch hier nach § 709 S. 1, 2 ZPO. Denn der Kläger kann in der Hauptsache einen 1.250 EUR übersteigenden Betrag vollstrecken, § 708 Nr. 11 1. Alt. ZPO ist somit nicht einschlägig. Es kommt deshalb vorliegend auf die im Übrigen vollstreckbaren Kosten des Klägers – drei Gerichtsgebühren (Nr. 1210 KV GKG) und 2,5 Anwaltsgebühren (1,3 Verfahrens- und 1,2 Terminsgebühren gemäß Nrn. 3100 und 3104 VV RVG) – bei der Frage der Tenorierung der Vollstreckbarkeit nicht an.

Fall 9: Die Anwendung des § 281 Abs. 3 S. 2 ZPO

Der Kläger verklagt den Beklagten auf 2.000 EUR vor dem örtlich unzuständigen Amtsgericht Bochum. Nach einem entsprechenden Hinweis verweist das Amtsgericht 104

Bochum den Rechtsstreit auf Antrag des Klägers an das örtlich zuständige Amtsgericht München. Die Klage ist begründet.

Urteilstenor:

105 Der Beklagte wird verurteilt, an den Kläger 2.000 EUR zu zahlen.
Die Kosten des Rechtsstreits werden dem Beklagten auferlegt; **hiervon ausgenommen sind die durch die Anrufung des unzuständigen Gerichts entstandenen Mehrkosten, die dem Kläger auferlegt werden**.
Das Urteil ist vorläufig vollstreckbar,
für den Kläger aber nur gegen Sicherheitsleistung in Höhe von 120% des jeweils zu vollstreckenden Betrages.
Im Übrigen wird dem Kläger nachgelassen, die Vollstreckung durch den Beklagten gegen Sicherheitsleistung in Höhe von 120% des auf Grund des Urteils vollstreckbaren Betrages abzuwenden, wenn nicht der Beklagte vor der Vollstreckung Sicherheit in Höhe von 120% des jeweils zu vollstreckenden Betrages leistet.

Erläuterungen:

106 Der Tenor in der Hauptsache und wegen der Kosten bereitet keine Probleme; da der Beklagte unterliegt, ist er auch grundsätzlich gemäß § 91 Abs. 1 ZPO verpflichtet, die Kosten des Rechtsstreits zu tragen. Die Besonderheit dieses Falles ergibt sich hier aber aus der Kostenregelung des § 281 Abs. 3 S. 2 ZPO auf Grund der Verweisung des Rechtsstreits an das örtlich zuständige Amtsgericht. Diese löst zwar grundsätzlich keine weiteren Gerichts- bzw. Anwaltsgebühren aus; gleichwohl können Mehrkosten entstehen, etwa durch die Beauftragung eines Rechtsanwalts am zunächst angerufenen, örtlich unzuständigen Gericht (vgl. Thomas/Putzo/*Reichold* ZPO § 281 Rn. 18), Fahrt- und Reisekosten, etc. Deshalb ist in jedem Fall – unabhängig davon, ob tatsächlich weitere Kosten angefallen sind – die oben tenorierte Kostengrundentscheidung zu treffen.

Diese hat auch Auswirkungen auf die vorläufige Vollstreckbarkeit. Für den in der Hauptsache mehr als 1.250 EUR vollstreckenden Kläger gilt § 709 S. 1, 2 ZPO. Es darf aber nicht vergessen werden, dass auch der Beklagte vollstrecken kann, und zwar seine Mehrkosten nach § 281 Abs. 3 S. 2 ZPO. Diese dürften unter der Wertgrenze des § 708 Nr. 11 2. Alt. ZPO von 1.500 EUR liegen, so dass für die Vollstreckung des Beklagten § 708 Nr. 11 2. Alt. ZPO iVm § 711 S. 1, 2 ZPO einschlägig ist.

Der Kläger dürfte auch schutzwürdig iSd § 713 ZPO sein, da er im Falle der Einlegung der Berufung durch den Beklagten die Möglichkeit der Anschlussberufung hätte (vgl. hierzu Fall 23).

Fall 10: Die Klage auf Kostenvorschuss

107 Der Kläger verlangt als Auftraggeber von dem Beklagten als nachbesserungspflichtigem Unternehmer einen Kostenvorschuss in Höhe der **voraussichtlichen** Mängelbeseitigungskosten von 7.000 EUR. Die Klage ist gemäß § 637 Abs. 3 BGB begründet.

Urteilstenor:

108 Der Beklagte wird verurteilt, an den Kläger einen **Vorschuss** in Höhe von 7.000 EUR zu zahlen.
Die Kosten des Rechtsstreits werden dem Beklagten auferlegt.
Das Urteil ist gegen Sicherheitsleistung in Höhe von 120% des jeweils zu vollstreckenden Betrages vorläufig vollstreckbar.

Erläuterungen:

Das Wesen der Klage auf Kostenvorschuss zur Mängelbeseitigung liegt darin begründet, dass sie noch keine endgültige Entscheidung trifft (vgl. auch Fall 6), weil die exakte Schadenshöhe noch nicht feststeht. Nach der Durchführung der Schadensbeseitigungsmaßnahmen hat der Kläger gegenüber dem Beklagten abzurechnen: soweit der Vorschuss nicht ausreicht, hat der Kläger die Möglichkeit, Schadensersatz nachzufordern, im umgekehrten Fall muss er die Zuvielleistung zurückerstatten. Ein Vorschussurteil hat folglich nur eine begrenzte Rechtskraftwirkung, soweit es um die Höhe des Betrages selbst geht: der Vorschussbetrag kann und soll durch die Rechtskraft des Urteils nicht endgültig festgeschrieben werden (*Werner/Pastor* Rn. 2129). Um einer etwaigen Nachzahlungsklage von vornherein den Einwand der Rechtskraft des vorherigen Urteils abzuschneiden, ist es deshalb empfehlenswert, zur Klarstellung bereits in den Tenor die Klausel, dass es sich um einen »Vorschuss« handelt, aufzunehmen. Das ist im Einzelfall jedenfalls deutlicher, als Tatbestand, Entscheidungsgründe und ggf. Parteivorbringen ergänzend heranzuziehen (vgl. *Werner/Pastor* Rn. 2128, zu den Voraussetzungen grundsätzlich Rn. 2114 ff.). 109

Im Übrigen ergeben sich wegen der Entscheidung über die Kosten sowie die vorläufige Vollstreckbarkeit – hier nach § 709 S. 1, 2 ZPO aufgrund der den Betrag von 1.250 EUR übersteigenden Verurteilung in der Hauptsache – keine Besonderheiten (vgl. Fall 8).

Fall 11: Der Fall des § 94 ZPO

Der Kläger nimmt den Beklagten aus abgetretenem Recht in Höhe von 4.000 EUR in Anspruch. Der Beklagte, der von der Abtretung keine Kenntnis hatte, hat vorsorglich die Aktivlegitimation des Klägers bestritten, dieser hat jedoch die Wirksamkeit der Abtretung im Verlaufe des Rechtsstreits durch Vorlage der Abtretungsurkunde nachgewiesen. Die Klage ist begründet. 110

Urteilstenor:

Der Beklagte wird verurteilt, an den Kläger 4.000 EUR zu zahlen. 111
Die Kosten des Rechtsstreits werden dem **Kläger** auferlegt.
Das Urteil ist vorläufig vollstreckbar,
für den Kläger gegen Sicherheitsleistung in Höhe von 120% des jeweils zu vollstreckenden Betrages.
Im Übrigen wird dem Kläger nachgelassen, die Vollstreckung durch den Beklagten gegen Sicherheitsleistung in Höhe von 120% des auf Grund des Urteils vollstreckbaren Betrages abzuwenden, wenn nicht der Beklagte vor der Vollstreckung Sicherheit in Höhe von 120% des jeweils zu vollstreckenden Betrages leistet.

Erläuterungen:

Obwohl der Beklagte den Rechtsstreit in der Hauptsache verliert, ist er gemäß § 94 ZPO von der Kostentragungspflicht befreit, weil er Veranlassung zu dem Rechtsstreit lediglich auf Grund der nicht vorprozessual erfolgten Mitteilung und des Nachweises der Abtretung durch den Kläger gegeben hat. Diese Vorschrift wird häufig übersehen. 112

Dementsprechend gibt es auch eine »aufgeteilte« Vollstreckung: der Kläger kann nur die Hauptforderung in Höhe von 4.000 EUR vollstrecken; insoweit ist § 709 S. 1,

2 ZPO wegen Überschreitens der Wertgrenze des § 708 Nr. 11 1. Alt. ZPO in Höhe von 1250 EUR einschlägig.

Der Beklagte kann hingegen seine (Anwalts-)Kosten, dh 1,3 Verfahrens- und 1,2 Terminsgebühren vollstrecken, die bei dem Streitwert von 4.000 EUR die Wertgrenze des § 708 Nr. 11 2. Alt. ZPO nicht übersteigen: die Einzelgebühr beträgt 252 EUR netto. Insoweit ist auch die Abwendungsbefugnis nach § 711 S. 1, 2 ZPO auszusprechen.

Die Gerichtskosten muss der Kläger, der sie auch gemäß §§ 12 Abs. 1 S. 1; 22 Abs. 1 S. 1 GKG eingezahlt hat, ohnehin tragen; insoweit ergibt sich keine Vollstreckung durch den Beklagten.

Fall 12: Der Fall des § 95 ZPO

113 Der Kläger gewinnt den Rechtsstreit gegen den Beklagten über 5.000 EUR, weil das Gericht seinem Vortrag nach Beweisaufnahme und Parteivernehmung des Klägers gemäß § 448 ZPO folgt. Die Parteivernehmung ist aber in einem weiteren Termin zur mündlichen Verhandlung erfolgt, weil der Kläger in dem ersten Beweistermin trotz entsprechender Ladung unter Hinweis auf die Möglichkeit der Parteivernehmung säumig war.

Urteilstenor:

114 Der Beklagte wird verurteilt, an den Kläger 5.000 EUR zu zahlen.

Die Kosten des Rechtsstreits werden dem Beklagten auferlegt; hiervon ausgenommen sind die Kosten der Säumnis des Klägers im Termin vom ..., die dem Kläger auferlegt werden.

Das Urteil ist vorläufig vollstreckbar,

für den Kläger gegen Sicherheitsleistung in Höhe von 120% des jeweils zu vollstreckenden Betrages. Im Übrigen wird dem Kläger nachgelassen, die Vollstreckung durch den Beklagten gegen Sicherheitsleistung in Höhe von 120% des auf Grund des Urteils vollstreckbaren Betrages abzuwenden, wenn nicht der Beklagte vor der Vollstreckung Sicherheit in Höhe von 120% des jeweils zu vollstreckenden Betrages leistet.

Erläuterungen:

115 Da der Beklagte den Rechtsstreit verliert, hat er grundsätzlich gemäß § 91 Abs. 1 ZPO die Kosten des Rechtsstreits zu tragen. Hiervon ausgenommen sind aber die durch den Kläger auf Grund seiner Säumnis durch den weiteren Beweistermin veranlassten Mehrkosten, die gemäß § 95 ZPO dem Kläger auferlegt werden. Insoweit sind zwar keine weiteren Gerichts- oder Anwaltsgebühren entstanden, hingegen aber durch den weiteren Termin bedingte Aufwendungen, zB Fahrt- und Reisekosten. Diese muss der Kläger tragen.

Dementsprechend gibt es auch hier wiederum eine »aufgeteilte« Vollstreckung: der Kläger kann die Hauptforderung in Höhe von 5.000 EUR nebst Kosten auf Grund der Überschreitung der Wertgrenze des § 708 Nr. 11 1. Alt. ZPO in Höhe von 1.250 EUR gemäß § 709 S. 1, 2 ZPO vollstrecken.

Der Beklagte kann seine etwaigen vorgenannten Mehrkosten vollstrecken, die vorliegend die Wertgrenze des § 708 Nr. 11 2. Alt. ZPO nicht übersteigen dürften; insoweit ist neben § 708 Nr. 11 ZPO auch die Abwendungsbefugnis nach § 711 S. 1, 2 ZPO zu tenorieren.

IV. Die Klage ist teilweise begründet

☑ Fall 13: Der Grundfall des § 92 Abs. 1 ZPO

Der Kläger verklagt den Beklagten auf Zahlung von 5.000 EUR. Die Klage ist in Höhe von 1.000 EUR begründet. 116

Urteilstenor:

Der Beklagte wird verurteilt, an den Kläger 1.000 EUR zu zahlen. 117
Im Übrigen wird die Klage abgewiesen.
Die Kosten des Rechtsstreits werden dem Kläger zu 80% und dem Beklagten zu 20% auferlegt.
Das Urteil ist vorläufig vollstreckbar.
Beiden Parteien wird nachgelassen, die Vollstreckung durch die jeweils andere Partei gegen Sicherheitsleistung in Höhe von 120% des auf Grund des Urteils vollstreckbaren Betrages abzuwenden, wenn nicht die jeweils andere Partei vor der Vollstreckung Sicherheit in Höhe von 120% des jeweils zu vollstreckenden Betrages leistet.

Erläuterungen:

Da der Klageantrag des Klägers nur zum Teil Erfolg hat, ist er – neben dem konkreten Ausspruch der Verurteilung zur Leistung in Höhe von 1.000 EUR – im Übrigen abzuweisen. 118

Die Kosten sind gemäß § 92 Abs. 1 ZPO nach dem Verhältnis des Obsiegens und Unterliegens entsprechend zu quoteln.

Die vorläufige Vollstreckbarkeit ergibt sich für den Kläger gemäß § 708 Nr. 11 Alt. 1 ZPO, da er in der Hauptsache einen die Wertgrenze von 1.250 EUR nicht übersteigenden Betrag vollstrecken kann, nämlich 1.000 EUR.

Für den Beklagten gilt § 708 Nr. 11 Alt. 2 ZPO, da er nur Kosten vollstrecken kann, die unterhalb von 1.500 EUR liegen, und zwar 80% seiner Rechtsanwaltsgebühren (2,5 Gebühren gemäß Nrn. 3100 und 3104 VV RVG: 1,3 Verfahrens- und 1,2 Terminsgebühren; jede Einzelgebühr beträgt jeweils 303 EUR netto). Da beide Parteien gegen das Urteil Berufung einlegen können, somit beide schutzbedürftig sind, ist auch zugunsten beider Parteien die Abwendungsbefugnis des § 711 S. 1, 2 ZPO zu tenorieren.

☑ Fall 14: Die Anwendung des § 713 ZPO

Der Kläger verklagt den Beklagten auf Zahlung von 1.200 EUR. Die Klage ist in Höhe von 600 EUR begründet. 119

Urteilstenor:

Der Beklagte wird verurteilt, an den Kläger 600 EUR zu zahlen. 120
Im Übrigen wird die Klage abgewiesen.
Die Kosten des Rechtsstreits werden gegeneinander aufgehoben.

oder:

Die Kosten des Rechtsstreits werden beiden Parteien je zur Hälfte auferlegt. 121
Das Urteil ist vorläufig vollstreckbar.
Die Berufung wird nicht zugelassen.

Erläuterungen:

122 Es ist wiederum genau der Gegenstand der Verurteilung zu bezeichnen; es reicht nicht aus, der Klage nur teilweise bzw. in Höhe von 600 EUR »stattzugeben«.

Da die Klage nur zum Teil begründet ist, das Gericht aber gemäß § 308 ZPO über den gesamten Antrag zu entscheiden hat, ist die weitergehende Klage bzw. die Klage »im Übrigen abzuweisen«. Dies wird namentlich von Referendaren in der Hektik der Examensklausuren immer wieder übersehen.

Da beide Parteien obsiegen und unterliegen, sind auch die Kosten des Rechtsstreits gemäß § 92 Abs. 1 ZPO gegeneinander aufzuheben oder verhältnismäßig zu teilen. Insoweit kann durchaus tenoriert werden, dass beide Parteien jeweils 50% der Kosten tragen.

Hiervon zu unterscheiden ist die insbesondere bei Vergleichen gemäß § 98 ZPO durchaus übliche Tenorierung: *Die Kosten des Rechtsstreits werden gegeneinander aufgehoben.* Das bedeutet, dass die Gerichtsgebühren gemäß § 92 Abs. 1 S. 2 ZPO geteilt werden und im Übrigen jede Partei die ihr jeweils entstandenen außergerichtlichen Kosten selbst trägt; eine Vollstreckung findet mangels eines Kostenausgleichs insoweit nicht statt. Diese Tenorierung hat sich in der Praxis im Falle des ungefähr hälftigen Obsiegens und Unterliegens auch für streitige Entscheidungen durchgesetzt (vgl. Thomas/Putzo/*Hüßtege* ZPO § 92 Rn. 5 und 6).

Die auch mögliche, rechnerisch und sachlich grundsätzlich richtige Tenorierung, den Parteien die Kosten des Rechtsstreits je zur Hälfte aufzuerlegen, addiert hingegen sämtliche Kosten – einschließlich der außergerichtlichen – und teilt diese dann gleichmäßig unter den Parteien auf. Unterschiede zur gegenseitigen Kostenaufhebung kommen namentlich dann in Betracht, wenn zB eine der Parteien anwaltlich nicht vertreten ist. In diesem Fall werden die Anwaltskosten der einen anwaltlich vertretenen Partei zwischen den beiden Parteien geteilt. Bei der gegenseitigen Kostenaufhebung hingegen würde die anwaltlich vertretene Partei ihre gesamten Anwaltskosten allein zu tragen haben. Dies ist im Einzelfall auch sachgerecht, um die andere Partei nicht für ihre sparsame Prozessführung zu bestrafen (vgl. Zöller/*Herget* ZPO § 92 Rn. 1).

123 Die Vollstreckung richtet sich für den Kläger nach § 708 Nr. 11 Alt. 1 ZPO, da er in der Hauptsache nur einen 1.250 EUR nicht übersteigenden Betrag vollstrecken kann.

Für den Beklagten – soweit er überhaupt Rechtsanwaltskosten vollstrecken kann (nur im Falle der Tenorierung der hälftigen Kostentragungspflicht) – richtet sich die Vollstreckbarkeit nach § 708 Nr. 11 2. Alt. ZPO, da er nur die Hälfte seiner Kosten – 2,5 Rechtsanwaltsgebühren (1,3 Verfahrens- und 1,2 Terminsgebühren) – vollstrecken kann und diese unter 1.500 EUR liegen: eine Anwaltsgebühr beträgt nämlich bei dem Streitwert von 1.200 EUR 115 EUR netto.

Wenn die Kosten gegeneinander aufgehoben werden, kann nur der Kläger vollstrecken, so dass das Urteil nur für ihn für vorläufig vollstreckbar zu erklären ist: der Beklagte muss in diesem Fall seinen Rechtsanwalt selbst bezahlen.

124 Da die Beschwer beider Partei jeweils 600 EUR nicht übersteigt, kann keine der beiden Parteien gemäß § 511 Abs. 2 Nr. 1 ZPO Berufung einlegen. Das Urteil ist folglich rechtskräftig, so dass eine Abwendungsbefugnis nach § 711 ZPO gemäß § 713 ZPO nicht zu tenorieren ist: keine der Parteien ist mangels Anfechtbarkeit des Urteils schutzwürdig. Etwas anderes würde selbstredend in dem Fall gelten, in dem das AG die Berufung zulassen würde. Die Voraussetzungen des § 511 Abs. 4 ZPO dürften aber vorliegend nicht in Betracht kommen. Deshalb ist in den Tenor die Entscheidung des AG mit aufgenommen worden, die Berufung **nicht** zuzulassen.

Fall 15: Die Besonderheiten des § 92 Abs. 2 Nr. 1 ZPO

Der Kläger verklagt den Beklagen auf Zahlung von 80.000 EUR. Die Klage ist in Höhe von 70.000 EUR begründet. 125

Urteilstenor:

Der Beklagte wird verurteilt, an den Kläger 70.000 EUR zu zahlen. Im Übrigen wird die Klage abgewiesen. 126

Die Kosten des Rechtsstreits werden dem Kläger zu 12,5% und dem Beklagten zu 87,5% auferlegt.

Das Urteil ist vorläufig vollstreckbar, für den Kläger aber nur gegen Sicherheitsleistung in Höhe von 120% des jeweils zu vollstreckenden Betrages.

Im Übrigen wird dem Kläger nachgelassen, die Vollstreckung durch den Beklagten gegen Sicherheitsleistung in Höhe von 120% des auf Grund des Urteils vollstreckbaren Betrages abzuwenden, wenn nicht der Beklagte vor der Vollstreckung Sicherheit in Höhe von 120% des jeweils zu vollstreckenden Betrages leistet.

Erläuterungen:

Die Klage ist nur zum Teil begründet; deshalb ist sie im Übrigen abzuweisen. 127

Die Zuvielforderung des Klägers (80.000 EUR statt 70.000 EUR) hat vorliegend keine höheren Kosten nach GKG und RVG verursacht (vgl. die Gebührentabelle im Schönfelder-Anhang), da der nächste Gebührensprung erst bei über 80.000 EUR liegt. Gleichwohl kommt eine Kostenentscheidung nach § 92 Abs. 2 Nr. 1 ZPO nicht in Betracht. Die Zuvielforderung von mehr als 10% ist nämlich **nicht verhältnismäßig geringfügig** – dies dürfte die relevante Grenze sein (vgl. BLHAG/*Gehle* ZPO § 92 Rn. 51; Zöller/*Herget* ZPO § 92 Rn. 10 (für Zuvielforderung *und* Mehrkosten); so auch Thomas/Putzo/*Hüßtege* ZPO § 92 Rn. 8).

Deshalb können dem Beklagten nicht die gesamten Kosten des Rechtsstreits auferlegt werden. Es ist vielmehr gemäß § 92 Abs. 1 ZPO nach dem Verhältnis des Obsiegens zum Unterliegen zu quoteln.

Die Vollstreckbarkeit richtet sich für den Kläger nach § 709 S. 1, 2 ZPO, da eine Hauptforderung von über 1.250 EUR zu vollstrecken ist. Der Beklagte kann einen geringen Teil seiner Kosten (2,5 Rechtsanwaltsgebühren) vollstrecken, deren Höhe 1.500 EUR unterschreitet. Eine Gebühr beträgt zwar bereits 1.333 EUR netto, so dass sich 2,5 Bruttogebühren auf 3.332,50 EUR netto belaufen. Hiervon kann der Beklagte aber nur 12,5% vollstrecken, dh 416,56 EUR. Deshalb gilt insoweit § 708 Nr. 11 2. Alt. iVm § 711 S. 1, 2 ZPO.

Fall 16: Abwandlung

Der Kläger verklagt den Beklagen auf Zahlung von 81.000 EUR. Die Klage ist in Höhe von 80.000 EUR begründet. 128

Urteilstenor:

Der Beklagte wird verurteilt, an den Kläger 80.000 EUR zu zahlen. Im Übrigen wird die Klage abgewiesen. 129

Die Kosten des Rechtsstreits werden dem Beklagten auferlegt.

Das Urteil ist gegen Sicherheitsleistung in Höhe von 120% des jeweils zu vollstreckenden Betrages vorläufig vollstreckbar.

Erläuterungen:

130 In diesem Fall kommt eine Kostenentscheidung nach § 92 Abs. 2 Nr. 1 ZPO in Betracht. Zwar hat in diesem Fall die Zuvielforderung höhere Kosten ausgelöst, da der Gebührensprung bei 80.000 EUR liegt. Aber sowohl die Zuvielforderung als auch die ausgelösten Mehrkosten liegen jeweils (noch knapp) unter 10% (drei Gerichtsgebühren zu je 906 EUR statt 786 EUR und zweimal 2,5 Anwaltsgebühren zu je 1.418 EUR statt 1.333 EUR verteuern den Rechtsstreit von **insgesamt** 9.023 EUR auf 9.808 EUR; die Gerichtskosten isoliert betrachtet übersteigen hingegen bereits die 10%-Grenze), so dass das Gericht dem Beklagten (wohl noch) die gesamten Kosten auferlegen kann (vgl. Zöller/*Herget* ZPO § 92 Rn. 10).

Damit kann nur der Kläger vollstrecken; die Vollstreckbarkeit richtet sich nach § 709 S. 1, 2 ZPO, da die zu vollstreckende Hauptforderung 1.250 EUR übersteigt (vgl. § 708 Nr. 11 1. Alt. ZPO).

Fall 17: Die Klagerücknahme in geringfügiger Höhe

131 Der Kläger verklagt den Beklagen auf Zahlung von 81.000 EUR. Die Klage ist in Höhe von 80.000 EUR begründet; der Kläger nimmt nach richterlichem Hinweis die Klage in Höhe von 1.000 EUR zurück.

Urteilstenor:

132 Der Beklagte wird verurteilt, an den Kläger 80.000 EUR zu zahlen.
Die Kosten des Rechtsstreits werden dem Beklagten auferlegt.
Das Urteil ist gegen Sicherheitsleistung in Höhe von 120% des jeweils zu vollstreckenden Betrages vorläufig vollstreckbar.

Erläuterungen:

133 Aufgrund der teilweisen Klagerücknahme in Höhe von 1.000 EUR ist der nunmehr nur noch gestellte Klageantrag vollumfänglich begründet, es ergeht keine Teilabweisung.

Auch in diesem Fall gilt für die Kostenentscheidung § 92 Abs. 2 Nr. 1 ZPO (*BGH* NJW-RR 1996, 256; Zöller/*Herget* ZPO § 92 Rn. 3). Insoweit kann auf die Erläuterungen zu Fall 16 verwiesen werden.

Die Vollstreckbarkeit richtet sich wiederum nach § 709 S. 1, 2 ZPO, da die zu vollstreckende Hauptforderung 1.250 EUR übersteigt (vgl. § 708 Nr. 11 1. Alt. ZPO).

Fall 18: Die teilweise Klagerücknahme vor der mündlichen Verhandlung

134 Der Kläger verklagt den Beklagen auf Zahlung von 20.000 EUR. Die Klage ist in Höhe von 10.000 EUR begründet; der Kläger nimmt nach richterlichem Hinweis noch vor der mündlichen Verhandlung die weitergehende Klage (in Höhe von 10.000 EUR) zurück.

Urteilstenor:

135 Der Beklagte wird verurteilt, an den Kläger 10.000 EUR zu zahlen.
Die Kosten des Rechtsstreits werden dem Kläger zu einem Drittel und dem Beklagten zu zwei Dritteln auferlegt.
Das Urteil ist vorläufig vollstreckbar,
für den Kläger aber nur gegen Sicherheitsleistung in Höhe von 120% des jeweils zu vollstreckenden Betrages.

Im Übrigen wird dem Kläger nachgelassen, die Vollstreckung durch den Beklagten gegen Sicherheitsleistung in Höhe von 120% des aufgrund des Urteils vollstreckbaren Betrages abzuwenden, wenn nicht der Beklagte vor der Vollstreckung Sicherheit in Höhe von 120% des jeweils zu vollstreckenden Betrages leistet.

Erläuterungen:

Aufgrund der teilweisen Klagerücknahme in Höhe von 10.000 EUR ist der nunmehr nur noch gestellte Klageantrag vollumfänglich begründet, es ergeht keine Teilabweisung. 136

Die Kostenentscheidung überrascht auf den ersten Blick. Man erwartet zunächst eine gegenseitige Kostenaufhebung, da der Kläger von anfänglich begehrten 20.000 EUR genau die Hälfte zugesprochen bekommt (vgl. auch Fall 14). Eine derartige Kostenentscheidung ließe aber außer Betracht, dass sich die Kosten grundsätzlich nach dem Streitwert von 20.000 EUR richten, die Terminsgebühren hingegen nach dem geringeren Streitwert (von 10.000 EUR) entstehen und – nur – den Beklagten treffen. 137

Im Einzelnen: 138

Für jede Gebühr ist eine Quote zu bestimmen (sogenannte Quotenmethode, vgl. *Schneider*, 2. Aufl., S. 194, 197 ff.). Die auch vertretene sog. Mehrkostenmethode (vgl. Wiedergabe bei *Anders/Gehle* A-198 mwN) führt bei höherem Berechnungsaufwand im Einzelfall zu wenig befriedigenden Ergebnissen, wird hier dementsprechend nicht vertieft und sollte auch in der Praxis nicht angewendet werden.

Es ergibt sich folgende **Kostenquotenberechnung:** 139

a) Einzelbetrachtung der Kosten 140

– *Gerichtskosten:* 141

Nach einem Streitwert von 20.000 EUR fallen gemäß Nr. 1210 KV GKG drei Gerichtsgebühren in Höhe von jeweils 345 EUR (Anl. 2 zu § 34 Abs. 1 S. 3 GKG), insgesamt somit **1.035 EUR** an.

Der Kläger erhält 10.000 EUR der anfänglich begehrten 20.000 EUR, somit den hälftigen Betrag, so dass er dementsprechend auch die Hälfte der Gerichtskosten tragen muss:

Kläger: 517,50 EUR Beklagter: 517,50 EUR

– *Rechtsanwaltsgebühren – Verfahrensgebühren:* 142

Es entstehen für jeden Anwalt 1,3 Verfahrensgebühren nach einem Streitwert von 20.000 EUR, somit für jeden der beiden Anwälte 1,3 × 742 EUR netto = **964,60 EUR** (Nr. 3100 VV RVG iVm Anl. 2 zu § 13 Abs. 1 RVG). Die gesamten Verfahrensgebühren betragen folglich **1.929,20 EUR** netto. Bei der Kostenberechnung reicht es aus, von den Nettobeträgen auszugehen (*Anders/Gehle* A-198, aber anders A-225).

Der Kläger (ebenso der Beklagte) trägt auch insoweit 50% dieser Kosten.

Kläger: 964,60 EUR Beklagter: 964,60 EUR

– *Rechtsanwaltsgebühren – Terminsgebühren:* 143

Im Termin (streitig) verhandelt haben die Parteien nur über einen Streitwert von 10.000 EUR. Die weitergehende Klage (ebenfalls in Höhe von 10.000 EUR) hatte der Kläger ja bereits vor dem Termin zurückgenommen. Insoweit sind die Terminsgebühren nur nach diesem geringeren Streitwert (der verbliebenen 10.000 EUR) zu bestimmen. Es entstehen für jeden Anwalt 1,2 Terminsgebühren nach einem Streitwert von 10.000 EUR, somit für jeden der beiden Anwälte 1,2 × 558 EUR netto = **669,60** EUR (Nr. 3104 VV RVG iVm Anl. 2 zu § 13 Abs. 1 S. 3 RVG). Die gesamten

Terminsgebühren betragen folglich **1 339,20** EUR netto. Insoweit aber hat der Kläger mit seinem (Rest-)Klagebegehren vollständig Erfolg: soweit im Termin streitig über die verbliebenen 10.000 EUR verhandelt wird, obsiegt der Kläger vollständig. Deshalb muss der Beklagte als insoweit unterliegende Partei die Terminsgebühren allein tragen.

Kläger: 0 EUR Beklagter: 1.339,20 EUR

144 **b)** Die Gesamtkosten betragen in der Addition **4.303,40 EUR**. Setzt man diese von den Parteien jeweils zu tragenden Kosten ins Verhältnis zueinander, so ergibt sich:

Der Kläger trägt von den Gesamtkosten in Höhe von 4.303,40 EUR selbst – nur – 1.482,10 EUR, der Beklagte die weiteren 2.821,30 EUR; der Kläger trägt somit insgesamt (etwa) ein Drittel (gerundeter Betrag von 34,4%), **der Beklagte zwei Drittel der Kosten.**

145 **c)** Die teilweise Klagerücknahme **vor** der mündlichen Verhandlung hat somit die Kostenquote zu Lasten des Beklagten verschoben. Allerdings sind die Terminsgebühren auf Grund des reduzierten Streitwertes geringer geworden. Gleichwohl hat sich vorliegend der Beklagte aber verschlechtert: ohne die Teilklagerücknahme hätte der mit 10.000 EUR von 20.000 EUR unterliegende Beklagte durchgehend 50% der Kosten tragen müssen, dh 517,50 EUR Gerichtskosten und jeweils 964,60 EUR an Verfahrens- und Terminsgebühren, insgesamt somit lediglich 2.446,70 EUR (!) Vgl. auch Fall 137 für den Fall der Teilerledigungserklärung vor der mündlichen Verhandlung.

146 Die Vollstreckbarkeit richtet sich für den Kläger nach § 709 S. 1, 2 ZPO, da die zu vollstreckende Hauptforderung 1.250 EUR übersteigt (vgl. § 708 Nr. 11 1. Alt. ZPO). Für den Beklagten gilt § 708 Nr. 11 2. Alt. ZPO iVm § 711 ZPO. Seine Anwaltskosten belaufen sich auf 1.634,20 EUR (1,3 Verfahrensgebühren in Höhe von 964,60 EUR und 1,2 Terminsgebühren in Höhe von 669,60 EUR). Damit liegt zwar der Gesamtbetrag über der Kostengrenze von 1.500 EUR, der Beklagte kann aber ohnehin nur ein Drittel seiner Kosten vollstrecken.

Fall 19: Die noch nicht übergebene Kaufsache

147 Der Kläger klagt gegen den Beklagten auf Zahlung des Kaufpreises in Höhe von 2.000 EUR, der vereinbarungsgemäß nach der Übergabe der Kaufsache fällig wird. Der Beklagte befindet sich jedoch im Annahmeverzug mit der Entgegennahme der Kaufsache.

Urteilstenor:

148 Der Beklagte wird verurteilt, **nach dem Empfang der Gegenleistung** … (konkret bezeichnen) an den Kläger 2.000 EUR zu zahlen.
Im Übrigen wird die Klage abgewiesen.
Die Kosten des Rechtsstreits werden dem Beklagten auferlegt.
Das Urteil ist gegen Sicherheitsleistung in Höhe von 120% des jeweils zu vollstreckenden Betrages vorläufig vollstreckbar.

Erläuterungen:

149 Grundsätzlich müsste die Klage abgewiesen werden, da der Kläger als vorleistungspflichtige Partei seine Leistung, die Kaufsache dem Beklagten zu übergeben (und zu übereignen, § 433 Abs. 1 BGB), noch nicht erbracht hat (vgl. Palandt/*Grüneberg* BGB § 322 Rn. 5). Da sich der Beklagte aber im Annahmeverzug befindet, ergibt sich die – durchaus ungewöhnliche – Tenorierung zur Hauptsache, zur Leistung erst nach dem Empfang der Gegenleistung zu verurteilen, aus § 322 Abs. 2 BGB.

Da der Klageantrag des Klägers diese Einschränkung nicht enthalten hat, ist die Klage im Übrigen abzuweisen, denn die Tenorierung enthält ein »Minus« zur unbedingten Verurteilung (BGHZ 88,94; 117,3; Palandt/*Grüneberg* BGB § 322 Rn. 5). Im Rahmen der Zwangsvollstreckung kann der Kläger hingegen sofort seinen Anspruch auf den Kaufpreis vollstrecken, § 322 Abs. 3 iVm 274 Abs. 2 BGB (Palandt/*Grüneberg* BGB § 322 Rn. 5).

Die Kostenentscheidung berücksichtigt das gering zu bewertende Teilunterliegen 150
des Klägers gemäß § 92 Abs. 2 Nr. 1 ZPO nicht quotenmäßig; gut vertretbar dürfte aber auch eine Kostenteilung mit einer geringen Quote zu Lasten des Klägers, etwa in Höhe von 20%, sein.

Die Vollstreckbarkeit folgt aus § 709 S. 1, 2 ZPO. Soweit zugunsten des Beklagten eine Kostentragungsverpflichtung des Klägers – etwa von 20% – tenoriert worden ist, ist die Abwendungsbefugnis zugunsten des Klägers gemäß § 708 Nr. 11 2. Alt. iVm § 711 ZPO zu beachten (vgl. Fall 2). Der Beklagte könnte in diesem Fall 20% seiner 2,5 Anwaltsgebühren in Höhe von (2,5 × 150 EUR netto) vollstrecken.

☑ Fall 20: Die Schmerzensgeldklage (Der Fall des § 92 Abs. 2 Nr. 2 ZPO)

Der Kläger verlangt von dem Beklagten wegen einer Körperverletzung Schmer- 151
zensgeld, dessen Höhe er in das Ermessen des Gerichts stellt. Als Größenordnung gibt er einen Betrag von 5.000 EUR an. Das Gericht erachtet ein Schmerzensgeld in Höhe von 4.000 EUR für angemessen.

Urteilstenor:

Der Beklagte wird verurteilt, an den Kläger ein Schmerzensgeld in Höhe von 4.000 EUR zu zahlen. 152
Die Kosten des Rechtsstreits werden dem Beklagten auferlegt.
Das Urteil ist gegen Sicherheitsleistung in Höhe von 120% des jeweils zu vollstreckenden Betrages vorläufig vollstreckbar.

Erläuterungen:

Üblicherweise erfolgt in diesen Fällen im Tenor die Angabe des Grundes der Zah- 153
lung als »Schmerzensgeld« (anderer Ansicht *Anders/Gehle* A-169). Der Schmerzensgeldanspruch muss von dem Anspruchsteller nicht beziffert werden. Es reicht eine ungefähre Größenangabe aus; im Tenor ist der genaue Betrag von dem erkennenden Gericht aber zu beziffern (vgl. *Schellhammer* Zivilprozess Rn. 58).

Weicht das Gericht um nicht mehr als 20% hiervon ab, so erfolgt in der Regel keine Klageabweisung und Kostenquote zu Lasten des Anspruchstellers; § 92 Abs. 2 Nr. 2 ZPO gibt zwar keinen konkreten Grenzbetrag vor, die oben vorgenommene 20%-Abweichung dürfte aber der hM entsprechen (vgl. *OLG Düsseldorf* NJW-RR 1995, 955; Zöller/*Herget* ZPO § 92 Rn. 12).

Die Vollstreckbarkeit richtet sich nach den allgemeinen Regeln, vorliegend nach § 709 S. 1, 2 ZPO.

Fall 21: Abwandlung

Als Größenordnung gibt der Kläger einen **Mindestbetrag** von 5.000 EUR an. Das 154
Gericht erachtet ein Schmerzensgeld in Höhe von 4.000 EUR für angemessen.

Urteilstenor:

Der Beklagte wird verurteilt, an den Kläger ein Schmerzensgeld in Höhe von 4.000 EUR zu zahlen. 155
Im Übrigen wird die Klage abgewiesen.

Die Kosten des Rechtsstreits werden dem Kläger zu 20% und dem Beklagten zu 80% auferlegt.
Das Urteil ist vorläufig vollstreckbar, für den Kläger aber nur gegen Sicherheitsleistung in Höhe von 120% des jeweils zu vollstreckenden Betrages.
Im Übrigen wird dem Kläger nachgelassen, die Vollstreckung durch den Beklagten gegen Sicherheitsleistung in Höhe von 120% des auf Grund des Urteils vollstreckbaren Betrages abzuwenden, wenn nicht der Beklagte vor der Vollstreckung Sicherheit in Höhe von 120% des jeweils zu vollstreckenden Betrages leistet.

Erläuterungen:

156 Häufig – so wie hier – wird ein **Mindestbetrag** des geforderten Schmerzensgeldes genannt. Kostenmäßig ist dies ungeschickt. Wird der Mindestbetrag nämlich unterschritten – insoweit ist dem Gericht gerade kein Ermessen eingeräumt worden (!) –, ergibt sich neben der Klageabweisung eine Kostenquote mit den entsprechenden Konsequenzen für die Tenorierung der vorläufigen Vollstreckbarkeit: für den Kläger gilt vorliegend § 709 S. 1 und 2 ZPO. Der Beklagte kann hingegen nur seine Kosten anteilig gemäß § 708 Nr. 11 Alt. 2 iVm § 711 S. 1, 2 ZPO vollstrecken, dh 20% der 2,5 Rechtsanwaltsgebühren; die Einzelgebühr beträgt jeweils 303 EUR netto.

Fall 22: Der Fall des § 96 ZPO

157 Der Kläger verklagt den Beklagten auf Werklohn in Höhe von 4.000 EUR. Der Beklagte beruft sich auf ein Zurückbehaltungsrecht wegen diverser Mängel in Höhe von 3.000 EUR; insoweit ergibt sich nach einer Beweisaufnahme durch Einholung eines Sachverständigen-Gutachtens, dass Mängel nicht vorhanden, die Klage folglich begründet ist. Im Übrigen aber ist die Klage unbegründet. Das Gutachten hat 1.000 EUR gekostet; den Vorschuss hierzu hat der Beklagte geleistet.

Urteilstenor:

158 Der Beklagte wird verurteilt, an den Kläger 3.000 EUR zu zahlen.
Im Übrigen wird die Klage abgewiesen.
Die Kosten des Rechtsstreits werden dem Kläger zu 25% und dem Beklagten zu 75% auferlegt; hiervon ausgenommen sind die Kosten der Beweisaufnahme, die dem Beklagten auferlegt werden.
Das Urteil ist vorläufig vollstreckbar, für den Kläger jedoch nur gegen Sicherheitsleistung in Höhe von 120% des jeweils zu vollstreckenden Betrages.
Im Übrigen wird dem Kläger nachgelassen, die Vollstreckung durch den Beklagten gegen Sicherheitsleistung in Höhe von 120% des auf Grund des Urteils vollstreckbaren Betrages abzuwenden, wenn nicht der Beklagte vor der Vollstreckung Sicherheit in Höhe von 120% des jeweils zu vollstreckenden Betrages leistet.

Erläuterungen:

159 Wenn der Klageantrag zum Teil begründet ist, dann darf nicht vergessen werden, den übrigen Teil abzuweisen (vgl. auch Fall 47).

Grundsätzlich muss eine **einheitliche** Kostenentscheidung getroffen werden, die die **gesamten** Kosten des Rechtsstreits berücksichtigt. Eine einheitliche Quotierung nach dem Verhältnis des Obsiegens zum Unterliegen wäre vorliegend aber nicht sachgerecht, da im Hinblick auf die Beweisaufnahme der Kläger vollständig Erfolg hatte. Es ist somit kein Grund ersichtlich, warum er die hohen Kosten der **Beweisaufnahme** (vorliegend die Kosten des Gutachtens in Höhe von 1.000 EUR) anteilig tragen sollte, da insoweit sein Klagebegehren vollständig bestätigt worden ist. Deshalb gibt es die Möglichkeit nach § 96 ZPO zur Kostentrennung, etwa die Kosten der

Beweisaufnahme auszusondern (vgl. BLHAG/*Göertz* ZPO § 96 Rn. 7 und 12; siehe hierzu auch Fall 101).

Die Vollstreckung richtet sich für den Kläger nach § 709 S. 1 und 2 ZPO, da der 160
Gegenstand der Verurteilung 1.250 EUR übersteigt.

Für den Beklagten richtet sich die Vollstreckbarkeit hingegen nach §§ 708 Nr. 11 Alt. 2; 711 S. 1 und 2 ZPO.

Der Beklagte kann nämlich nur 25% seiner Rechtsanwaltskosten vollstrecken, dh 25% der 2,5 Anwaltsgebühren (1,3 Verfahrens- und 1,2 Terminsgebühren); die Einzelgebühr beträgt 252 EUR netto. Die Kosten der Beweisaufnahme, dh die Sachverständigenkosten, muss er hingegen vollständig allein tragen, da er insoweit vollständig unterlegen ist.

Der Kläger vollstreckt neben der Hauptforderung in Höhe von 3.000 EUR 75% der Gerichtskosten in Höhe von 3 × 127 EUR sowie 75% seiner 2,5 Rechtsanwaltsgebühren (1,3 Verfahrens- und 1,2 Terminsgebühren). Die Einzelgebühr beträgt 252 EUR netto. Die Gutachterkosten hat vorliegend bereits der kostentragungspflichtige Beklagte – als Vorschuss – gezahlt; insoweit findet eine Vollstreckung nicht statt.

Fall 23: Die Anwendung des § 713 ZPO für nur eine Partei?

Der Kläger verklagt den Beklagten auf Zahlung von 2.500 EUR. Die Klage ist in 161
Höhe von 500 EUR begründet.

Urteilstenor:

Der Beklagte wird verurteilt, an den Kläger 500 EUR zu zahlen. Im Übrigen wird die Klage abgewie- 162
sen.

Die Kosten des Rechtsstreits werden dem Kläger zu 80% und dem Beklagten zu 20% auferlegt.

Das Urteil ist vorläufig vollstreckbar.

Beiden Parteien wird nachgelassen, die Vollstreckung durch die jeweils andere Partei gegen Sicherheitsleistung in Höhe von 120% des auf Grund des Urteils vollstreckbaren Betrages abzuwenden, wenn nicht die jeweils andere Partei vor der Vollstreckung Sicherheit in Höhe von 120% des jeweils zu vollstreckenden Betrages leistet.

Erläuterungen:

Der Kläger kann eine Hauptforderung von 500 EUR (nebst Kosten) vollstrecken, 163
liegt damit unterhalb der Wertgrenze des § 708 Nr. 11 Alt. 1 ZPO.

Der Beklagte kann 80% seiner Kosten vollstrecken, dh 80% seiner 2,5 Anwaltsgebühren; die Einzelgebühr beträgt 201 EUR netto. Diese erreichen die Wertgrenze des § 708 Nr. 11 Alt. 2 ZPO nicht. Die Abwendungsbefugnis des Klägers ergibt sich aus § 711 S. 1, 2 ZPO. Fraglich ist hier allein, ob auch für den Beklagten die Abwendungsbefugnis des § 711 ZPO zu tenorieren ist, dh ob der Beklagte schutzbedürftig ist. Für ihn ist das Urteil nämlich grundsätzlich rechtskräftig – soweit nicht ausnahmsweise die Berufung zugelassen wird –, so dass insoweit § 713 ZPO eingreifen könnte. Da jedoch der Kläger in jedem Fall Berufung einlegen kann und der Beklagte deshalb die Möglichkeit der Anschlussberufung hat, wird überwiegend die Auffassung vertreten, § 713 ZPO nicht nur auf eine Partei (hier: den Beklagten) anzuwenden. § 713 ZPO gilt danach nur in dem Fall, in dem keiner Partei ein Rechtsmittel gegen das Urteil zusteht (BLHAG/*Schmidt* ZPO § 713 Rn. 3; MüKoZPO/*Götz* § 713 Rn. 2; so auch, wenngleich etwas zweifelnd Zöller/*Herget* ZPO § 713 Rn. 3; unklar Thomas/Putzo/*Seiler* ZPO § 713 Rn. 2 und 3, der nur auf die Rechtsmittelsumme bzw. die Zulassung des Rechtsmittels abstellt.

164 In der Praxis der Gerichte wird jedoch zumindest zum Teil auf die Abwendungsbefugnis des § 711 ZPO zugunsten einer Partei schon dann verzichtet, wenn nur diese kein Rechtsmittel gegen das Urteil hat (*Wieczorek* § 713a Anm. A., bezeichnet diese Frage deshalb auch als streitig, obwohl die Meinung im Schrifttum doch recht einhellig ist (jetzt aber offensichtlich auch gegen die hM Musielak/Voit/*Lackmann* ZPO § 713 Rn. 3 (für die unselbstständige Anschlussberufung), vgl. auch Prütting/Gehrlein/*Kroppenberg* ZPO § 713 Rn. 3).

Folgt man somit der Mindermeinung, dann müsste vorliegend – nur für den schutzbedürftigen Kläger – wie folgt tenoriert werden:

165 Dem Kläger wird nachgelassen, die Vollstreckung durch den Beklagten gegen Sicherheitsleistung in Höhe von 120% des auf Grund des Urteils vollstreckbaren Betrages abzuwenden, wenn nicht der Beklagte vor der Vollstreckung Sicherheit in Höhe von 120% des jeweils zu vollstreckenden Betrages leistet.

Fall 24: Zur Übung

166 Der Kläger verklagt den Beklagten auf Zahlung von 20.000 EUR. Die Klage ist nur in Höhe von 1.000 EUR begründet.

Urteilstenor:

167 Der Beklagte wird verurteilt, an den Kläger 1.000 EUR zu zahlen. Im Übrigen wird die Klage abgewiesen.

Die Kosten des Rechtsstreits werden dem Kläger zu 95% und dem Beklagten zu 5% auferlegt.

Das Urteil ist vorläufig vollstreckbar,

für den Beklagten aber nur gegen Sicherheitsleistung in Höhe von 120% des jeweils zu vollstreckenden Betrages.

Im Übrigen wird dem Beklagten nachgelassen, die Vollstreckung durch den Kläger gegen Sicherheitsleistung in Höhe von 120% des auf Grund des Urteils vollstreckbaren Betrages abzuwenden, wenn nicht der Kläger vor der Vollstreckung Sicherheit in Höhe von 120% des jeweils zu vollstreckenden Betrages leistet.

Erläuterungen:

168 In diesem Fall ist zu berücksichtigen, dass sich die Vollstreckung für den Kläger nach § 708 Nr. 11 1. Alt. iVm § 711 S. 1, 2 ZPO richtet, da er in der Hauptsache nur einen Betrag von 1.000 EUR vollstrecken kann.

Für den Beklagten hingegen richtet sich die Vollstreckbarkeit nach § 709 S. 1, 2 ZPO, da er Kosten im Wert von über 1.500 EUR vollstrecken kann, nämlich 95% von 2,5 Anwaltsgebühren (1,3 Verfahrens- und 1,2 Terminsgebühren; die Einzelgebühr beträgt 742 EUR netto); 2,5 Gebühren ergeben somit einen Nettobetrag in Höhe von 1.855 EUR, 95% hiervon sind 1.762,25 EUR netto. Das LG hätte aber auch zugunsten des Beklagten wegen der Verurteilung zu einem geringfügigen Betrag § 92 Abs. 2 Nr. 1 ZPO anwenden können (Thomas/Putzo/*Hüßtege* ZPO § 92 Rn. 8), vgl. auch die Fälle 15 und 16.

V. Die Nebenintervention

169 Wenn in einem Rechtsstreit ein Dritter einer Partei zum Zwecke der Unterstützung als Nebenintervenient beitritt – häufig als Folge einer Streitverkündung gemäß § 74 Abs. 1 ZPO –, dann ist bei der Tenorierung die Kostenentscheidung gemäß

§ 101 ZPO zu beachten. Im Fall der Streitverkündung ergeben sich aber nur in dem Fall Besonderheiten, in dem der Streitverkündete auch tatsächlich dem Rechtsstreit beitritt und damit zum Streithelfer wird; andernfalls bleibt er im Urteil, folglich auch im Tenor, unberücksichtigt – eine Entscheidung über die Kosten der Streitverkündung ergeht nicht.

Fall 25: Der »unterlegene« Nebenintervenient

Der Kläger verklagt den Beklagten auf Zahlung in Höhe von 25.000 EUR. Der Beklagte hat dem Dritten den Streit verkündet; dieser ist dem Rechtsstreit auf Seiten des Beklagten beigetreten. 170

Die Klage ist begründet.

Urteilstenor:

Der Beklagte wird verurteilt, an den Kläger 25.000 EUR zu zahlen. 171

Die Kosten des Rechtsstreits werden dem Beklagten auferlegt. Die Kosten der Nebenintervention trägt der Streithelfer selbst.

Das Urteil ist gegen Sicherheitsleistung in Höhe von 120% des jeweils zu vollstreckenden Betrages vorläufig vollstreckbar.

Erläuterungen:

In der Tenorierung ergeben sich wegen des Ausspruchs in der Hauptsache keine Besonderheiten. 172

Bei der Kostenentscheidung ist § 101 Abs. 1 2. Hs. ZPO zu beachten. Da nicht der Kläger als Gegner der Hauptpartei, sondern der Beklagte als unterstützte (unterliegende) Partei die Kosten des Rechtsstreits zu tragen hat, muss der Streithelfer seine Kosten selbst tragen.

Die vorläufige Vollstreckbarkeit folgt aus § 709 S. 1, 2 ZPO.

Fall 26: Der »obsiegende« Nebenintervenient

Der Kläger verklagt den Beklagten auf Zahlung in Höhe von 25.000 EUR. Der Beklagte hat dem Dritten den Streit verkündet; dieser ist dem Rechtsstreit auf Seiten des Beklagten beigetreten. 173

Die Klage ist unbegründet.

Urteilstenor:

Die Klage wird abgewiesen. 174

Die Kosten des Rechtsstreits einschließlich derjenigen der Nebenintervention werden dem Kläger auferlegt.

Das Urteil ist gegen Sicherheitsleistung in Höhe von 120% des jeweils zu vollstreckenden Betrages vorläufig vollstreckbar.

Erläuterungen:

In der Tenorierung ergeben sich wegen des Ausspruchs in der Hauptsache wiederum keine Besonderheiten. 175

Bei der Kostenentscheidung ist nunmehr § 101 Abs. 1 1. Hs. ZPO zu beachten. Da der Kläger als Gegner der unterstützten Hauptpartei die Kosten des Rechtsstreits gemäß § 91 Abs. 1 ZPO zu tragen hat, muss er auch die durch die Nebenintervention entstandenen Kosten tragen.

Die Vollstreckbarkeit ergibt sich aus § 709 S. 1, 2 ZPO, da jeweils 2,5 Anwaltsgebühren zu vollstrecken sind, die die Wertgrenze des § 708 Nr. 11 2. Alt. ZPO von 1.500 EUR übersteigen (eine Gebühr beträgt bereits netto 788 EUR).

Fall 27: Der zum Teil »obsiegende« Nebenintervenient

176 Der Kläger verklagt den Beklagten auf Zahlung in Höhe von 20.000 EUR. Der Beklagte hat dem Dritten den Streit verkündet; dieser ist dem Rechtsstreit auf Seiten des Beklagten beigetreten.

Die Klage ist in Höhe von 4.000 EUR begründet.

Urteilstenor:

177 Der Beklagte wird verurteilt, an den Kläger 4.000 EUR zu zahlen.
Im Übrigen wird die Klage abgewiesen.
Die Kosten des Rechtsstreits werden dem Kläger zu 80% und dem Beklagten zu 20% auferlegt.
Die Kosten der Nebenintervention werden dem Kläger zu 80% und dem Streithelfer zu 20% auferlegt.
Das Urteil ist vorläufig vollstreckbar,
für den Kläger aber nur gegen Sicherheitsleistung in Höhe von 120% des jeweils zu vollstreckenden Betrages.
Im Übrigen wird dem Kläger nachgelassen, die Vollstreckung durch den Beklagten bzw. dessen Streithelfer gegen Sicherheitsleistung in Höhe von 120% des aufgrund des Urteils vollstreckbaren Betrages abzuwenden, wenn nicht der Beklagte bzw. dessen Streithelfer vor der Vollstreckung Sicherheit in Höhe von 120% des jeweils zu vollstreckenden Betrages leistet.

Erläuterungen:

178 In der Tenorierung ergeben sich wegen des Ausspruchs in der Hauptsache wiederum keine Besonderheiten. Da die Klage nur zum Teil begründet ist, ist sie im Übrigen abzuweisen.

Bei der Kostenentscheidung ist nunmehr das Zusammenspiel von § 101 Abs. 1 1. Hs. ZPO zum 2. Hs. zu beachten. Da der Kläger als Gegner der unterstützten Hauptpartei die Kosten des Rechtsstreits gemäß § 91 Abs. 1 ZPO anteilig zu tragen hat, muss er auch die durch die Nebenintervention entstandenen Kosten anteilig tragen. Soweit er obsiegt, dh in Höhe von 20%, trägt der Streithelfer seine Kosten selbst.

Die Vollstreckbarkeit ergibt sich für den Kläger aus § 709 S. 1, 2 ZPO, da er einen in der Hauptsache ausgeurteilten Betrag vollstrecken kann, der 1.250 EUR übersteigt (arg. e. § 708 Nr. 11 1. Alt. ZPO).

Für die Vollstreckung des Beklagten sowie des Streithelfers gilt hingegen § 708 Nr. 11 2. Alt. iVm § 711 ZPO. Sowohl der Beklagte als auch der Streithelfer können jeweils 80% ihrer 2,5 Anwaltsgebühren vollstrecken. Da eine Gebühr netto 742 EUR beträgt, ergeben sich für den Beklagten und dessen Streithelfer Anwaltskosten in Höhe von jeweils 1.855 EUR netto. 80% hiervon betragen jeweils 1.484 EUR, unterschreiten folglich knapp die Wertgrenze des § 708 Nr. 11 2. Alt. ZPO von 1.500 EUR (jedenfalls, wenn man, wie hier befürwortet, die Nettobeträge ausreichen lässt).

VI. Haupt- und Hilfsantrag

☑ Fall 28: Entscheidung nur über den Hauptantrag

Der Kläger hat den Rücktritt vom Kaufvertrag erklärt und beantragt, den Beklagten zu verurteilen, an ihn 45.000 EUR zu zahlen, Zug um Zug gegen Rückübereignung und Rückgabe des PKW … (genaue Bezeichnung des PKW), hilfsweise folgende Mängel an dem PKW … zu beseitigen: (im Einzelnen bezeichnet). Die Rücktrittsklage ist auf Grund bereits mehrerer gescheiterter Nachbesserungsversuche (§ 440 BGB) begründet. 179

Urteilstenor:

Der Beklagte wird verurteilt, an den Kläger 45.000 EUR zu zahlen, Zug um Zug gegen Rückübereignung und Rückgabe des PKW … (genaue Bezeichnung, vgl. Fall 43). 180
Die Kosten des Rechtsstreits werden dem Beklagten auferlegt.
Das Urteil ist gegen Sicherheitsleistung in Höhe von 120% des jeweils zu vollstreckenden Betrages vorläufig vollstreckbar.

Erläuterungen:

Es handelt sich um eine nach neuem Schuldrecht häufig vorkommende Konstellation des Rücktrittsbegehrens, verbunden mit dem Hilfsantrag auf Nacherfüllung für den Fall, dass das Gericht der Auffassung des Klägers, es liege ein wirksamer Rücktritt vor (der Kläger hält zB eine Fristsetzung zur Nacherfüllung für entbehrlich), nicht folgt, um jedenfalls mit dem auf Nacherfüllung gerichteten Hilfsbegehren Erfolg zu haben. 181

Wenn dem Hauptantrag **vollständig** entsprochen wird, ist nur dieser zu tenorieren; über den Hilfsantrag wird nicht entschieden, der Streitwert beträgt gemäß § 45 Abs. 1 S. 2 GKG – entsprechend dem Zahlungsbegehren nur – 45.000 EUR.

Die Kostenentscheidung folgt aus § 91 Abs. 1 ZPO zu Lasten des Beklagten.

Die Vollstreckbarkeit folgt aus § 709 S. 1 und 2 ZPO, da der Gegenstand der Verurteilung 1.250 EUR übersteigt.

☑ Fall 29: Entscheidung über den Haupt- und Hilfsantrag

Der Kläger beantragt, den Beklagten zu verurteilen, an ihn 45.000 EUR zu zahlen, Zug um Zug gegen Übereignung und Übergabe des PKW … (Kaufpreis- und Abnahmebegehren), hilfsweise Schadensersatz in Höhe von 5.000 EUR zu zahlen (zB pauschalierter Schadensersatz wegen Verletzung der Abnahmepflicht). 182

Der Hauptantrag ist unbegründet, der Hilfsantrag hingegen ist begründet.

Urteilstenor:

Der Beklagte wird verurteilt, an den Kläger 5.000 EUR zu zahlen. Im Übrigen wird die Klage abgewiesen. 183
Die Kosten des Rechtsstreits werden dem Kläger zu 90% und dem Beklagten zu 10% auferlegt.
Das Urteil ist für beide Parteien gegen Sicherheitsleistung in Höhe von 120% des jeweils zu vollstreckenden Betrages vorläufig vollstreckbar.

Erläuterungen:

In diesem Fall wird – nur – dem Hilfsantrag stattgegeben; da aber zuvor der Hauptantrag zu prüfen war (!) und dieser unbegründet ist, ist er entsprechend zu 184 bescheiden, dh die Klage im Übrigen abzuweisen. Zum Teil wird die Auffassung vertreten, in den Tenor sei die Formulierung mitaufzunehmen: *Die Klage wird mit dem Hauptantrag abgewiesen* (vgl. *Schuschke/Kessen/Höltje* Rn. 824). Diese Klarstellung mag durchaus gewählt werden, erforderlich ist sie wegen der tenorierten Teilabweisung der Klage nicht.

Da über beide Ansprüche eine Entscheidung ergeht, ist nunmehr auch eine quotierte Kostenentscheidung, abhängig von den einzelnen, gemäß § 45 Abs. 1 S. 2 GKG zu addierenden Streitwerten (= 50.000 EUR), zu treffen, vgl. auch Fall 82. Dies gilt auch bei einem nur zum Teil begründeten Hilfsantrag.

Da beide Parteien vollstrecken können, ist die Vollstreckung auch für beide Parteien getrennt zu prüfen: für den Kläger richtet sie sich wegen der Verurteilung in der Hauptsache von über 1.250 EUR nach § 709 S. 1 und 2 ZPO, ebenso für den Beklagten, der zwar nur 90% seiner Kosten (2,5 Anwaltsgebühren: 1,3 Verfahrens- und 1,2 Terminsgebühren) vollstrecken kann, die sich aber auf über 1.500 EUR belaufen (die Einzelgebühr beträgt bereits 1.163 EUR netto).

☑ Fall 30: Der zum Teil begründete Hauptantrag

185 Der Kläger verlangt von dem Beklagten Schadensersatz wegen der Nichtlieferung eines Reservereifens; er macht den Neupreis in Höhe von 300 EUR geltend. Hilfsweise begehrt er Nachlieferung des Reifens. Das Gericht ist der Ansicht, er könne nur die Kosten eines gebrauchten Reifens in Höhe von 100 EUR verlangen.

Urteilstenor:

186 Der Beklagte wird verurteilt, an den Kläger 100 EUR zu zahlen. Im Übrigen wird die Klage abgewiesen.

Die Kosten des Rechtsstreits werden dem Kläger zu 66,67% und dem Beklagten zu 33,33% auferlegt.

Das Urteil ist vorläufig vollstreckbar.

Die Berufung wird nicht zugelassen.

Erläuterungen:

187 Da der Hauptantrag nur zum Teil begründet ist, ist – im Regelfall – auch eine Entscheidung über den Hilfsantrag zu treffen, es sei denn, das Begehren des Klägers lässt hinreichend deutlich erkennen, eine Entscheidung über den Hilfsantrag nur für den Fall der **vollständigen** Unbegründetheit der Klage zu beantragen.

Vorliegend ist der Hauptantrag zu einem Teil, der Hilfsantrag gemäß § 281 Abs. 4 BGB hingegen vollständig unbegründet; die Klage ist deshalb im Übrigen (= Teil des Hauptantrages sowie vollständig wegen des Hilfsantrages) abzuweisen.

Die Kostenentscheidung hängt wegen der Frage der Quotierung vom Streitwert ab. Grundsätzlich sind die Werte gemäß § 45 Abs. 1 S. 2 GKG zusammenzurechnen, soweit über Haupt- und Hilfsantrag entschieden wird. Dies gilt aber gemäß § 45 Abs. 1 S. 3 GKG nicht, soweit derselbe Gegenstand betroffen ist; dies wird man bei Leistungsgegenstand (Hilfsantrag) und Surrogat (Hauptantrag) bejahen können. Damit gilt der Wert des höheren Anspruches, hier dürfte dies der Betrag von 300 EUR sein. Da der Kläger somit ein Drittel hiervon erhält, ist entsprechend zu quoteln.

Die vorläufige Vollstreckbarkeit richtet sich vorliegend nach § 708 Nr. 11 iVm § 713 ZPO, da keiner Partei bei nicht zugelassener Berufung gemäß § 511 Abs. 4 ZPO ein Rechtsmittel gegen das Urteil zusteht.

Zum Ausspruch der Zulassung bzw. Nichtzulassung der Berufung vgl. Fall 5.

☑ Fall 31: Das Problem des höheren Hilfsantrages

Der Kläger nimmt den Beklagten vor dem Landgericht auf Zahlung des Kaufpreises in Höhe von 4.000 EUR in Anspruch, hilfsweise auf Zahlung von Schadensersatz in Höhe von 6.000 EUR. Insoweit ist die Beweislage schwierig (deshalb hat der Kläger diesen Antrag nur hilfsweise gestellt). Der Hauptantrag ist aber bereits begründet. 188

Urteilstenor:

Der Beklagte wird verurteilt, an den Kläger 4.000 EUR zu zahlen. 189
Die Kosten des Rechtsstreits werden dem Beklagten auferlegt.
Das Urteil ist gegen Sicherheitsleistung in Höhe von 120% des jeweils zu vollstreckenden Betrages vorläufig vollstreckbar.

Erläuterungen:

Da bereits der Hauptantrag (vollständig) begründet ist, ergeht über den Hilfsantrag keine Entscheidung. Auch wenn er unbegründet sein sollte, hat der Kläger den Rechtsstreit vollständig gewonnen, so dass **keine Teilabweisung der Klage zu tenorieren** ist. Ebenso wenig ergeht eine quotierte Kostenentscheidung. Der **(Gebühren-)** Streitwert beträgt – lediglich – 4.000 EUR. Für den **Zuständigkeits**streitwert gilt allerdings der höhere Antrag (keine Addition, vgl. Zöller/*Herget* ZPO § 5 Rn. 4; Thomas/Putzo/*Hüßtege* ZPO § 5 Rn. 6). Danach ist das Landgericht zuständig. 190

Es gibt jedoch eine beachtenswerte Mindermeinung (siehe *Fleischmann* NJW 1993, 506), wonach insoweit die Werte getrennt und zunächst nur der Hauptantrag zu untersuchen sei. Wenn nämlich – so wie hier – bereits der in die Zuständigkeit des **Amts**gerichts fallende Hauptantrag begründet ist und folglich keine Entscheidung über den höheren Hilfsantrag getroffen werden muss, ist in der Tat nicht plausibel, warum nicht das Amtsgericht diesen Antrag, der seiner Zuständigkeit unterliegt, und damit den Rechtsstreit insgesamt, bescheiden soll. Die Prozessökonomie, ggf. eine Verweisung des Rechtsstreits zu vermeiden, mag allerdings für die hM sprechen. 191

☑ Fall 32: Abwandlung: Der höhere Hilfsantrag ist begründet

Der Hauptantrag über 4.000 EUR ist unbegründet, der Hilfsantrag über 6.000 EUR hingegen ist begründet. 192

Urteilstenor:

Der Beklagte wird verurteilt, an den Kläger 6.000 EUR zu zahlen. **Im Übrigen wird die Klage abgewiesen.** 193
Die Kosten des Rechtsstreits werden dem Kläger zu 40% und dem Beklagten zu 60% auferlegt.
Das Urteil ist vorläufig vollstreckbar,
für den Kläger aber nur gegen Sicherheitsleistung in Höhe von 120% des jeweils zu vollstreckenden Betrages.
Im Übrigen wird dem Kläger nachgelassen, die Vollstreckung durch den Beklagten gegen Sicherheitsleistung in Höhe von 120% des auf Grund des Urteils vollstreckbaren Betrages abzuwenden, wenn nicht der Beklagte vor der Vollstreckung Sicherheit in Höhe von 120% des jeweils zu vollstreckenden Betrages leistet.

Erläuterungen:

Obwohl in dieser Abwandlung der Kläger – bei identischen Klageanträgen (!) – viel mehr erhält als im Ausgangsfall 31, ist hier die Klage **im Übrigen abzuweisen,** da der Hauptantrag, über den zunächst zu entscheiden war, unbegründet ist. 194

Deshalb ist auch in diesem Fall nach gängiger Rechtspraxis (zu (früheren) Gegenauffassungen vgl. *Schneider* in der 1. Aufl., S. 68) eine quotierte Kostenentscheidung geboten, denn der Kläger verliert rechtskräftig seine Klage mit dem Hauptantrag. Deshalb sind die Werte zusammenzurechnen, § 45 Abs. 1 S. 2 GKG, um sodann eine entsprechende Kostenverteilung vornehmen zu können; der Kläger stellt somit 10.000 EUR zur Entscheidung; mit 6.000 EUR hat er Erfolg.

Die Vollstreckbarkeit richtet sich für den Kläger nach § 709 S. 1, 2 ZPO und für den Beklagten nach §§ 708 Nr. 11 2. Alt., 711 S. 1, 2 ZPO. Er kann 40% seiner 2,5 Rechtsanwaltsgebühren vollstrecken; eine Gebühr beträgt bei einem Streitwert von 10.000 EUR 558 EUR netto, so dass er unter der Wertgrenze des § 708 Nr. 11 2. Alt. ZPO in Höhe von 1.500 EUR verbleibt.

Fall 33: Rücktritt statt Nacherfüllung

195 Der Kläger begehrt wegen Mängeln seines neu gekauften Pkw in Höhe von 1.500 EUR Nacherfüllung in Form der Neulieferung des Fahrzeugs. Der Kaufpreis betrug 30.000 EUR. Hilfsweise begehrt er den Rücktritt vom Kaufvertrag.

Der Hauptantrag ist unbegründet, der Hilfsantrag hingegen ist begründet.

Urteilstenor:

196 Der Beklagte wird verurteilt, an den Kläger 30.000 EUR zu zahlen, Zug um Zug gegen Rückgabe des Pkw …

Im Übrigen wird die Klage abgewiesen.

Die Kosten des Rechtsstreits werden dem Beklagten auferlegt.

Das Urteil ist gegen Sicherheitsleistung in Höhe von 120% des jeweils zu vollstreckenden Betrages vorläufig vollstreckbar.

Erläuterungen:

197 Da der Kläger nur mit dem Hilfsantrag Erfolg hat, ist die Klage im Übrigen (mit dem Hauptantrag) abzuweisen. Zu dieser Konstellation wegen § 439 Abs. 4 S. 1 und 3 BGB (Unverhältnismäßigkeit der Nacherfüllung) vgl. Palandt/*Weidenkaff* BGB § 439 Rn. 14 ff., 19.

Problematisch ist die Kostenentscheidung. Eine gegenseitige Kostenaufhebung, die auf den ersten Blick in Betracht zu kommen scheint, dürfte wenig sachgerecht sein. Mit der Nacherfüllung verfolgt der Kläger wirtschaftlich lediglich ein Interesse in Höhe von 1.500 EUR, auch wenn er letztlich Neulieferung begehrt. Insoweit unterliegt er. Der Streitwert für den Hilfsantrag beläuft sich hingegen auf 30.000 EUR (vgl. Fall 43). Insoweit dürfte das geringfügige Unterliegen des Klägers gemäß § 92 Abs. 2 Nr. 1 ZPO ohne Bedeutung sein.

Die Vollstreckung richtet sich für den Kläger wegen der Verurteilung in der Hauptsache von über 1.250 EUR nach § 709 S. 1 und 2 ZPO.

☑ Fall 34: Der verdeckte Haupt- und Hilfsantrag

198 Der Kläger verklagt den Beklagten auf Zahlung des Kaufpreises in Höhe von 1.000 EUR. Da der Beklagte den Abschluss eines Kaufvertrages bestreitet, stützt der Kläger sein Begehren hilfsweise auf eine tatsächlich bestehende und noch offene Darlehensverbindlichkeit des Beklagten in derselben Höhe. Insoweit ist die Klage begründet.

Urteilstenor:

Der Beklagte wird verurteilt, an den Kläger 1.000 EUR zu zahlen. Im Übrigen wird die Klage abgewiesen. 199

Die Kosten des Rechtsstreits werden gegeneinander aufgehoben.

Das Urteil ist vorläufig vollstreckbar.

Dem Beklagten wird nachgelassen, die Vollstreckung durch den Kläger gegen Sicherheitsleistung in Höhe von 120% des auf Grund des Urteils vollstreckbaren Betrages abzuwenden, wenn nicht der Kläger vor der Vollstreckung Sicherheit in Höhe von 120% des jeweils zu vollstreckenden Betrages leistet.

Erläuterungen:

Auch in diesem Fall handelt es sich um einen Haupt- und Hilfsantrag; der Kläger 200 stellt zwar – formal – nur **einen** Antrag, nämlich den Beklagten zu verurteilen, an ihn 1.000 EUR zu zahlen, stützt sein Begehren aber auf **zwei unterschiedliche** Lebenssachverhalte, die **kumulativ** geltend gemacht werden können. Der Darlehensanspruch steht in keinerlei Beziehung zu der geltend gemachten Kaufpreisforderung. Das Gericht hat zunächst den Antrag auf Zahlung eines Kaufpreises in Höhe von 1.000 EUR zu prüfen: erst wenn dieser unbegründet ist, muss es sich mit der Darlehensforderung beschäftigen. Es liegt ein sog. verdeckter Haupt- und Hilfsantrag vor. Da der Kaufpreisanspruch nicht besteht, der Hauptantrag somit unbegründet ist, das Gericht nur den Hilfsantrag über den Darlehensanspruch in voller Höhe von 1.000 EUR zuerkennt, ist die Klage im Übrigen abzuweisen (obwohl der Kläger nur **einmal** 1.000 EUR begehrt, hat er materiell **zwei** Anträge über jeweils 1.000 EUR gestellt, die beide beschieden werden).

Nach *Anders/Gehle* K-19, soll in den Tenor eine Leistungs- bzw. Antragsbestim- 201 mung aufgenommen werden, etwa: »Die Klage wird mit dem Hauptantrag *(mit konkreter Leistungsbeschreibung!)* abgewiesen; im Übrigen wird der Beklagte verurteilt …« Eine entsprechend konsequente Differenzierung im Antrag wird jedoch abgelehnt (K-18). Letztlich ist diese Information in der Tenorierung ohne praktischen Nutzen.

Da der Streitwert aufgrund der **beiden** Anträge gemäß § 45 Abs. 1 S. 2 GKG 202 2.000 EUR beträgt, ist dementsprechend auch die Kostenentscheidung zu quoteln, § 92 Abs. 1 ZPO. Vollstrecken kann allerdings nur der Kläger, und zwar nach § 708 Nr. 11 1. Alt. ZPO (Vollstreckung eines Hauptsachebetrages unter 1.250 EUR). Aufgrund der gegenseitigen Kostenaufhebung kann der Beklagte nichts vollstrecken; er muss – ebenso wie der Kläger – seine 2,5 Anwaltsgebühren (2,5 × 150 EUR) selbst tragen.

☑ Fall 35: Das Haupt- und Hilfsvorbringen (1. Beispiel)

Der Kläger verlangt von dem Beklagten Maklerhonorar in Höhe von 2.400 EUR 203 auf Grund eines am 20. März erteilten Nachweises einer Mietwohnung. Der Beklagte bestreitet den Abschluss eines Vertrages am 20. März; vielmehr habe er mit dem Makler am 19. März über das fragliche Objekt gesprochen. Der Kläger bestreitet das, da er am 19. März noch im Urlaub gewesen sei, macht sich aber hilfsweise dieses Vorbringen des Beklagten zu eigen.

☑ Fall 36: Das Haupt- und Hilfsvorbringen (2. Beispiel)

Der Kläger verlangt von dem Beklagten Rückzahlung des Darlehensbetrages von 204 2.400 EUR. Der Beklagte wendet ein, bei Abschluss des Darlehensvertrages geschäftsunfähig gewesen zu sein. Der Kläger macht sich hilfsweise diesen Vortrag zu eigen.

Urteilstenor:

205 Der Beklagte wird verurteilt, an den Kläger 2.400 EUR zu zahlen.
Dem Beklagten werden die Kosten des Rechtsstreits auferlegt.
Das Urteil ist gegen Sicherheitsleistung in Höhe von 120% des jeweils zu vollstreckenden Betrages vorläufig vollstreckbar.

Erläuterungen:

206 Auch in diesen beiden Fällen ergibt sich die Begründetheit des Anspruchs erst bzw. jedenfalls aus dem von dem Kläger hilfsweise vorgetragenen Sachverhalt: Anspruch auf Makler-Courtage auf Grund des Maklervertrages vom 19. März bzw. Anspruch auf Rückzahlung gemäß § 812 Abs. 1 S. 1 Alt. 1 BGB (bei Nichtigkeit des Darlehensvertrages). Gleichwohl handelt es sich hierbei – anders als im Fall 34 (!) – nicht um einen Haupt- und Hilfsantrag, sondern nur um ein **Haupt- und Hilfsvorbringen** des Klägers. Denn es werden zwei Lebenssachverhalte vorgetragen, die nur **alternativ**, nicht aber **kumulativ** vorliegen können: entweder war der Abschluss des Maklervertrages bezüglich des konkreten Mietobjektes am 19. oder alternativ am 20. März (*Anders/Gehle*, A-128, erachtet diesen Fall zu Unrecht als rechtlich unerheblich, da auch nur *ein* Tag Differenz zB schon die Zinsen ändern kann!); entweder war der Beklagte bei Abschluss des Darlehensvertrages geschäftsfähig – Anspruch gemäß § 488 Abs. 1 S. 2 BGB – oder alternativ geschäftsunfähig – Anspruch gemäß § 812 Abs. 1 S. 1 Alt. 1 BGB. In diesem Fall ist das Gericht nicht an die Prüfungsreihenfolge der Sachverhaltsalternativen gebunden, sondern kann bei Begründetheit nur **einer** Sachverhaltsvariante entscheiden. Folglich ist in diesen Fällen keine Teilabweisung zu tenorieren, weil über keinen **weiteren** Streitgegenstand entschieden worden ist: es gibt logisch nur **einen** Sachverhalt, nämlich A oder B.

Dementsprechend ist auch die Kostenentscheidung nur zu Lasten des Beklagten – nach einem Streitwert von 2.400 EUR – zu treffen.

Folglich kann auch nur der Kläger vollstrecken, und zwar auf Grund der 1.250 EUR übersteigenden Verurteilung in der Hauptsache nach § 709 S. 1, 2 ZPO.

☑ Fall 37: Das gleichwertige Parteivorbringen

207 Anders als in den beiden Fällen 35 und 36 hat sich der Kläger nunmehr das Vorbringen der Parteien nicht hilfsweise zu eigen gemacht. In diesem Fall ist nach hM nur das Vorbringen des Klägers zu prüfen. Ist dieses unbegründet, weil der Kläger den Abschluss des Maklervertrages am 20. März bzw. des wirksamen Darlehensvertrages nicht beweisen kann, ist die Klage abzuweisen.

Urteilstenor:

208 Die Klage wird abgewiesen.
Die Kosten des Rechtsstreits werden dem Kläger auferlegt.
Das Urteil ist vorläufig vollstreckbar.
Dem Kläger wird nachgelassen, die Vollstreckung durch den Beklagten gegen Sicherheitsleistung in Höhe von 120% des auf Grund des Urteils vollstreckbaren Betrages abzuwenden, wenn nicht der Beklagte vor der Vollstreckung Sicherheit in Höhe von 120% des jeweils zu vollstreckenden Betrages leistet.

Erläuterungen:

Nach der vor allem früher vertretenen Auffassung, es handele sich um **gleichwertiges Parteivorbringen**, war die Klage begründet. Danach war es nämlich nicht erforderlich, dass sich der Kläger das Beklagtenvorbringen hilfsweise zu eigen machen muss. Diese Auffassung dürfte aber seit der eindeutigen ständigen Rechtsprechung des *BGH* (NJW 1989, 2756; NJW-RR 1995, 684) überholt sein (vgl. Zöller/*Greger* ZPO § 138 Rn. 11). Diese dürfte zudem dogmatisch zutreffend sein, da nur der Kläger bestimmt, welchen Lebenssachverhalt er seiner Klage zugrunde legt und dem Gericht zur Überprüfung stellt; auf das Alternativvorbringen des Beklagten kommt es nicht an! 209

Der zweite Fall (Darlehensanspruch oder Anspruch aus § 812 BGB) wird zT nicht als Haupt- und Hilfsvorbringen verstanden: das Gericht prüfe ohnehin im Rahmen der Schlüssigkeit, ob der Darlehensvertrag wirksam zustande gekommen sei. Die Klage sei deshalb in jedem Fall begründet (vgl. *Schellhammer* Arbeitsmethode Zivilrichter Rn. 408 ff. mit unklarer Begründung; aA (zu Recht) *Anders/Gehle* A-126 und 127: Die Geschäftsfähigkeit ist kein »Plus« zur Geschäftsunfähigkeit; vielmehr liegt ein alternativer Sachverhalt vor; so wohl auch *Schuschke/Kessen/Höltje* Rn. 276 aE; in der 31. Aufl., S. 98, wurde die Begründetheit der Klage noch mit der Lehre des gleichwertigen Parteivorbringens begründet!). 210

Der Beklagte kann seine Anwaltskosten vollstrecken (2,5 Gebühren zu je 201 EUR), es gilt § 708 Nr. 11 Alt. 2 ZPO iVm § 711 S. 1, 2 ZPO.

VII. Die Stufenklage

☑ Fall 38: Die 1. Stufe: Der Auskunftsanspruch

Der Kläger verklagt als Pflichtteilsberechtigter den Beklagten als Erben, 211
1. Auskunft über den Nachlass zu erteilen,
2. sodann die Richtigkeit der Auskunft an Eides statt zu versichern und
3. den sich auf Grund der Auskunft ergebenden Pflichtteilsbetrag von ¼ des Gesamtwertes an ihn auszuzahlen.

Tenor des Teilurteils:

Der Beklagte wird verurteilt, dem Kläger über den Nachlass des am … verstorbenen … Auskunft zu erteilen. 212
Die Kostenentscheidung bleibt dem Schlussurteil vorbehalten.
Das Urteil ist gegen Sicherheitsleistung in Höhe von 4.000 EUR vorläufig vollstreckbar.

Erläuterungen:

Der dreigeteilte Antrag kann sinnvollerweise nur nacheinander entschieden werden. Denn erst nach der Erteilung der Auskunft (gemäß § 2314 BGB) kann beurteilt werden, ob Grund zu der Annahme besteht, dass die Angaben nicht mit der erforderlichen Sorgfalt gemacht worden sind (§§ 259 Abs. 2; 260 Abs. 2 BGB). Erst nach der Auskunft (ggf. nach der eidesstattlichen Versicherung) kann beurteilt werden, ob der Nachlass überhaupt werthaltig ist, dh ob sich überhaupt ein Anspruch auf Auszahlung eines Pflichtteilsbetrages ergibt. 213

Über die Kosten des Rechtsstreits wird erst als abschließende, einheitlich zu treffende Kostenentscheidung im Schlussurteil befunden werden (Zöller/*Greger* ZPO § 254 Rn. 5).

Die Vollstreckbarkeit richtet sich nach § 709 S. 1 ZPO, nicht nach § 708 Nr. 11 1. Alt. ZPO (die erste Stufe ist keine vermögensrechtliche Streitigkeit); es handelt sich um ein »anderes Urteil« iSd § 709 S. 1 ZPO. Die Höhe der Sicherheitsleistung ergibt sich aus dem zu schätzenden voraussichtlichen Aufwand an Zeit und Kosten der Auskunftserteilung (Zöller/*Herget* ZPO § 709 Rn. 6). Es ist zu bewerten, welche Nachteile und Aufwendungen sich für den Beklagten aus der Erteilung der Auskunft ergeben können. Vorliegend stellt der tenorierte Betrag von 4.000 EUR eine derartige Schätzung dar. Die grundsätzliche Vollstreckbarkeit des Anspruchs folgt aus § 888 ZPO.

Insgesamt ist ein Gebührenstreitwert festzusetzen, der sich nach dem Leistungsanspruch als dem höchsten Teil richtet (vgl. § 44 GKG). Die Anwaltsgebühren entstehen jeweils nur einmal, und zwar nach dem Wert der Stufe, in dem sie entstehen. Die Verfahrensgebühren entstehen nach dem höchsten Wert, die Terminsgebühren aber nur nach dem Wert in der Stufe, in der im Termin verhandelt bzw. Beweis erhoben worden ist. Die Vorbereitungsansprüche auf den Stufen 1. und 2. werden idR mit einem Bruchteil des Leistungsanspruches beziffert, zB mit $^1/_{10}$ bis $^1/_5$ (vgl. Zöller/*Herget* ZPO § 3 Rn. 16 »Stufenklage«).

Fall 39: Fortsetzung von Fall 38

214 Nach der Auskunft steht fest, dass der Nachlass nicht werthaltig ist, der Kläger folglich keinen Anspruch auf Auszahlung eines Pflichtteilsbetrages hat. Der Kläger stellt somit keinen Antrag auf Fortsetzung (vgl. Zöller/*Greger* ZPO § 254 Rn. 11), ändert aber seinen Antrag auf Feststellung, dass der Beklagte die Kosten des Rechtsstreits zu tragen hat.

Es ergeht dann ein Schlussurteil, dass sich nur über die Kosten verhält.

Tenor des Schlussurteils:

215 Dem Beklagten werden die Kosten des Rechtsstreits auferlegt.
Das Urteil ist vorläufig vollstreckbar.
Dem Beklagten wird nachgelassen, die Vollstreckung durch den Kläger gegen Sicherheitsleistung in Höhe von 120% des auf Grund des Urteils vollstreckbaren Betrages abzuwenden, wenn nicht der Kläger vor der Vollstreckung Sicherheit in Höhe von 120% des jeweils zu vollstreckenden Betrages leistet.

oder:

216 Das Urteil ist gegen Sicherheitsleistung in Höhe von 120% des jeweils zu vollstreckenden Betrages vorläufig vollstreckbar.

Erläuterungen:

217 Nach der Rechtsprechung des *BGH* NJW 1994, 2895, kann der Kläger seiner Kostentragungspflicht dadurch entgehen, dass er den Feststellungsantrag stellt, wenn sich der Beklagte mit der Erteilung der Auskunft im Verzug befand (vgl. auch Zöller/*Greger* ZPO § 254 Rn. 15).

Im Hinblick auf die Vollstreckbarkeit kommt es zur Beantwortung der Frage, ob § 709 oder § 708 Nr. 11 2. Alt. ZPO einschlägig ist, entscheidend auf die (Vorab-)Bewertung des Zahlungsantrages an. Dieser begründet zugleich den Streitwert. Danach sind die vollstreckbaren Kosten zu berechnen; übersteigen diese die Wertgrenze des § 708 Nr. 11 2. Alt. ZPO in Höhe von 1.500 EUR, so ist § 709 S. 1, 2 ZPO einschlägig, andernfalls verbleibt es bei § 708 Nr. 11 2. Alt. ZPO iVm § 711 S. 1, 2 ZPO.

Fall 40: Abwandlung: Der Auskunftsanspruch besteht nicht

Der Auskunftsanspruch ist bereits unbegründet, da der Kläger kein Pflichtteilsberechtigter ist oder aber der Beklagte bereits Auskunft erteilt hat. Der Streitwert beträgt 2.000 EUR. 218

Urteilstenor:

Die Klage wird abgewiesen. 219
Die Kosten des Rechtsstreits werden dem Kläger auferlegt.
Das Urteil ist vorläufig vollstreckbar.
Dem Kläger wird nachgelassen, die Vollstreckung durch den Beklagten gegen Sicherheitsleistung in Höhe von 120% des auf Grund des Urteils vollstreckbaren Betrages abzuwenden, wenn nicht der Beklagte vor der Vollstreckung Sicherheit in Höhe von 120% des jeweils zu vollstreckenden Betrages leistet.

Erläuterungen:

Es ergeht ein übliches kontradiktorisches Endurteil, da der Rechtsstreit bereits insgesamt entscheidungsreif ist (Zöller/*Greger* ZPO § 254 Rn. 9). Der Streitwert richtet sich nicht nur nach dem Auskunftsanspruch, sondern nach dem voraussichtlichen, möglicherweise noch unbezifferten Leistungsbegehren (Zöller/*Herget* ZPO § 3 Rn. 16 »Stufenklage«). 220

Die Vollstreckbarkeit ergibt sich aus § 708 Nr. 11 2. Alt. ZPO, da die vollstreckbaren Kosten (2,5 Anwaltsgebühren zu je 150 EUR netto) unter 1.500 EUR liegen.

Fall 41: Abwandlung: Der Auskunftsanspruch ist bereits erfüllt

Der Kläger verlangt von dem Beklagten Auskunft. Der Beklagte erteilt diese; danach ergibt sich ein Zahlungsanspruch des Klägers. Dieser erachtet die Auskunft zu Unrecht als unzureichend und hält seinen Antrag aufrecht. 221

Tenor des Teilurteils:

Die Klage wird abgewiesen. 222
Die Kostenentscheidung bleibt dem Schlussurteil vorbehalten.

Erläuterungen:

Da der Anspruch auf Auskunft bereits erfüllt, der Antrag von dem Kläger aber aufrechterhalten worden ist, ist die Klage insoweit abzuweisen. Eine endgültige Abweisung durch Schluss- statt durch Teilurteil kommt hier nicht in Betracht, da der Kläger noch den Anspruch auf Auszahlung hat. Deshalb handelt es sich trotz der Klageabweisung um ein Teilurteil. 223

Der Kläger hätte somit den Zahlungsantrag stellen müssen; eine Erledigung des Auskunftsanspruches dürfte idR nicht in Betracht kommen, da dieser nur den Zahlungsantrag vorbereitet, den der Kläger jederzeit stellen kann (vgl. Zöller/*Althammer* ZPO § 91a Rn. 58 »Stufenklage«).

Eine Kostenentscheidung ist folglich noch nicht veranlasst.

Einen vollstreckungsfähigen Inhalt enthält das Teilurteil nicht, so dass eine »vorläufige Vollstreckbarkeit« nicht zu tenorieren ist.

Fall 42: Die 2. Stufe: Die eidesstattliche Versicherung

224 Nach der Auskunft begehrt der Kläger von dem Beklagten die Abgabe der eidesstattlichen Versicherung, dass die Auskunft richtig erteilt worden ist.

Tenor des Teilurteils:

225 Der Beklagte wird verurteilt, an Eides Statt zu versichern, dass er nach bestem Wissen den Bestand des Nachlasses des am … verstorbenen N.N. so vollständig angegeben habe, als er imstande gewesen sei.
Die Kostenentscheidung bleibt dem Schlussurteil vorbehalten.
Das Urteil ist gegen Sicherheitsleistung in Höhe von 2.000 EUR vorläufig vollstreckbar.

Erläuterungen:

226 Zu den materiell-rechtlichen Voraussetzungen eines Anspruches auf Abgabe der eidesstattlichen Versicherung vgl. insbesondere § 260 Abs. 2 BGB. Danach ist erforderlich, dass Grund zu der Annahme besteht, dass das Verzeichnis (die Auskunft) nicht mit der erforderlichen Sorgfalt aufgestellt worden ist.

Zur Fassung des Tenors vgl. auch Palandt/*Grüneberg* BGB § 260 Rn. 19.

Auch in diesem Fall – auf der 2. Stufe – ergeht noch keine – endgültige – Kostenentscheidung (vgl. oben den Ausgangsfall 38).

Die vorläufige Vollstreckbarkeit richtet sich wiederum nach § 709 S. 1 ZPO (vgl. Fall 38). Die Höhe der Sicherheitsleistung ist davon abhängig, wie hoch der dem Beklagten entstehende Aufwand an Zeit und Kosten für die Abgabe der eidesstattlichen Versicherung zu bewerten ist. Vorliegend ist eine Schätzung i.H.v. 2.000 EUR erfolgt.

VIII. Die Zug-um-Zug-Verurteilung

☑ Fall 43: Der Rücktritt vom Kaufvertrag: der Zug-um-Zug-Antrag

227 Der Kläger erklärt nach zwei erfolglosen Nachbesserungsversuchen den Rücktritt vom Kaufvertrag über einen PKW und verklagt den Beklagten auf Rückzahlung des Kaufpreises in Höhe von 30.000 EUR, Zug um Zug gegen Rückgabe des PKW sowie auf Feststellung des Annahmeverzuges. Der Beklagte beantragt Klageabweisung. Die Klage ist begründet (§§ 346, 437 Nr. 2, 440 S. 2, 323 BGB).

Urteilstenor:

228 Der Beklagte wird verurteilt, an den Kläger 30.000 EUR zu zahlen, Zug um Zug gegen Rückgabe und Rückübereignung des PKW (genaue Bezeichnung, idR: Marken- und Typenbezeichnung nebst Kennzeichen und Fahrgestell-Nr.).
Es wird festgestellt, dass sich der Beklagte mit der Annahme des vorgenannten Fahrzeugs im Annahmeverzug befindet.
Die Kosten des Rechtsstreits werden dem Beklagten auferlegt.
Das Urteil ist gegen Sicherheitsleistung in Höhe von 120% des jeweils zu vollstreckenden Betrages vorläufig vollstreckbar.

Erläuterungen:

229 Es ist zur Ermöglichung der Vollstreckung auf eine genaue Bezeichnung des Kaufgegenstandes (Fahrzeugs) zu achten. Im Übrigen ist dieser grundsätzlich **zurückzugeben und zurückzuübereignen,** denn idR dürfte der Kläger bereits das Eigentum an der Sache erlangt haben. Anderes gilt beim Kauf unter Vorbehaltseigentum; vorlie-

gend aber hat der Kläger den Kaufpreis bereits voll entrichtet, so dass er entsprechend der wohl üblichen Einigung zwischen den Parteien mit der vollständigen Bezahlung das Eigentum an dem PKW erlangt haben dürfte.

Die Tenorierung der von dem Kläger beantragten Feststellung des Annahmeverzuges beruht auf § 756 ZPO. Der Kläger hat regelmäßig ein entsprechendes Feststellungsinteresse, denn auf diese Weise kann er den Kaufpreis vollstrecken, ohne zugleich – Zug um Zug – das Fahrzeug anbieten zu müssen, salopp formuliert: der Gerichtsvollzieher braucht nicht mit dem PKW »unter dem Arm« bei dem Beklagten zu erscheinen, um die Geldforderung vollstrecken zu können. Der Annahmeverzug liegt dann vor, wenn der Kläger den Beklagten bereits vorprozessual zur Rückabwicklung des Kaufvertrages, und damit (auch) zur Rücknahme des Pkw aufgefordert hat.

Die Rückabwicklung des Kaufvertrages erfolgt – wie tenoriert – Zug um Zug, §§ 348, 322 BGB – jedenfalls dann, wenn sich der Beklagte auf sein Leistungsverweigerungsrecht berufen hat; insoweit reicht es aus, wenn sich sein Begehren aus der Gesamtheit seines Vorbringens eindeutig ergibt (*BGH* NJW 2010, 16, 148; Palandt/*Grüneberg* BGB § 322 Rn. 2). Die Einrede dürfte idR bereits in dem Klageabweisungsantrag des Beklagten schlüssig zum Ausdruck gekommen sein (vgl. aber auch Fall 45). Im Übrigen hat der Kläger hier selbst von vornherein einen eingeschränkten (Zug-um-Zug-)Antrag gestellt. Da sein Klagebegehren folglich vollständig Erfolg hat, ist der Beklagte gemäß § 91 Abs. 1 ZPO verpflichtet, die gesamten Kosten des Rechtsstreits zu tragen.

Die vorläufige Vollstreckbarkeit folgt aus § 709 S. 1, 2 ZPO. 230

Zu beachten ist schließlich noch, dass der Streitwert (für den Leistungsantrag) auch beim Zug-um-Zug-Begehren der Wert der Klageforderung ohne Berücksichtigung der Gegenleistung ist, hier folglich 30.000 EUR beträgt (Zöller/*Herget* ZPO § 3 Rn. 16 »Gegenleistung« sowie »Zug-um-Zug-Leistungen«; vgl. auch Thomas/Putzo/*Hüßtege* ZPO § 3 Rn. 186). Für den Feststellungsantrag kommt allenfalls ein geringer Aufschlag in Betracht, etwa 250 EUR, so dass von einem Gesamtstreitwert von 30.250 EUR auszugehen sein dürfte.

Fall 44: 1. Abwandlung: Die Geltendmachung des Zurückbehaltungsrechtes

Der Kläger stellt nur den Antrag auf Rückzahlung des Kaufpreises, der Beklagte 231 begehrt Klageabweisung, beruft sich jedenfalls auf die Verpflichtung des Klägers zur Rückgabe des PKW. Die Klage ist begründet auf Grund der Mängel des Fahrzeugs, deren Beseitigung 3.000 EUR in Anspruch nehmen würde.

Urteilstenor:

Der Beklagte wird verurteilt, an den Kläger 30.000 EUR zu zahlen, Zug um Zug gegen Rückgabe 232 und Rückübereignung des PKW (genaue Bezeichnung, idR: Marken- und Typenbezeichnung nebst Kennzeichen und Fahrgestell-Nr.).

Es wird festgestellt, dass sich der Beklagte mit der Annahme des vorgenannten Fahrzeugs im Annahmeverzug befindet.

Im Übrigen wird die Klage abgewiesen.

Die Kosten des Rechtsstreits werden dem **Beklagten** auferlegt.

Das Urteil ist gegen Sicherheitsleistung in Höhe von 120% des jeweils zu vollstreckenden Betrages vorläufig vollstreckbar.

Erläuterungen:

233 Im Tenor ist im Hinblick auf den Ausspruch zur Hauptsache darauf zu achten, dass die – weitergehende – Klage abgewiesen wird, da der Kläger eine uneingeschränkte Verurteilung des Beklagten zur Zahlung beantragt, aber nur eine eingeschränkte Zug-um-Zug-Verurteilung erhalten hat.

234 Ob diese Teilabweisung der Klage aber auch Folgen für die Kostenentscheidung hat, ist fraglich.

Bei streng theoretischer Betrachtung könnte man wie folgt argumentieren: Da der Kläger im Hinblick auf den Leistungsantrag nur Zahlung verlangt hat, beträgt der Streitwert 30.000 EUR (zzgl. 250 EUR für den Feststellungsantrag). Da der Kläger aber auf Grund der Rückgabe des PKW wertmäßig nur 3.000 EUR erhält (Differenzinteresse), sind die Kosten entsprechend zu quotieren, und zwar 90% zu Lasten des Klägers. Die Vollstreckbarkeit richtete sich für beide Parteien nach § 709 S. 1 und 2 ZPO. Der Beklagte könnte 90% seiner 2,5 Anwaltskosten vollstrecken. Eine Gebühr würde bei einem Streitwert von 30.250 EUR (vgl. Fall 43) netto 938 EUR betragen. 90% der Anwaltskosten (= 2.110,50 EUR) überstiegen folglich die Kostengrenze des § 708 Nr. 11 2. Alt. ZPO. Der Tenor müsste dann hinsichtlich der Kosten und der Vollstreckbarkeit wie folgt lauten:

235 Die Kosten des Rechtsstreits werden dem Kläger zu 90% und dem Beklagten zu 10% auferlegt.
Das Urteil ist für beide Parteien gegen Sicherheitsleistung in Höhe von 120% des jeweils zu vollstreckenden Betrages vorläufig vollstreckbar.

236 Diese Entscheidung ließe aber letztlich außer acht, dass der Kläger bei einer Rückgängigmachung des Kaufvertrages bei wirtschaftlicher Betrachtung – und unterstellter Redlichkeit seines Verhaltens – den Kaufpreis zurückerhalten, nicht aber ernstlich den Kaufgegenstand behalten will (vgl. *Hensen* NJW 1999, 395, 396; ähnlich *Schuschke/Kessen/Höltje* Rn. 418). Selbst wenn er den Rückzahlungsanspruch nicht um die Rückgabe der Kaufsache einschränkt, dürfte sinnvollerweise § 92 Abs. 2 ZPO mit der Folge anzuwenden sein, dem Beklagten die gesamten Kosten des Rechtsstreits aufzuerlegen. Zwingend ist dies allerdings nicht; es wird auch vertreten, die Kosten zu quotieren (in diesem Sinne *Anders/Gehle* G-26, wonach der Kläger maximal ein Drittel der Kosten tragen solle, da nur er einen Vollstreckungstitel erlange). Dem wirklichen wirtschaftlichen Begehren der Parteien und dem eigentlichen Streitpunkt, ob überhaupt ein Rücktrittsrecht besteht, wird diese Auffassung jedoch nicht hinreichend gerecht.

Fall 45: 2. Abwandlung: Die unterbliebene Geltendmachung des Zurückbehaltungsrechts

237 Der Beklagte beantragt zwar Klageabweisung, stellt aber klar, dass er das Fahrzeug nicht zurückhaben möchte, da dieses unverschuldet bei einem Verkehrsunfall vollständig zerstört worden ist.

Urteilstenor:

238 Der Beklagte wird verurteilt, an den Kläger 30.000 EUR zu zahlen.
Die Kosten des Rechtsstreits werden dem Beklagten auferlegt.
Das Urteil ist gegen Sicherheitsleistung in Höhe von 120% des jeweils zu vollstreckenden Betrages vorläufig vollstreckbar.

Erläuterungen:

Nur wenn der Beklagte die Einrede der Rückgewährung Zug-um-Zug erhebt (vgl. Fall 43), wird entsprechend tenoriert (Palandt/*Grüneberg* BGB § 322 Rn. 2, 3). 239

Der Kläger hat hier deshalb mit seinem uneingeschränkt gestellten Zahlungsantrag vollständig Erfolg, so dass der Beklagte die gesamten Kosten des Rechtsstreits zu tragen hat.

Die Vollstreckbarkeit folgt aus § 709 S. 1 ZPO wegen der 1.250 EUR übersteigenden Höhe der Verurteilung in der Hauptsache.

Fall 46: 3. Abwandlung: Die Berücksichtigung der Gebrauchsvorteile des Pkw

Der Kläger beantragt eine Zug-um-Zug-Verurteilung. Der Beklagte beruft sich darauf, dass der Kläger inzwischen mit dem Fahrzeug 2.000 km gefahren sei. 240

Urteilstenor:

Der Beklagte wird verurteilt, an den Kläger 29.700 EUR zu zahlen, Zug um Zug gegen Rückgabe und Rückübereignung des PKW (genaue Bezeichnung, idR: Marken- und Typenbezeichnung nebst Kennzeichen und Fahrgestell-Nr.). 241

Es wird festgestellt, dass sich der Beklagte mit der Annahme des vorgenannten Fahrzeugs im Annahmeverzug befindet.

Im Übrigen wird die Klage abgewiesen.

Die Kosten des Rechtsstreits werden dem **Beklagten** auferlegt.

Das Urteil ist gegen Sicherheitsleistung in Höhe von 120% des jeweils zu vollstreckenden Betrages vorläufig vollstreckbar.

Erläuterungen:

Grundsätzlich gelten die Ausführungen zu Fall 43. 242

Soweit nicht §§ 474 Abs. 2 S. 1; 439 Abs. 4; 475 Abs. 3 BGB einschlägig sind (kein Nutzungsersatz im Falle der Nachlieferung beim Verbrauchsgüterkauf), muss sich der Kläger überdies die Gebrauchsvorteile bis zum Tag der Rückgabe des Fahrzeugs anrechnen lassen; dieser Betrag wird von dem zurückzuerstattenden Kaufpreis in Abzug gebracht. Zur Berechnung der Gebrauchsvorteile vgl. *Reinking/Eggert* Rn. 1161 ff. Vorliegend sind nach der jüngeren Rspr. 0,5% des Kaufpreises pro gefahrener 1.000 km zugrunde gelegt worden – bei einer erwarteten Laufleistung von 200.000 km (= 150 EUR), die Bandbreite beläuft sich im Einzelfall je nach erwarteter Fahrleistung auf 0,33% bis max. 1% (*Reinking/Eggert* Rn. 1168 mwN).

Die Schwierigkeit in der Praxis besteht darin, dass zwischen dem Tag der Urteilsverkündung bis zur Rückgabe des streitgegenständlichen Pkw ein weiterer Zeitraum liegt, in dem der Pkw genutzt werden kann. Deshalb wird zT die Auffassung vertreten, keinen festen Betrag in Abzug zu bringen, sondern eine über die letzte mündliche Verhandlung hinausreichende Tenorierung zuzulassen (vgl. *Reinking/Eggert* Rn. 1187). 243

Urteilstenor:

Der Beklagte wird verurteilt, an den Kläger 30.000 EUR zu zahlen, abzüglich eines Betrages, der sich wie folgt berechnet: 0,15 EUR x Kilometer gemäß Tachometerstand im Zeitpunkt der Rückgabe des Fahrzeugs an den Beklagten, Zug um Zug gegen Rückgabe und Rückübereignung des PKW (genaue Bezeichnung, idR: Marken- und Typenbezeichnung nebst Kennzeichen und Fahrgestell-Nr.) … 244

245 Dieser Vorschlag ist sicherlich pragmatisch und in der täglichen Praxis hilfreich, insbesondere präziser als ein auch möglicher **Feststellungs**tenor: »es wird festgestellt, dass der Kläger auch die weiteren Gebrauchsvorteile des Pkw zu vergüten hat.«

246 Ggf. sind weitere Abzüge im Tenor zu berücksichtigen, etwa die nicht dem Kläger anzulastenden Fahrkilometer zu Werkstattaufenthalten bei erfolglosen Nachbesserungsversuchen.

247 Da die Klage nicht in voller Höhe Erfolg hat, ist sie im Übrigen abzuweisen. Bei der Kostenentscheidung sollte wegen des geringfügigen Unterliegens von § 92 Abs. 2 Nr. 1 ZPO Gebrauch gemacht werden.

☑ Fall 47: Die erfolgreiche Verteidigung mit dem Zurückbehaltungsrecht im Werkvertragsrecht

248 Der Kläger verklagt den Beklagten nach Abnahme der Werkleistung auf Zahlung des Werklohnes in Höhe von 3.000 EUR. Der Beklagte wendet ein, das Werk habe Mängel und beruft sich auf ein Zurückbehaltungsrecht wegen eines Anspruches auf Mängelbeseitigung. Die erforderlichen Kosten zur Mängelbeseitigung beziffert er in Höhe von 1.500 EUR. Die Beweisaufnahme bestätigt die Mängel.

Urteilstenor:

249 Der Beklagte wird verurteilt, an den Kläger 3.000 EUR zu zahlen, Zug um Zug gegen Beseitigung folgender Mängel:
(im Einzelnen aufführen).
Die weitergehende Klage wird abgewiesen.
Die Kosten des Rechtsstreits werden dem **Kläger** auferlegt.
Das Urteil ist vorläufig vollstreckbar,
für den Kläger aber nur gegen Sicherheitsleistung in Höhe von 120% des jeweils zu vollstreckenden Betrages.
Im Übrigen wird dem Kläger nachgelassen, die Vollstreckung durch den Beklagten gegen Sicherheitsleistung in Höhe von 120% des auf Grund des Urteils vollstreckbaren Betrages abzuwenden, wenn nicht der Beklagte vor der Vollstreckung Sicherheit in Höhe von 120% des jeweils zu vollstreckenden Betrages leistet.

Erläuterungen:

250 Nach Abnahme des Werkes steht dem Besteller gemäß § 641 Abs. 3 BGB ein Leistungsverweigerungsrecht in Höhe des **zweifachen** Betrages der erforderlichen Kosten zur Mängelbeseitigung zu. Damit kann er vorliegend die Zahlung des gesamten Werklohnes verweigern. Dieses Recht führt aber nicht zur Klageabweisung, sondern zur Verurteilung Zug um Zug, §§ 320, 322 BGB, und Teilabweisung (vgl. auch Fall 22).

251 Die Kostenentscheidung ist in derartigen Fällen problematisch. Grundsätzlich hat der Kläger mit dem Zahlungsbegehren zum Teil Erfolg; da der Beklagte aber den Werklohnanspruch an sich nicht bestreitet, sondern nur sein berechtigtes Zurückbehaltungsrecht geltend macht, das gegenüber dem gesamten Werklohnanspruch durchdringt, dürfte es sachgerecht sein, den Beklagten nicht mit Kosten zu belasten, sondern diese vollständig dem Kläger aufzuerlegen (*Hensen* NJW 1999, 398 unter VI.3.).

Es ließe sich auch vertreten, die Kosten zu quotieren, etwa beiden Parteien je zur Hälfte aufzuerlegen.

Im Rahmen der vorläufigen Vollstreckbarkeit ist zu beachten, dass der Kläger in der Hauptsache vollstrecken kann – insoweit gilt § 709 S. 1, 2 ZPO –, der Beklagte hingegen wegen seiner Kosten (2,5 Rechtsanwaltsgebühren: 1,3 Verfahrens- und 1,2 Terminsgebühren; eine Gebühr beträgt 201 EUR netto) – insoweit gelten §§ 708 Nr. 11 2. Alt, 711 S. 1, 2 ZPO.

Fall 48: Abwandlung: Die »doppelte« Verteidigung

Der Beklagte bestreitet den Werklohnanspruch mangels wirksamer Abnahme und macht lediglich hilfsweise das Zurückbehaltungsrecht geltend. Die Werklohnforderung ist zwar auf Grund konkludent erklärter Abnahme fällig, die Mängel sind aber vorhanden. **252**

Urteilstenor:

Der Beklagte wird verurteilt, an den Kläger 3.000 EUR zu zahlen, Zug um Zug gegen Beseitigung folgender Mängel: **253**
(im Einzelnen aufführen).
Die weitergehende Klage wird abgewiesen.
Die Kosten des Rechtsstreits werden gegeneinander aufgehoben.
Das Urteil ist gegen Sicherheitsleistung in Höhe von 120% des jeweils zu vollstreckenden Betrages vorläufig vollstreckbar.

Erläuterungen:

Im Hauptsacheausspruch ergeben sich keine Änderungen im Vergleich zu Fall 47. **254**

Das Bestreiten der Klageforderung an sich – unabhängig von der Geltendmachung des Zurückbehaltungsrechtes wegen des Anspruchs auf Mängelbeseitigung – löst aber kostenrechtliche Konsequenzen aus. Da sowohl der Klageanspruch an sich (Fälligkeit?) als auch das Zurückbehaltungsrecht streitig sind, sollten gedanklich zwei gleiche Kostenteile gebildet werden. Es ist zunächst zu prüfen, inwieweit der Beklagte mit der primären Verteidigung durchdringt, es bestehe schon keine fällige Werklohnforderung. Sodann ist der zweite Teil danach zu beurteilen, inwieweit er jedenfalls mit dem Zurückbehaltungsrecht Erfolg hat. Die Primärverteidigung hat vorliegend keinen Erfolg, so dass der Beklagte insoweit schon die Hälfte der Kosten zu tragen hat. Mit dem Zurückbehaltungsrecht dringt er aber wiederum vollständig durch, da dieses die gesamte Werklohnforderung erfasst. Deshalb ist dem Kläger – gedanklich – die andere Kostenhälfte aufzuerlegen (vgl. *Hensen* NJW 1999, 398); die Kosten sind deshalb insgesamt gegeneinander aufzuheben (vgl. Fall 14).

Die vorläufige Vollstreckbarkeit richtet sich für den Kläger nach § 709 S. 1 und 2 ZPO, da er eine Hauptsacheforderung von über 1.250 EUR vollstreckt. Der Beklagte kann nichts vollstrecken; aufgrund der gegenseitigen Kostenaufhebung muss er – ebenso wie der Kläger – seinen Anwalt selbst bezahlen.

Fall 49: Zur Vertiefung und Übung

Der Kläger verklagt den Beklagten auf Zahlung des Werklohnes in Höhe von 3.000 EUR. Der Beklagte bestreitet den Werklohnanspruch mangels wirksamer Abnahme und wendet hilfsweise unter Berufung auf ein Zurückbehaltungsrecht ein, das Werk habe Mängel, deren Beseitigung Kosten in Höhe von 1.500 EUR erfordere. Die Abnahme ist erfolgt; die Beweisaufnahme bestätigt die Mängel, aber nur mit einem Beseitigungsaufwand von 750 EUR. **255**

Urteilstenor:

256 Der Beklagte wird verurteilt, an den Kläger 1.500 EUR zu zahlen.
Der Beklagte wird darüber hinaus verurteilt, an den Kläger weitere 1.500 EUR zu zahlen, Zug um Zug gegen Beseitigung folgender Mängel: … (im Einzelnen aufführen).
Die weitergehende Klage wird abgewiesen.
Die Kosten des Rechtsstreits werden dem Kläger zu 25% und dem Beklagten zu 75% auferlegt.
Das Urteil ist vorläufig vollstreckbar, für den Kläger aber nur gegen Sicherheitsleistung in Höhe von 120% des jeweils zu vollstreckenden Betrages.
Im Übrigen wird dem Kläger nachgelassen, die Vollstreckung durch den Beklagten gegen Sicherheitsleistung in Höhe von 120% des auf Grund des Urteils vollstreckbaren Betrages abzuwenden, wenn nicht der Beklagte vor der Vollstreckung Sicherheit in Höhe von 120% des jeweils zu vollstreckenden Betrages leistet.

Erläuterungen:

257 Im Hauptsacheausspruch ist zu beachten, dass das Zurückbehaltungsrecht des Beklagten sich nur auf einen Mängelbeseitigungsaufwand in Höhe von 750 EUR bezieht. Da gemäß § 641 Abs. 3 BGB die zweifache Höhe der Mängelbeseitigungskosten geltend gemacht werden kann, »wehrt« der Beklagte hier die Klageforderung nur in Höhe von 1.500 EUR »ab«, nicht aber in Höhe der weiteren 1.500 EUR. Insoweit ist eine unbedingte Verurteilung auszusprechen und nur bezüglich der weiteren 1.500 EUR die Zug-um-Zug-Verurteilung zu tenorieren. Da die Klage auf Grund des partiellen Zurückbehaltungsrechts nicht vollständig Erfolg hat, ist sie im Übrigen abzuweisen. Nur dann wird auch die quotierte Kostenentscheidung, die ein gegenseitiges Obsiegen und Unterliegen zum Ausdruck bringt, verständlich.

258 Entsprechend den Ausführungen zu Fall 48 sind bei der Kostenentscheidung wiederum gedanklich zwei Kostenteile zu bilden, die vorliegend gleich groß sind, sich nämlich jeweils auf die volle Höhe der eingeklagten Werklohnforderung von 3.000 EUR beziehen, im Einzelnen:

Primär wendet sich der Beklagte gegen seine Verurteilung in Höhe von 3.000 EUR mit dem Vortrag der fehlenden Fälligkeit mangels einer Abnahme der Werkleistung.

Aber auch seine sekundäre Verteidigung erfasst die gesamten 3.000 EUR. Da er ein Zurückbehaltungsrecht wegen Mängeln in Höhe von 1.500 EUR einwendet und dieses gemäß § 641 Abs. 3 ZPO in zweifacher Höhe geltend gemacht werden darf, würde dieses Vorbringen, soweit es erfolgreich wäre, wiederum die gesamten 3.000 EUR erfassen. Deshalb sind gedanklich zwei Kostenanteile zu je 3.000 EUR zu bilden. Damit gilt folgendes:

Die Primärverteidigung, die mangels Abnahme auf die Klageabweisung insgesamt gerichtet ist, hat keinen Erfolg. Der Beklagte ist somit bereits wegen der »ersten 3.000 EUR« erfolglos und hat folglich schon aus diesem Grund die Hälfte der Kosten zu tragen.

259 Im Hinblick auf die andere Kostenhälfte gilt:

Die Sekundärverteidigung (mit dem Zurückbehaltungsrecht) hat nur zur Hälfte gegenüber der Klageforderung von 3.000 EUR, nämlich in Höhe von 1.500 EUR Erfolg (zweifacher Betrag der bestätigten Mängelbeseitigungskosten von 750 EUR), insgesamt ist sein Vorbringen somit lediglich zu einem Viertel erfolgreich. Deshalb muss der Kläger ein Viertel der Kosten, der Beklagte hingegen drei Viertel der Kosten tragen.

260 Im Rahmen der Vollstreckbarkeit gelten die allgemeinen Grundsätze. Da der Kläger insgesamt in der Hauptsache 3.000 EUR vollstrecken kann (wenngleich 1.500 EUR

nur Zug-um-Zug), richtet sich die vorläufige Vollstreckbarkeit für ihn nach § 709 S. 1, 2 ZPO. Der Beklagte kann – nur – Kosten vollstrecken, insgesamt 25% von 2,5 Rechtsanwaltsgebühren zu je 201 EUR netto. Dieser Betrag liegt unter 1.500 EUR, es gilt § 708 Nr. 11 2. Alt. ZPO iVm § 711 S. 1, 2 ZPO.

Fall 50: Der Zahlungsanspruch gegen Herausgabe der Inhaberschuldverschreibung

Der Kläger nimmt die Republik R. in Höhe von 100.000 EUR auf Zahlung aus gezeichneten Staatsanleihen in Anspruch. Der Anspruch ist gegen Aushändigung der Inhaberschuldverschreibungen begründet. 261

Urteilstenor:

Die Beklagte wird verurteilt, gegen Aushändigung der Schuldverschreibung an den Kläger 100.000 EUR zu zahlen. 262

Die Kosten des Rechtsstreits werden der Beklagten auferlegt.

Das Urteil ist gegen Sicherheitsleistung in Höhe von 120% des jeweils zu vollstreckenden Betrages vorläufig vollstreckbar.

Erläuterungen:

Problematisch ist lediglich der Tenor zur Hauptsache. 263

Die Leistungspflicht nur gegen Aushändigung gemäß § 797 BGB begründet entgegen der früher wohl h. M. (vgl. nur Palandt/*Sprau*, 67. Aufl., BGB § 797 Rn. 1) kein Zurückbehaltungsrecht, führt somit nicht zur Verurteilung der Leistung, **Zug-um-Zug** gegen Aushändigung der Urkunden, sondern richtet sich unmittelbar nach dem Wortlaut des § 797 BGB. Insoweit handelt es sich nämlich nicht um einen selbstständigen Gegenanspruch, sondern – lediglich – um eine besondere Ausgestaltung des Rechts auf Quittung (*BGH* NJW 2008, 3144, 3145; so nunmehr auch Palandt/*Sprau* BGB § 797 Rn. 1).

Die Klage ist deshalb umfassend begründet, eine Kostenquotierung erfolgt nicht; die Vollstreckbarkeit ergibt sich vorliegend unproblematisch aus § 709 S. 1, 2 ZPO.

IX. Aufrechnung und Hilfsaufrechnung

☑ Fall 51: Die Primäraufrechnung

Der Kläger verklagt den Beklagten auf Zahlung des Kaufpreises in Höhe von 30.000 EUR. Der Beklagte rechnet mit einer fälligen Gegenforderung aus Darlehen in Höhe von 10.000 EUR auf. Forderung und Gegenforderung bestehen. 264

Urteilstenor:

Der Beklagte wird verurteilt, an den Kläger 20.000 EUR zu zahlen. Im Übrigen wird die Klage abgewiesen. 265

Die Kosten des Rechtsstreits werden dem Kläger zu einem Drittel (oder: 33,33%) und dem Beklagten zu zwei Dritteln (oder: 66,67%) auferlegt.

Das Urteil ist vorläufig vollstreckbar,

für den Kläger aber nur gegen Sicherheitsleistung in Höhe von 120% des jeweils zu vollstreckenden Betrages.

Im Übrigen wird dem Kläger nachgelassen, die Vollstreckung durch den Beklagten gegen Sicherheitsleistung in Höhe von 120% des auf Grund des Urteils vollstreckbaren Betrages abzuwenden, wenn nicht der Beklagte vor der Vollstreckung Sicherheit in Höhe von 120% des jeweils zu vollstreckenden Betrages leistet.

Erläuterungen:

266 Aufgrund der Aufrechnung hat die Klage nur zum Teil Erfolg, deshalb ist sie im Übrigen abzuweisen.

Die unbedingt erklärte Aufrechnung führt nicht zur Erhöhung des Streitwertes! (arg. e. § 45 Abs. 3 GKG: Erhöhung nur bei der **hilfsweise** erklärten Aufrechnung mit einer **streitigen** Gegenforderung).

Deshalb ist die Quotierung der Kosten nach einem Streitwert von 30.000 EUR vorzunehmen: der Kläger erhält 2/3, nämlich 20.000 EUR von den eingeklagten 30.000 EUR.

Die vorläufige Vollstreckbarkeit ergibt sich für den Kläger aus § 709 S. 1 ZPO, da er eine die Wertgrenze des § 708 Nr. 11 1. Alt. ZPO übersteigende Forderung in der Hauptsache vollstreckt.

Für den Beklagten gilt § 708 Nr. 11 2. Alt. ZPO iVm § 711 S. 1, 2 ZPO. Er kann nur ein Drittel seiner 2,5 Anwaltsgebühren (1,3 Verfahrens- und 1,2 Terminsgebühren: eine Gebühr beträgt 863 EUR netto) vollstrecken, liegt damit unterhalb der Wertgrenze von 1.500 EUR.

☑ Fall 52: Abwandlung: Die Hilfsaufrechnung

267 Der Kläger verklagt den Beklagten auf Zahlung des Kaufpreises in Höhe von 30.000 EUR. Der Beklagte beruft sich auf Erfüllung, rechnet aber hilfsweise mit einer – vom Kläger bestrittenen – fälligen Gegenforderung aus Darlehen in Höhe von 10.000 EUR auf. Forderung und Gegenforderung bestehen.

Urteilstenor:

268 Der Beklagte wird verurteilt, an den Kläger 20.000 EUR zu zahlen. Im Übrigen wird die Klage abgewiesen.

Die Kosten des Rechtsstreits werden dem Kläger zu **25%** und dem Beklagten zu **75%** auferlegt.

Das Urteil ist vorläufig vollstreckbar,

für den Kläger aber nur gegen Sicherheitsleistung in Höhe von 120% des jeweils zu vollstreckenden Betrages.

Im Übrigen wird dem Kläger nachgelassen, die Vollstreckung durch den Beklagten gegen Sicherheitsleistung in Höhe von 120% des auf Grund des Urteils vollstreckbaren Betrages abzuwenden, wenn nicht der Beklagte vor der Vollstreckung Sicherheit in Höhe von 120% des jeweils zu vollstreckenden Betrages leistet.

Erläuterungen:

269 Die nur **hilfsweise** erklärte Aufrechnung mit einer **bestrittenen** Gegenforderung erhöht gemäß § 45 Abs. 3 GKG den Streitwert um den Wert der Gegenforderung, soweit über diese eine Entscheidung ergeht. Vorliegend beträgt somit der Streitwert 40.000 EUR; der Kläger obsiegt dem Grunde nach mit seinem geltend gemachten Kaufpreisanspruch in Höhe von 30.000 EUR, der Beklagte mit der Gegenforderung über 10.000 EUR. Deshalb sind die Kosten entsprechend zu quotieren.

Wegen der vorläufigen Vollstreckbarkeit wird auf die Ausführungen zu Fall 51 verwiesen: für den Kläger gilt wiederum § 709 S. 1, 2 ZPO, für den Beklagten § 708 Nr. 11 2. Alt. ZPO iVm § 711 S. 1, 2 ZPO, denn er kann lediglich 25% seiner 2,5 Anwaltsgebühren – eine Gebühr beträgt 1.103 EUR netto – vollstrecken.

Fall 53: Die Hilfsaufrechnung mit mehreren Forderungen

Der Kläger verklagt den Beklagten auf Zahlung des Kaufpreises in Höhe von 3.000 EUR. Der Beklagte beruft sich auf Erfüllung, rechnet aber hilfsweise mit zwei – vom Kläger bestrittenen – fälligen Gegenforderungen in Höhe von zunächst 3.000 EUR und sodann 4.000 EUR auf. Die Hauptforderung besteht im vollen Umfang, die Gegenforderungen sind hingegen nur je zur Hälfte begründet. 270

Urteilstenor:

Die Klage wird abgewiesen. 271
Die Kosten des Rechtsstreits werden dem Kläger zu **40%** und dem Beklagten zu **60%** auferlegt.
Das Urteil ist vorläufig vollstreckbar.
Beiden Parteien wird nachgelassen, die Vollstreckung durch die jeweils andere Partei gegen Sicherheitsleistung in Höhe von 120% des auf Grund des Urteils vollstreckbaren Betrages abzuwenden, wenn nicht die jeweils andere Partei vor der Vollstreckung Sicherheit in Höhe von 120% des jeweils zu vollstreckenden Betrages leistet.

Erläuterungen:

Da die Verteidigung des Beklagten gegen die Klageforderung aufgrund der Hilfsaufrechnung Erfolg hat – und zwar rechnerisch in Höhe von 3.500 EUR (der Hälfte der insgesamt zur Aufrechnung gestellten Gegenforderungen) –, ist die Klage insgesamt abzuweisen. 272

Die Kostenentscheidung überrascht auf den ersten Blick, trägt aber dem Gedanken des § 45 Abs. 3 GKG iVm § 322 Abs. 2 ZPO Rechnung: der Beklagte unterliegt mit der (voll begründeten) Klageforderung in Höhe von 3.000 EUR, weiterhin mit der Hälfte seiner Hilfsaufrechnungsforderung über 3.000 EUR. Über seine weitere Hilfsaufrechnungsforderung in Höhe von 4.000 EUR wird gemäß § 322 Abs. 2 ZPO nur bis zu dem Betrag entschieden, bis zu dem eine rechtskraftfähige Entscheidung ergeht: das sind – nur – die restlichen 1.500 EUR, mit denen gegen die restliche Klageforderung in derselben Höhe aufgerechnet wird. Insoweit aber unterliegt der Beklagte nicht! Sein Unterliegen beläuft sich insgesamt somit – nur – auf 4.500 EUR. Der Kläger hingegen unterliegt mit den seine Klageforderung zum Erlöschen bringenden Gegenforderungen in Höhe von 2 × 1.500 EUR, insgesamt somit in Höhe von 3.000 EUR. 273

Unter Berücksichtigung des nach § 45 Abs. 3 GKG erhöhten Streitwerts von 7.500 EUR trägt der mit 3.000 EUR unterliegende Kläger 40% und der mit 4.500 EUR unterliegende Beklagte 60% der Kosten.

Beide Parteien können nur ihre jeweils 2,5 Anwaltsgebühren – anteilig – vollstrecken. Eine Gebühr beträgt 456 EUR netto; für beide Parteien gelten folglich §§ 708 Nr. 11 2. Alt.; 711 S. 1, 2 ZPO: die Wertgrenze von 1.500 EUR wird nicht erreicht. 274

Fall 54: Abwandlung: Die Hauptforderung besteht nicht

Der Kläger macht 9.500 EUR gegenüber dem Beklagten geltend. Der Beklagte bestreitet die Forderung, rechnet hilfsweise mit einer Gegenforderung über 9.500 EUR auf. Die Hauptforderung besteht nicht. 275

Urteilstenor:

Die Klage wird abgewiesen. 276

Die Kosten des Rechtsstreits werden dem Kläger auferlegt.
Das Urteil ist vorläufig vollstreckbar.
Dem Kläger wird nachgelassen, die Vollstreckung durch den Beklagten gegen Sicherheitsleistung in Höhe von 120% des auf Grund des Urteils vollstreckbaren Betrages abzuwenden, wenn nicht der Beklagte vor der Vollstreckung Sicherheit in Höhe von 120% des jeweils zu vollstreckenden Betrages leistet.

Erläuterungen:

277 Die Klage ist abzuweisen, eine Entscheidung über die hilfsweise zur Aufrechnung gestellte Gegenforderung ergeht deshalb nicht. Der Streitwert beträgt somit – nur – 9.500 EUR. Folglich kann der Beklagte nur 2,5 Anwaltsgebühren à 558 EUR netto vollstrecken, liegt damit unterhalb der Wertgrenze des § 708 Nr. 11 2. Alt. ZPO.

Würde – bei begründeter Klage – über die Gegenforderung hingegen auch eine Entscheidung ergehen, würde diese den Streitwert auf 19.000 EUR erhöhen, so dass sich die vorläufige Vollstreckbarkeit dann nach § 709 S. 1, 2 ZPO richten würde, da der Beklagte dann 2,5 Gebühren à 696 EUR netto vollstrecken könnte.

X. Klage und Widerklage

☑ Fall 55: Ausgangsfall

278 Der Kläger nimmt den Beklagten auf Zahlung von 20.000 EUR in Anspruch. Der Beklagte begehrt im Wege der Widerklage Herausgabe eines genau bezeichneten PKW (im Wert von 30.000 EUR) von dem Kläger. Die Klage ist nur in Höhe von 10.000 EUR, die Widerklage insgesamt begründet.

Urteilstenor:

279 Der Beklagte wird verurteilt, an den Kläger 10.000 EUR zu zahlen. Im Übrigen wird die Klage abgewiesen.
Auf die Widerklage wird der Kläger verurteilt, an den Kläger den PKW (genaue Bezeichnung mit Fahrgestell-Nr.) herauszugeben.
Die Kosten des Rechtsstreits werden dem Kläger zu 80% und dem Beklagten zu 20% auferlegt.
Das Urteil ist vorläufig vollstreckbar, für den Kläger nur gegen Sicherheitsleistung in Höhe von 120% des jeweils zu vollstreckenden Betrages, für den Beklagten in der Hauptsache nur gegen Sicherheitsleistung in Höhe von 36.000 EUR, im Übrigen wegen der Kosten in Höhe von 120% des jeweils zu vollstreckenden Betrages.

Erläuterungen:

280 Klage- und Widerklagebegehren sind grundsätzlich getrennt zu tenorieren. Die Klage ist teilweise abzuweisen, da der Kläger nur 10.000 EUR der eingeklagten 20.000 EUR erhält.

Im Rahmen der Kostenentscheidung ist zunächst der Streitwert festzustellen. Die Gegenstandswerte von Klage und Widerklage sind gemäß § 45 Abs. 1 S. 1 GKG zusammenzurechnen. Etwas anderes würde nur im Falle desselben Gegenstandes der Verurteilung gelten (§ 45 Abs. 1 S. 3 GKG). Damit ergibt sich ein Streitwert von 50.000 EUR. Da der Kläger nur mit 10.000 EUR von (wertmäßig) 50.000 EUR obsiegt, muss er folglich vier Fünftel der Kosten tragen.

Die vorläufige Vollstreckbarkeit ergibt sich für den Kläger aus § 709 S. 1, 2 ZPO, da die Hauptsacheverurteilung zu seinen Gunsten 1.250 EUR übersteigt.

Für den Beklagten gilt in der Hauptsache nur § 709 S. 1 ZPO, da er insoweit nicht wegen einer **Geld**forderung vollstreckt; deshalb ist die Sicherheitsleistung genau zu beziffern, § 709 S. 2 ZPO findet nur wegen der Kosten Anwendung, vgl. näher Fall 67. Bei der Bezifferung sollte man an der 120%-Klausel festhalten, um einen ausreichenden Schutz des Vollstreckungsschuldners (hier: des Klägers) zu gewährleisten.

☑ Fall 56: Derselbe Streitgegenstand

Der Kläger nimmt den Beklagten auf Darlehensrückzahlung in Höhe von 20.000 EUR in Anspruch. Der Beklagte behauptet, *er* habe dem Kläger das Darlehen bewilligt, so dass ihm der Rückzahlungsanspruch zustehe, den er nunmehr widerklagend geltend mache. Die von beiden Parteien überreichte Darlehensurkunde weist lediglich die Namen beider Parteien aus sowie: Darlehen 20.000 EUR. Eine weitere Aufklärung des Sachverhalts ist nicht möglich. 281

Urteilstenor:

Die Klage und die Widerklage werden abgewiesen. 282
Die Kosten des Rechtsstreits werden gegeneinander aufgehoben.
Das Urteil ist vorläufig vollstreckbar.
Dem Beklagten wird nachgelassen, die Vollstreckung durch den Kläger gegen Sicherheitsleistung in Höhe von 120% des aufgrund des Urteils vollstreckbarten Betrages abzuwenden, wenn nicht der Kläger vor der Vollstreckung Sicherheit in Höhe von 120% des jeweils zu vollstreckenden Betrages leistet.

Erläuterungen:

Da weder der Kläger noch der Beklagte die jeweilige anspruchsbegründende Tatsache, Darlehens*geber* zu sein, beweisen kann, sind Klage und Widerklage abzuweisen. 283

Im Rahmen der Kostenentscheidung ist zunächst der Streitwert festzustellen. Hier dürfte ein Fall desselben Gegenstandes der Verurteilung vorliegen (§ 45 Abs. 1 S. 3 GKG), denn die Parteien beziehen sich auf denselben Darlehensvertrag unter Berufung auf dieselbe, allerdings unklare Vertragsurkunde. Da kein Anspruch den höheren Wert hat, ergibt sich somit ein (Gesamt-)Streitwert von 20.000 EUR. Unbillig wäre es, den Kläger mit dem Argument, die Widerklage habe keine weiteren Kosten ausgelöst, allein unterliegen zu lassen. Auch insoweit bleibt § 92 Abs. 1 S. 1 und 2 ZPO anwendbar; da beide Parteien im identischen Verhältnis zueinander unterliegen, bietet sich die gegenseitige Kostenaufhebung an (in diesem Sinne auch *OLG Stuttgart* Justiz 2004, 316/317, für den Fall wechselseitiger Rücknahme von Klage und Widerklage).

Die vorläufige Vollstreckbarkeit ergibt sich für den Kläger aus § 708 Nr. 11 i.V. m. § 711 ZPO, da er nur die Hälfte der von ihm getragenen Gerichtsgebühren (3 x 345 EUR) vollstrecken kann, somit 517,50 EUR. Im Übrigen tragen die Parteien ihre Anwaltskosten selbst.

☑ Fall 57: Die petitorische Widerklage

Der Kläger verklagt den Beklagten auf Herausgabe eines PKW im Wert von 30.000 EUR, den dieser nachts aus seiner Garage mitgenommen hat. Der Beklagte bestreitet dies nicht, verlangt aber **widerklagend** Feststellung, dass er als Eigentümer 284 zum Besitz des Fahrzeugs berechtigt ist. Das Gericht stellt fest, dass der Beklagte mit der Wegnahme des Fahrzeugs eine verbotene Eigenmacht begangen hat, materiell-rechtlich aber zum Besitz berechtigt ist.

Urteilstenor:

285 Die Klage wird abgewiesen.
Auf die Widerklage wird festgestellt, dass der Beklagte zum Besitz des PKW (genaue Bezeichnung mit Fahrgestell-Nr.) berechtigt ist.
Die Kosten des Rechtsstreits werden dem Kläger auferlegt.
Das Urteil ist gegen Sicherheitsleistung in Höhe von 120% des jeweils zu vollstreckenden Betrages vorläufig vollstreckbar.

Erläuterungen:

286 Grundsätzlich ist die auf verbotene Eigenmacht gestützte Klage aus § 861 BGB erfolgreich. Denn dieser Anspruch ist rein possessorisch, er schützt den Besitz ohne Berücksichtigung der materiellen Besitzberechtigung. Der Beklagte kann folglich grundsätzlich keine materiell-rechtlichen Einwendungen geltend machen, § 863 BGB. Für zulässig erachtet wird aber eine auf die materielle Berechtigung gestützte **Widerklage** (vgl. Palandt/*Herrler* BGB § 863 Rn. 3), arg. e. § 864 Abs. 2 BGB.

Grundsätzlich müsste formaljuristisch auf das Klagebegehren hin tenoriert werden, dass der Beklagte zur Herausgabe des PKW an den Kläger verurteilt wird. Sodann müsste auf die Widerklage festgestellt werden, dass der Beklagte zum Besitz des Fahrzeugs berechtigt ist. Dies wäre eine wenig sinnvolle, da widersprüchliche Entscheidung, denn der besitzberechtigte Beklagte müsste das Fahrzeug zunächst an den Kläger herausgeben, um es in derselben juristischen Sekunde gemäß § 985 BGB zurückverlangen zu können. Zur Vermeidung einander widersprechender Tenöre ist deshalb in diesem Fall die Klage insgesamt abzuweisen (Palandt/*Herrler* BGB § 863 Rn. 3). Etwas anderes gilt in dem Fall, in dem die Besitzschutzklage früher entscheidungsreif als die Widerklage ist; dann kann vorab durch Teilurteil der Klage auf Besitzeinräumung stattgegeben werden (vgl. Palandt/*Herrler* BGB § 863 Rn. 3); deshalb ist in jedem Fall die possessorische Klage vor der petitorischen Widerklage zu prüfen (aA *Anders/Gehle* M-24).

287 Die Kostenentscheidung berücksichtigt das Gesamtunterliegen des Klägers. Vertretbar dürfte es aber auch sein, die Kosten gegeneinander aufzuheben, da der Kläger – dem Grunde nach – den Anspruch aus § 861 Abs. 1 BGB hat.

Die Entscheidung über die vorläufige Vollstreckbarkeit beruht auf § 709 S. 1, 2 ZPO. Vollstreckbar sind vorliegend nur Kosten; bei einem Streitwert von 30.000 EUR – vorliegend dürfte die Widerklage auf Grund desselben Gegenstands zu keiner Streitwerterhöhung gemäß § 45 Abs. 1 S. 1, 3 GKG führen – beträgt jede der vollstreckbaren 2,5 Anwaltsgebühren 863 EUR netto.

Anmerkung:

288 Ein typischer Anwendungsfall von Klage und Widerklage findet sich häufig bei Verkehrsunfällen. Aufgrund der besonderen Kostenproblematik, bedingt durch die unterschiedlich an dem Rechtsstreit beteiligten Parteien, wird dieser Fall unter XI. besprochen (Fall 63).

Der Sonderfall, dass die Widerklage zur Unzulässigkeit der zuvor erhobenen (negativen Feststellungs-)Klage führt, wird im Kapitel der übereinstimmenden Erledigungserklärung thematisiert (siehe Fall 141).

XI. Urteile für und gegen Streitgenossen bei unterschiedlicher Beteiligung

☑ Fall 58: Zwei Kläger verklagen einen Beklagten

Die Kläger K1 und K2 verklagen den Beklagten auf Zahlung von 1.000 EUR. Die Klage ist unbegründet. 289

Urteilstenor:

Die Klage wird abgewiesen. 290
Die Kosten des Rechtsstreits werden den Klägern auferlegt.
Das Urteil ist vorläufig vollstreckbar.
Den Klägern wird nachgelassen, die Vollstreckung durch den Beklagten gegen Sicherheitsleistung in Höhe von 120% des auf Grund des Urteils vollstreckbaren Betrages abzuwenden, wenn nicht der Beklagte vor der Vollstreckung Sicherheit in Höhe von 120% des jeweils zu vollstreckenden Betrages leistet.

Erläuterungen:

Der Hauptsacheausspruch bereitet keine besonderen Probleme. Bei der Kostenentscheidung ist zu beachten, dass die Kläger nach Kopfteilen, nicht aber als Gesamtschuldner haften, § 100 Abs. 1 ZPO. Deshalb darf **nicht** tenoriert werden, dass die Kosten des Rechtsstreits den Klägern *»als Gesamtschuldnern« auferlegt werden!* Nur als Gesamtschuldner verurteilte mehrere **Beklagte** haften auch für die Kosten als Gesamtschuldner, § 100 Abs. 4 ZPO. 291

Für die Vollstreckbarkeit gilt § 708 Nr. 11 2. Alt. ZPO iVm § 711 S. 1, 2 ZPO. Die Kostengrenze in Höhe von 1.500 EUR wird unterschritten, da der Beklagte nur 2,5 Anwaltsgebühren à 80 EUR netto vollstrecken kann.

☑ Fall 59: Die unterschiedliche Inanspruchnahme der Beklagten

Der Kläger verklagt die Beklagten zu 1. und 2. als Gesamtschuldner auf Zahlung von jeweils 1.000 EUR und den Beklagten zu 2. allein auf Zahlung weiterer 500 EUR. Die Klage ist begründet. 292

Urteilstenor:

Die Beklagten zu 1. und 2. werden als Gesamtschuldner verurteilt, an den Kläger 1.000 EUR zu zahlen. 293
Der Beklagte zu 2. wird darüber hinaus verurteilt, an den Kläger weitere 500 EUR zu zahlen.
Von den Kosten des Rechtsstreits tragen die Gerichtskosten und die außergerichtlichen Kosten des Klägers die Beklagten zu 1. und 2. als Gesamtschuldner zu 66,67% und der Beklagte zu 2. allein zu weiteren 33,33%.
Die außergerichtlichen Kosten der Beklagten zu 1. und 2. tragen diese jeweils selbst.
Das Urteil ist vorläufig vollstreckbar,
für den Kläger gegen den Beklagten zu 2. aber nur gegen Sicherheitsleistung in Höhe von 120% des jeweils zu vollstreckenden Betrages.
Im Übrigen wird dem Beklagten zu 1. nachgelassen, die Vollstreckung durch den Kläger gegen Sicherheitsleistung in Höhe von 120% des auf Grund des Urteils vollstreckbaren Betrages abzuwenden, wenn nicht der Kläger vor der Vollstreckung Sicherheit in Höhe von 120% des jeweils zu vollstreckenden Betrages leistet.

Erläuterungen:

294 Der Hauptsacheausspruch bereitet keine besonderen Probleme. Soweit die Beklagten als Gesamtschuldner zur Zahlung verpflichtet sind, ist dies entsprechend zu tenorieren.

295 Bei der Kostenentscheidung ist das unterschiedliche Unterliegen der beiden Beklagten im Hinblick auf den Streitwert zu berücksichtigen. Zwar unterliegen beide voll, der Beklagte zu 1. ist aber nur in Höhe von 1.000 EUR, der Beklagte zu 2. hingegen in Höhe von 1.500 EUR in Anspruch genommen worden. Soweit sie als Gesamtschuldner unterliegen, ist dies auch in der Kostenentscheidung zu berücksichtigen, § 100 Abs. 4 ZPO. Der Streitwert beträgt insgesamt 1.500 EUR. Als Gesamtschuldner unterliegen beide somit mit 1.000 EUR von 1.500 EUR, dh in Höhe von 66,67%. Der Beklagte zu 2. unterliegt darüber hinaus allein mit weiteren 500 EUR von 1.500 EUR, dh in Höhe weiterer 33,33%.

Im Hinblick auf die außergerichtlichen Kosten der Beklagten ist hingegen zu berücksichtigen, dass diese jeweils voll unterliegen und insoweit auch ihre Kosten voll zu tragen haben, wobei der Anwalt des Beklagten zu 1. nach einem Streitwert von 1.000 EUR seine Gebühren geltend machen kann. (Dies wird von *Schneider* in der 1. Aufl. in dem Beispiel auf S. 90 mE nicht hinreichend beachtet.)

Im Rahmen der Vollstreckbarkeit ist zu berücksichtigen, dass die Verurteilung des Beklagten zu 2. in Höhe von insgesamt 1.500 EUR in der Hauptsache die Wertgrenze des § 708 Nr. 11 1. Alt. ZPO übersteigt (1.250 EUR), sich insoweit die Vollstreckung nach § 709 S. 1, 2 ZPO richtet. Für die Vollstreckung gegen den Beklagten zu 1. gelten hingegen §§ 708 Nr. 11 1. Alt; 711 S. 1, 2 ZPO.

☑ Fall 60: Grundfall des Obsiegens des einen und Unterliegens des anderen Streitgenossen (Baumbach'sche Formel)

296 Der Kläger verklagt die Beklagten zu 1. und 2. als Gesamtschuldner wegen einer Körperverletzung auf Schmerzensgeld in Höhe von 3.000 EUR. Nach der Beweisaufnahme ergibt sich, dass der Beklagte zu 1., nicht aber der Beklagte zu 2., beteiligt war.

Urteilstenor:

297 Der Beklagte zu 1. wird verurteilt, an den Kläger ein Schmerzensgeld in Höhe von 3.000 EUR zu zahlen.
Im Übrigen wird die Klage abgewiesen.
Von den Kosten des Rechtsstreits werden die Gerichtskosten sowie die außergerichtlichen Kosten des Klägers dem Kläger und dem Beklagten zu 1. jeweils zur Hälfte auferlegt.
Die außergerichtlichen Kosten des Beklagten zu 1. werden dem Beklagten zu 1. auferlegt.
Die außergerichtlichen Kosten des Beklagten zu 2. werden dem Kläger auferlegt.
Das Urteil ist vorläufig vollstreckbar,
für den Kläger aber nur gegen Sicherheitsleistung in Höhe von 120% des jeweils zu vollstreckenden Betrages.
Im Übrigen wird dem Kläger nachgelassen, die Vollstreckung durch den Beklagten zu 2. gegen Sicherheitsleistung in Höhe von 120% des auf Grund des Urteils vollstreckbaren Betrages abzuwenden, wenn nicht der Kläger vor der Vollstreckung Sicherheit in Höhe von 120% des jeweils zu vollstreckenden Betrages leistet.

Erläuterungen:

298 Es ist die Verurteilung des unterlegenen Beklagten zu 1. zur Zahlung des Schmerzensgeldes zu tenorieren. Auch wenn grundsätzlich der Grund der Zahlung nicht in

den Tenor aufgenommen wird, so wird üblicherweise die Verurteilung, Schmerzensgeld zu zahlen, entsprechend ausdrücklich tenoriert (vgl. Fall 20).

Es darf nicht vergessen werden, die Klage im Übrigen (hinsichtlich des Beklagten zu 2.) abzuweisen: der Kläger hat zwar nur einmal 3.000 EUR gefordert, da er die Beklagten als Gesamtschuldner verklagt hat; er hat sein Begehren der Höhe nach auch durchgesetzt, nicht aber im Hinblick auf den Beklagten zu 2.

Folgende Grundsätze gelten für die Kostenentscheidung: **299**

Die Kostenquotierung nach dem Obsiegen und Unterliegen im Verhältnis zum Streitwert (wie viel hat der Kläger geltend gemacht, wie viel hat er bekommen) hilft nur in modifizierter Weise weiter. Man könnte zunächst daran denken, die Kosten des Rechtsstreits insgesamt dem Beklagten zu 1. aufzuerlegen. Dieser hat den Rechtsstreit insgesamt verloren, der Kläger hingegen von eingeklagten 3.000 EUR (= Höhe des Streitwertes) im Ergebnis auch 3.000 EUR erhalten.

Diese Überlegung ließe aber außer Acht, dass die Klage gegen den Beklagten zu 2. abgewiesen worden ist (s.o. bei der Tenorierung der Klageabweisung im Übrigen), der Kläger sein Begehren somit nicht vollständig erreicht hat, vielmehr gegenüber dem Beklagten zu 2. vollständig unterlegen war.

Da der Kläger somit zwei Beklagte verklagt hat, aber nur die Verurteilung des Beklagten zu 1. erreicht hat, entspricht es der Gerechtigkeit, dass neben dem Beklagten zu 1. auch der Kläger Kosten zu tragen hat, der Beklagte zu 2. hingegen, der vollständig erfolgreich war, nicht.

Deshalb ist für jede Partei gesondert ihr Obsiegens- und Unterliegensanteil zu **300**
prüfen.

Für die Gerichtskosten und die außergerichtlichen Kosten des Klägers gilt:

Insoweit ist zur Berechnung der Kostenentscheidung **fiktiv** von einem Streitwert von 6.000 EUR auszugehen (jeweils 3.000 EUR gegen den Beklagten zu 1. und 2). Der Kläger hat in Höhe von 3.000 EUR (gegenüber dem Beklagten zu 1.) Erfolg, in Höhe von 3.000 EUR (gegenüber dem Beklagten zu 2.) Misserfolg.

Deshalb hat der Kläger 50% der Gerichtskosten und seiner eigenen Kosten zu tragen.

Der Beklagte zu 1. hat mit 3.000 EUR (von 6.000 EUR) verloren, der Beklagte zu 2. mit 0 von 6.000 EUR. Das bedeutet, dass der Beklagte zu 1. die übrigen 50% zu tragen hat, der Beklagte zu 2. dagegen nichts.

Dies gilt jedoch nicht für die außergerichtlichen Kosten der Beklagten zu 1. und 2. Diese stehen jeweils allein dem Kläger gegenüber (vgl. Fall 61), so dass insoweit – wieder – von dem Einzelstreitwert von 3.000 EUR auszugehen ist: Da der Beklagte zu 1. den Rechtsstreit vollständig verloren hat, ist es nicht gerecht, den Kläger an seinen Anwaltskosten zu beteiligen. Dass der Kläger nach den o.g. Ausführungen 50% der Gerichtskosten und seiner außergerichtlichen Kosten tragen muss, beruht nur auf dem Misserfolg gegenüber dem Beklagten zu 2.; das hat aber mit dem Beklagten zu 1. und dessen außergerichtlichen Kosten nichts zu tun.

Da der Beklagte zu 1. mit »seinen« 3.000 EUR vollständig unterlegen ist, hat er seine außergerichtlichen Kosten auch selbst zu tragen.

Der Beklagte zu 2. muss auf Grund seines vollständigen Erfolges mit »seinen« 3.000 EUR hingegen keine eigenen Anwaltskosten tragen; diese hat der Kläger, der insoweit vollständig unterlegen ist, zu übernehmen.

Die Vollstreckbarkeit folgt nach allgemeinen Regeln, für den Kläger gilt § 709 S. 1, 2 ZPO, da der Gegenstand der Hauptsacheverurteilung 1.250 EUR übersteigt; im Übrigen gilt für den nur Kosten (2,5 Rechtsanwaltsgebühren zu je 201 EUR netto) vollstreckenden Beklagten zu 2. § 708 Nr. 11 2. Alt. iVm § 711 S. 1, 2 ZPO. Der Beklagte zu 1. kann nichts vollstrecken: zwar muss er nur die Hälfte der Gerichtskosten tragen, diese hat er aber auch nicht eingezahlt; seine außergerichtlichen (Anwalts-) Kosten muss er selbst tragen.

301 Diese Berechnung wird auch als »**Baumbach'sche Formel**« bezeichnet.

Fall 61: Zur Übung (Abgrenzung zu Fall 60)

302 Der Kläger verklagt die Beklagten zu 1. und 2. wiederum als Gesamtschuldner auf eine Zahlung in Höhe von 4.000 EUR. Die Klage ist gegen den Beklagten zu 1. vollständig begründet, gegen den Beklagten zu 2. aber nur in Höhe von 2.000 EUR.

Urteilstenor:

303 Die Beklagten zu 1. und 2. werden als Gesamtschuldner verurteilt, an den Kläger 2.000 EUR zu zahlen.
Der Beklagte zu 1. wird darüber hinaus verurteilt, an den Kläger weitere 2.000 EUR zu zahlen.
Im Übrigen wird die Klage abgewiesen.
Von den Kosten des Rechtsstreits werden die Gerichtskosten und die außergerichtlichen Kosten des Klägers dem Kläger zu 25%, den Beklagten zu 1. und 2. als **Gesamtschuldnern zu 50%** und dem Beklagten zu 1. zu weiteren 25% auferlegt.
Die außergerichtlichen Kosten des Beklagten zu 1. trägt dieser selbst.
Die außergerichtlichen Kosten des Beklagten zu 2. werden dem Kläger und dem Beklagten zu 2. jeweils zur Hälfte auferlegt.
Das Urteil ist vorläufig vollstreckbar,
für den Kläger aber nur gegen Sicherheitsleistung in Höhe von 120% des jeweils zu vollstreckenden Betrages.
Dem Kläger wird nachgelassen, die Vollstreckung durch den Beklagten zu 2. gegen Sicherheitsleistung in Höhe von 120% des auf Grund des Urteils vollstreckbaren Betrages abzuwenden, wenn nicht der Beklagte zu 2. vor der Vollstreckung Sicherheit in Höhe von 120% des jeweils zu vollstreckenden Betrages leistet.

Erläuterungen:

304 Soweit eine Verurteilung zur Zahlung in Höhe von 2.000 EUR erfolgt, haften die Beklagten als Gesamtschuldner. Da der Kläger zwar die eingeklagten 4.000 EUR im Ergebnis tenoriert erhält, nicht aber auch gegen den Beklagten zu 2., ist insoweit die Klage abzuweisen.

305 Die Kostenentscheidung beruht auf der Überlegung, dass beide Beklagten als Gesamtschuldner mit 2.000 EUR von 4.000 EUR, dh in Höhe von 50% verlieren, und im Übrigen wegen der weiteren 50% sowohl der Kläger als auch der Beklagte zu 1. mit 2.000 EUR unterliegen, so dass die weiteren 50% vom Kläger und Beklagten zu 1. zu gleichen Anteilen (von jeweils 25%) zu tragen sind. Damit wird diese Entscheidung dem Prinzip der gesamtschuldnerischen Kostentragungsverpflichtung nach § 100 Abs. 4 ZPO gerecht und berücksichtigt darüber hinaus, dass zwar der Beklagte zu 1. letztlich vollständig unterliegt, der Kläger selbst mit seinem Klagebegehren aber auch nicht vollständig durchdringt, sondern gegenüber dem Beklagten zu 2. nur teilweise erfolgreich ist (vgl. den vorherigen Fall).

306 Im Hinblick auf die außergerichtlichen Kosten der Beklagten ist zu berücksichtigen, dass **jeder Beklagte für sich allein gegen den Kläger** steht. Der Beklagte zu 1. hat nichts mit dem Beklagten zu 2. zu tun, er nimmt ihn nicht in Anspruch – und umgekehrt nicht der Beklagte zu 2. den Beklagten zu 1. Dies gilt nur für den Kläger,

der sich mit beiden Beklagten – kostenmäßig – auseinandersetzen muss. Insoweit ist der jeweils andere Beklagte ohne Bedeutung. Deshalb ist nun eine Einzelbetrachtung erforderlich: Der Beklagte zu 1. unterliegt mit 4.000 EUR von 4.000 EUR vollständig, trägt somit seine Anwaltskosten allein. Der Beklagte zu 2. unterliegt mit 2.000 EUR von 4.000 EUR, so dass der Kläger und er selbst jeweils die Hälfte der außergerichtlichen Kosten tragen.

Diskutabel ist auch folgende Kostenentscheidung: 307
Von den Kosten des Rechtsstreits werden die Gerichtskosten und die außergerichtlichen Kosten des Klägers dem Kläger zu 25%, dem Beklagten zu 1. zu 50% und dem Beklagten zu 2. zu weiteren 25% auferlegt.

Diese Kostenentscheidung steht zwar nicht vollständig im Einklang mit § 100 Abs. 4 ZPO. Im Ergebnis aber ist sie durchaus sachgerecht, wie folgende Überlegung verdeutlicht: Wenn der Beklagte zu 2. überhaupt nicht verurteilt worden wäre, also vollständig gewonnen hätte, dann müsste der Beklagte zu 1. – nur – 50% der Gerichtskosten und außergerichtlichen Kosten tragen (vgl. den vorherigen Fall). Der Umstand, dass der Beklagte zu 2. nun auch zum Teil unterliegt, muss den Beklagten zu 2. entsprechend belasten, den Kläger folglich entlasten; es ist aber schwerlich einzusehen, warum sich dieser von dem Beklagten zu 1. völlig unabhängige Umstand zu seinen **Lasten** auswirken soll. Allerdings hat er ggf. die Möglichkeit, im Fall seiner Inanspruchnahme durch den Kläger im Wege des Gesamtschuldnerausgleichs gemäß § 426 Abs. 1 BGB von dem Beklagten zu 2. 25% der Kosten zurückzuerhalten.

Die Vollstreckbarkeit richtet sich wiederum nach allgemein gültigen Grundsätzen. 308
Der Kläger vollstreckt nach § 709 S. 1, 2 ZPO, da die Verurteilung in der Hauptsache 1.250 EUR übersteigt. Im Übrigen kann nur der Beklagte zu 2. einen Teil seiner 2,5 Anwaltsgebühren à 252 EUR netto gemäß § 708 Nr. 11 2. Alt. iVm § 711 S. 1, 2 ZPO vollstrecken. Der Streitwert beträgt 4.000 EUR, da der Kläger die Beklagten als Gesamtschuldner in Anspruch nimmt und diesen Betrag nur einmal beanspruchen kann.

Fall 62: Zur weiteren Vertiefung

Der Kläger verklagt die Beklagten zu 1. und 2. als Gesamtschuldner auf Zahlung 309
von 4.000 EUR, darüber hinaus den Beklagten zu 2. auf Zahlung weiterer 2.000 EUR.

Die Klage hat gegen beide Beklagte in Höhe von 1.000 EUR Erfolg, gegen den Beklagten zu 2. allein in Höhe weiterer 1.000 EUR.

Urteilstenor:

Die Beklagten zu 1. und 2. werden als Gesamtschuldner verurteilt, an den Kläger 1. 000 EUR zu zahlen. 310
Der Beklagte zu 2. wird darüber hinaus verurteilt, an den Kläger weitere 1.000 EUR zu zahlen.
Im Übrigen wird die Klage abgewiesen.
Von den Kosten des Rechtsstreits werden die Gerichtskosten und die außergerichtlichen Kosten des Klägers dem Kläger zu 66,67%, den Beklagten zu 1. und 2. als Gesamtschuldnern zu 16,67% und dem Beklagten zu 2. allein zu weiteren 16,67% auferlegt.
Die außergerichtlichen Kosten des Beklagten zu 1. werden dem Kläger zu 75% und dem Beklagten zu 1. zu 25% auferlegt.
Die außergerichtlichen Kosten des Beklagten zu 2. werden dem Kläger zu 66,67% und dem Beklagten zu 2. zu 33,33% auferlegt.
Das Urteil ist vorläufig vollstreckbar,
für den Kläger gegen den Beklagten zu 2. aber nur gegen Sicherheitsleistung in Höhe von 120% des jeweils zu vollstreckenden Betrages.

Im Übrigen werden dem Kläger und dem Beklagten zu 1. nachgelassen, die Vollstreckung durch die jeweils andere Partei bzw. durch den Beklagten zu 2. gegen Sicherheitsleistung in Höhe von 120% des auf Grund des Urteils vollstreckbaren Betrages abzuwenden, wenn nicht die jeweils andere Partei vor der Vollstreckung Sicherheit in Höhe von 120% des jeweils zu vollstreckenden Betrages leistet.

Erläuterungen:

311 Bei der Tenorierung des Hauptsacheausspruches ist wiederum darauf zu achten, dass zwischen der Verurteilung als Gesamtschuldner und als einzelner Schuldner differenziert wird. Zudem darf nicht vergessen werden, die Klage im Übrigen abzuweisen.

312 Schwierig ist wiederum die Kostenentscheidung.

Für den Kläger maßgeblich ist sein Gesamtbegehren in Höhe des Streitwertes von 6.000 EUR. Soweit die Beklagten als **Gesamtschuldner** verurteilt werden, folgt keine Kopfteilbetrachtung (etwa in der Weise, dass der Kläger mit zweimal 1.000 von 4.000 EUR gegen die Beklagten zu 1. und 2. und mit weiteren 1.000 EUR von 2.000 EUR gegen den Beklagten zu 2. verliert, dh mit 3.000 EUR von 10.000 EUR, somit in Höhe von 70%), sondern eine Gesamtbetrachtung (vgl. Fall 61 → Rn. 305): der Kläger obsiegt mit 1.000 EUR von 4.000 EUR (gegen die Beklagten zu 1. und 2. als Gesamtschuldner) und mit weiteren 1.000 EUR von 2.000 EUR (gegen den Beklagten zu 2.), insgesamt somit mit 2.000 EUR von 6.000 EUR.

Er muss somit zwei Drittel der Gerichtskosten sowie seiner eigenen außergerichtlichen Kosten tragen. Umgekehrt ergibt sich die Kostentragungspflicht für die Beklagten: Die Beklagten unterliegen als Gesamtschuldner mit 1.000 EUR von 4.000 EUR, der Beklagte zu 2.) allein mit weiteren 1.000 EUR von 6.000 EUR. Die Kosten entstehen aber nach dem Gesamtstreitwert: bezogen auf den Gesamtstreitwert von 6.000 EUR unterliegen deshalb beide Beklagte als Gesamtschuldner zu einem Sechstel (1.000 EUR von 6.000 EUR) und der Beklagte zu 2. mit einem weiteren Sechstel (weitere 1.000 EUR von 6.000 EUR). Die Beklagten zu 1. und 2. tragen somit als Gesamtschuldner 16,67% der Kosten, der Beklagte zu 2. allein weitere 16,67% (vgl. auch Fall 59).

Im Hinblick auf die Anwaltskosten der Beklagten ist wiederum die Einzelbetrachtung im Verhältnis zum Kläger geboten (vgl. Fall 61 → Rn. 306): der Beklagte zu 1. unterliegt mit 1.000 EUR von 4.000 EUR, somit mit 25%. Der Beklagte zu 2. unterliegt mit 2.000 EUR von 6.000 EUR, somit mit 33,33%.

313 Die Vollstreckbarkeit richtet sich für den Kläger im Hinblick auf den Beklagten zu 2. nach § 709 S. 1, 2 ZPO, da er mit der Verurteilung in der Hauptsache über der Wertgrenze von 1.250 EUR liegt, § 708 Nr. 11 1. Alt. ZPO. Im Hinblick auf den Beklagten zu 1. gilt für ihn §§ 708 Nr. 11 1. Alt. iVm § 711 S. 1, 2 ZPO, da die Verurteilung in der Hauptsache nur 1.000 EUR beträgt.

Soweit die beiden Beklagten jeweils Rechtsanwaltskosten vollstrecken können, gilt § 708 Nr. 11 2. Alt. ZPO, eine Gebühr nach dem Streitwert von 4.000 EUR (für den Beklagten zu 1.) beträgt 252 EUR, eine Gebühr nach dem Streitwert von 6.000 EUR (für den Beklagten zu 2.) beträgt 354 EUR.

Fall 63: Der Verkehrsunfall

314 Der Kläger verklagt als geschädigter Fahrer die Beklagte zu 1. als Halterin und den Beklagten zu 2. als Haftpflichtversicherer, an ihn als Gesamtschuldner 8.000 EUR zu zahlen.

Die Beklagte zu 1. erhebt Widerklage und beantragt, den Kläger und dessen Haftpflichtversicherer, den Widerbeklagten zu 2., zu verurteilen, an sie als Gesamtschuldner 2.000 EUR zu zahlen (Gesamtschaden = 3.000 EUR, die Beklagte zu 1. hat bereits den von dem Widerbeklagten zu 2. vorprozessual gezahlten Betrag in Höhe von 1.000 EUR in Abzug gebracht).

Der Kläger und die Beklagte zu 1. müssen sich die Betriebsgefahr ihrer Fahrzeuge anrechnen lassen, ein Verschulden ist nicht feststellbar, das Gericht hält somit die Klage zur Hälfte und die Widerklage zu einem Viertel (da 1.000 EUR schon gezahlt wurden) für begründet.

Urteilstenor:

Die Beklagten zu 1. und 2. werden als Gesamtschuldner verurteilt, an den Kläger 4.000 EUR zu zahlen. **315**

Auf die Widerklage werden der Kläger und der Widerbeklagte zu 2. als Gesamtschuldner verurteilt, an die Beklagte zu 1.500 EUR zu zahlen.

Im Übrigen werden Klage und Widerklage abgewiesen.

Von den Kosten des Rechtsstreits werden die Gerichtskosten dem Kläger und dem Widerbeklagten zu 2. als Gesamtschuldner zu 5%, dem Kläger allein zu weiteren 40% und den Beklagten zu 1. und 2. als Gesamtschuldnern zu jeweils 40% und der Beklagten zu 1. allein zu weiteren 15% auferlegt.

Die außergerichtlichen Kosten des Klägers werden dem Kläger zu 45% und den Beklagten zu 1. und 2. als Gesamtschuldnern zu 40% und der Beklagten zu 1. allein zu weiteren 15% auferlegt.

Die außergerichtlichen Kosten der Beklagten zu 1. werden dem Kläger und dem Widerbeklagten zu 2. als Gesamtschuldnern zu 5% und dem Kläger allein zu weiteren 40% sowie der Beklagten zu 1. zu 55% auferlegt.

Die außergerichtlichen Kosten des Beklagten zu 2. werden dem Kläger und dem Beklagten zu 2. jeweils zur Hälfte auferlegt.

Die außergerichtlichen Kosten des Widerbeklagten zu 2. werden dem Widerbeklagten zu 2. zu 25% und der Beklagten zu 1. zu 75% auferlegt.

Das Urteil ist vorläufig vollstreckbar,

für den Kläger aber nur gegen Sicherheitsleistung in Höhe von 120% des jeweils zu vollstreckenden Betrages.

Im Übrigen wird jeder Partei nachgelassen, die Vollstreckung durch die jeweils andere Partei gegen Sicherheitsleistung in Höhe von 120% des auf Grund des Urteils vollstreckbaren Betrages abzuwenden, wenn nicht die jeweils andere Partei vor der Vollstreckung Sicherheit in Höhe von 120% des jeweils zu vollstreckenden Betrages leistet.

Erläuterungen:

1. Hierbei handelt es sich um einen durchaus typischen Fall des Verkehrsunfalls, **316** bei dem eine der beklagten Parteien zum Gegenangriff übergeht, weil eben beide Fahrzeuge beschädigt worden sind, beide die Schuld bei der jeweils anderen Partei suchen: Verschulden und Mitverschulden sind gegeneinander abzuwägen. Eine Haftung bzw. Mithaftung ergibt sich allerdings in aller Regel schon aufgrund des nicht geführten Unabwendbarkeitsnachweises. Lässt sich der Verschuldensnachweis nicht oder nicht für beide Parteien führen, so bleibt im Rahmen der Abwägung nach § 17 Abs. 2 iVm 1 StVG (ggf. iVm § 18 Abs. 3 StVG, soweit der Fahrer wegen Verschuldens haftet) nämlich häufig – zumindest zu Lasten der unverschuldet in den Verkehrsunfall involvierten Partei – die Betriebsgefahr des Fahrzeugs (idR mit 20%) zu berücksichtigen; ist auf beiden Seiten nur die jeweilige Betriebsgefahr anzusetzen, und diese nicht auf Grund besonderer Umstände bei einer Partei erhöht, so ergibt sich bei jeweils gleich zu bewertenden Betriebsgefahren eine 50% zu 50% – Quote. Die Haftung des Halters ergibt sich idR gemäß § 7 Abs. 1 StVG (Gefährdungshaftung), die des Fahrers gemäß § 18 Abs. 1 StVG (Fall der vermuteten Verschuldenshaftung). Die jeweiligen Haftpflichtversicherer haften wie der Halter gemäß § 115 Abs. 1 Nr. 1 VVG (früher § 3 PflVG). In der Regel besteht die Schwierigkeit in diesen Fällen weniger in der eigentlichen juristischen Bewertung der Tatsachen als mehr in der Tenorierung; namentlich die Kostenentscheidung führt in der Praxis zu erheblichen Problemen und verleitet häufig dazu, ungenaue Schätzungen (nach der berühmt-berüchtigten »Pi-mal-Daumen«-Faustformel) zu tenorieren als eine wirklich ausgewogene Kostenentscheidung zu treffen. Man sollte sich aber immer wieder bewusst werden, dass dies eine ungerechte, die Parteien wirtschaftlich treffende, finanziell nachteilige Entscheidung ist, wenn jemand, der materiell zu einem bestimmten Anteil gewinnt, nicht entsprechend an der Kostenentlastung partizipiert, sondern etwa überproportional belastet wird. Deshalb ist auch – und gerade – die Kostenentscheidung mit besonderer Sorgfalt zu treffen.

317 **2.** Vorliegend ist zunächst wieder – im Hinblick auf die Gerichtskosten – das Verhältnis vom Obsiegen zum Unterliegen aus der Klägerperspektive zu betrachten:

Der Streitwert beträgt gemäß § 45 Abs. 1 S. 1 GKG 10.000 EUR (8.000 EUR für die Klage, auf die Widerklage entfallen 2.000 EUR).

Da das Obsiegen und Unterliegen der Beklagten als Gesamtschuldner gleich ist, sind diese als Haftungseinheit zu betrachten (vgl. Fälle 61 und 62).

Auch für die Widerklage sind insoweit nur einmal 2.000 EUR anzusetzen, da der Kläger und der Widerbeklagte zu 2. mit identischer Quote obsiegen und unterliegen.

Nur bei einem unterschiedlichen Obsiegen und Unterliegen der beiden Beklagten müsste im Rahmen der Einzelbetrachtung von 2 × 8.000 EUR ausgegangen werden (vgl. Fall 60). Dies würde entsprechend für die Widerklage gelten; hier müssten 2 × 2.000 EUR angesetzt werden.

318 **3.** Damit sind die Haftungsanteile an den **Gerichtskosten** festzustellen. Der Streitwert für die Gerichtskosten beträgt 10.000 EUR.

319 **a)** Es ist somit festzustellen, mit welcher Quote der Kläger an den 10.000 EUR als siegreiche bzw. unterlegene Partei beteiligt ist.

Der Kläger unterliegt mit 4.500 EUR von 10.000 EUR (auf die Klage entfällt eine Verlustquote von 4.000 EUR, auf die Widerklage eine Verlustquote von 500 EUR). Bezogen auf den Gesamtbetrag von 10.000 EUR ergibt sich somit eine Kostentragungspflicht des Klägers in Höhe von 45%.

320 **b)** Zu berücksichtigen ist aber die teilweise gesamtschuldnerische Mithaftung des Widerbeklagten zu 2. Seine Verlustquote beträgt 500 EUR von den Gesamtgerichtskosten nach einem Streitwert von 10.000 EUR. Somit ist er an den Gerichtskosten mit 5% beteiligt und haftet insoweit als Gesamtschuldner mit dem Kläger. Da der Kläger insgesamt die Gerichtskosten zu 45% tragen muss (s.o.), ist er neben der gesamtschuldnerischen Haftung von 5% folglich allein mit weiteren 40% daran beteiligt.

321 **c)** Die Beklagte zu 1. ist – aus ihrer Sicht – im Verhältnis zum Kläger und zum Widerbeklagten zu 2. zu sehen. Sie unterliegt – spiegelbildlich zum Kläger – mit 5.500 EUR von 10.000 EUR: auf die Klage entfällt eine Verlustquote von 4.000 EUR, auf die Widerklage eine Verlustquote von 1.500 EUR. Damit muss sie 55% der Gerichtskosten tragen.

322 **d)** Zu berücksichtigen ist aber die gesamtschuldnerische Mithaftung des Beklagten zu 2. Dieser unterliegt nur mit 4.000 EUR von den Gesamtgerichtskosten nach einem Streitwert von 10.000 EUR. Er trägt deshalb 40% der Gerichtskosten, insoweit als Gesamtschuldner mit der Beklagten zu 1., die folglich allein weitere 15% (nämlich den verlorenen Widerklageanteil) tragen muss.

4. In entsprechender Weise sind die Haftungsanteile der **außergerichtlichen Kosten** der einzelnen Parteien zu bestimmen. 323

a) Der Kläger ist an den gesamten 10.000 EUR, dh an Klage und Widerklage beteiligt, so dass er entsprechend der unter 3. a) festgestellten Quote 45% dieser Kosten tragen muss. Die Beklagte zu 1. ist auf Grund ihrer Widerklage ebenfalls an den gesamten 10.000 EUR beteiligt, hat folglich 55% der außergerichtlichen Kosten des Klägers zu tragen. Der Beklagte zu 2. ist nur an der Klage, dh an 8.000 EUR beteiligt, so dass sein Verlust von 4.000 EUR 40% des Gesamtwertes von 10.000 EUR ausmacht. Insoweit haften beide Beklagte als Gesamtschuldner, in Höhe der weiteren 15% die Beklagte zu 1. allein. 324

Der Unterschied zu der Entscheidung über die Gerichtskosten liegt somit nur darin, dass insoweit zusätzlich der Widerbeklagte zu 2. als Gesamtschuldner mit dem Kläger beteiligt ist. Ohne diesen Widerbeklagten wäre somit die Entscheidung über Gerichtskosten und außergerichtliche Kosten des Klägers identisch (vgl. die vorigen Fälle)! 325

b) Im Hinblick auf die außergerichtlichen Kosten der Beklagten zu 1. ergibt sich eine spiegelbildliche Betrachtung. Da die Beklagte zu 1. an Klage und Widerklage in voller Gesamthöhe von 10.000 EUR beteiligt ist, muss sie entsprechend ihrem Verlust von 5.500 EUR 55% ihrer außergerichtlichen Kosten tragen. Der Kläger trägt die weiteren 45% der Kosten. Als Gesamtschuldner ist hieran jedoch auch der Widerbeklagte zu 2. beteiligt. Da er nur mit 500 EUR verliert, muss er die gegnerischen Anwaltskosten nur zu 5% begleichen, insoweit als Gesamtschuldner mit dem Kläger, der folglich allein die weiteren 40% tragen muss. 326

c) Die außergerichtlichen Kosten des Beklagten zu 2. richten sich nur nach einem Streitwert von 8.000 EUR, da er an der Widerklage nicht beteiligt ist. Da er mit 4.000 EUR unterliegt, trägt er die Hälfte seiner außergerichtlichen Kosten allein; die andere Hälfte trägt der Kläger. Der Widerbeklagte zu 2. hat mit diesen Kosten nichts zu tun. 327

d) Die außergerichtlichen Kosten des Widerbeklagten zu 2. richten sich nach einem Streitwert von 2.000 EUR, da dieser nur an der Widerklage beteiligt ist. Da er mit 500 EUR unterliegt, muss er ein Viertel seiner außergerichtlichen Kosten selbst tragen. Die weiteren 75% sind der Beklagten zu 1. als unterliegende Partei aufzuerlegen. 328

5. Die Vollstreckbarkeit weist keine besonderen Schwierigkeiten auf. Der Kläger vollstreckt eine Hauptsacheforderung, die 1.250 EUR übersteigt; folglich richtet sich die Vollstreckung für ihn nach § 709 S. 1, 2 ZPO. Die Beklagte zu 1. vollstreckt eine Hauptsacheforderung von lediglich 500 EUR, so dass sie den §§ 708 Nr. 11 1. Alt, 711 ZPO unterliegt. Soweit im Übrigen der Beklagte zu 2. und der Widerbeklagte zu 2. nur – anteilig – Kosten vollstrecken können, liegen diese unter 1.500 EUR, die Vollstreckung richtet sich folglich nach §§ 708 Nr. 11 2. Alt.; 711 ZPO: Eine Anwaltsgebühr beträgt für den Beklagten zu 2. 456 EUR netto. Im Übrigen ist zu berücksichtigen, dass der Beklagte zu 2. ohnehin nur die Hälfte seiner Kosten (2,5 Anwaltsgebühren) vollstrecken kann. 329

Der Widerbeklagte zu 2. hat 2,5 Anwaltsgebühren nach einem Streitwert von 2.000 EUR, dh in Höhe von jeweils 150 EUR zu entrichten, so dass auch hier – ungeachtet der Möglichkeit, nur 75% zu vollstrecken – § 708 Nr. 11 2. Alt. ZPO einschlägig ist.

XII. Klagestattgebende Leistungsurteile sonstigen Inhalts

☑ Fall 64: Herausgabeklage: Der Fall des § 708 Nr. 9 ZPO

330 Der Kläger ist Eigentümer eines PKW im Wert von 25.000 EUR und klagt gegen den Beklagten auf Herausgabe dieses Fahrzeugs mit der zutreffenden Behauptung, der Beklagte habe ihm den PKW heimlich weggenommen.

Urteilstenor:

331 Der Beklagte wird verurteilt, den PKW ... (genaue Bezeichnung mit Fahrgestell-Nr.) an den Kläger herauszugeben.
Dem Beklagten werden die Kosten des Rechtsstreits auferlegt.
Das Urteil ist vorläufig vollstreckbar.
Dem Beklagten wird nachgelassen, die Vollstreckung durch den Kläger gegen Sicherheitsleistung in Höhe von 30.000 EUR abzuwenden, wenn nicht der Kläger zuvor Sicherheit in gleicher Höhe leistet.

Erläuterungen:

332 Der herauszugebende Gegenstand ist genau zu bezeichnen, damit er von anderen unterschieden werden kann.

Zu beachten ist in diesem Fall bei der Tenorierung der Vollstreckbarkeit die leicht zu übersehende Vorschrift des § 708 Nr. 9 ZPO! Dies gilt aber nur, wenn das Gericht die Herausgabe bzw. die Wiedereinräumung des Besitzes – so wie hier – auf § 861 BGB stützt! In den meisten und in der Praxis bevorzugten Fällen des auch hier einschlägigen § 985 BGB würde hingegen nach § 709 ZPO zu tenorieren sein, da der Gegenstand der Verurteilung in der Hauptsache 1.250 EUR – bei weitem – übersteigt. Der Kläger steht sich somit im Hinblick auf die Vollstreckbarkeit bei Anwendung der vermeintlich stärkeren Anspruchsgrundlage des § 985 BGB schlechter, da er insoweit nämlich vor der Vollstreckung Sicherheit leisten muss, bei dem hier in Rede stehenden Wert wäre bei Anwendung der 120%-Klausel immerhin rechnerisch ein Betrag von 30.000 EUR zu erbringen (vgl. Fall 67). Die Vollstreckung nach § 708 Nr. 9 ZPO iVm § 711 ZPO bietet für den Kläger hingegen den Vorteil, ohne Sicherheitsleistung zu vollstrecken und seinen Pkw zurückzuerhalten, es sei denn, der Beklagte seinerseits wäre in der Lage und auch bereit, eine erhebliche Sicherheit zu leisten.

Da in der Hauptsache keine Geldforderung zu vollstrecken ist, findet § 711 S. 2 ZPO iVm § 709 S. 2 ZPO keine Anwendung: die Sicherheitsleistung ist konkret zu beziffern. Auch insoweit sollte zum Schutz des Vollstreckungsschuldners die Berechnung nach der 120%-Klausel erfolgen.

Fall 65: Abwandlung: Die Leistung an einen Dritten

333 Der Kläger ist Eigentümer eines PKW im Wert von 25.000 EUR und verklagt den Beklagten auf Herausgabe mit der zutreffenden Begründung, der Beklagte sei durch verbotene Eigenmacht in den Besitz des Fahrzeugs gekommen. Zurzeit der Entziehung des Fahrzeugs war dieses jedoch an den Dritten D vermietet und befand sich auf dessen Grundstück.

Urteilstenor:

334 Der Beklagte wird verurteilt, den PKW ... (genaue Bezeichnung mit Fahrgestell-Nr.) an **D** herauszugeben. Insoweit wird die weitergehende Klage abgewiesen.

Die Kosten des Rechtsstreits werden dem Beklagten auferlegt.
Dem Beklagten wird nachgelassen, die Vollstreckung durch den Kläger gegen Sicherheitsleistung in Höhe von 30.000 EUR abzuwenden, wenn nicht der Kläger vor der Vollstreckung Sicherheit in derselben Höhe leistet.

Erläuterungen:

Es ist zu beachten, dass der Kläger nur verlangen kann, dass der Besitz dem rechtmäßigen unmittelbaren Besitzer wieder eingeräumt wird, nicht aber ihm – dem Kläger – gegenüber. Denn die verbotene Eigenmacht hat der Beklagte gerade gegenüber D verübt, der Kläger kann den Anspruch zwar selbst einklagen, aber nur Leistung an D verlangen, § 869 BGB. Da er diesen Antrag (auf Leistung an D) nicht gestellt hat, diese Rechtsfolge aber wohl als »Minus« in seinem Antrag auf Leistung an sich selbst enthalten sein dürfte, ist auf Leistung an D zu tenorieren und im Übrigen seine Klage teilweise abzuweisen. **335**

Nur in dem Fall, in dem der Kläger ausdrücklich erklären würde, gerade keine Herausgabe an D zu wünschen, müsste seine Klage insgesamt abgewiesen werden. **336**

Da das Teilunterliegen aber als geringfügig zu bewerten ist – der Beklagte wird ja zur Rückgängigmachung der unbefugten Besitzentziehung verurteilt –, dürfte es sachgerecht sein, die Kosten des Rechtsstreits dem Beklagten insgesamt gemäß § 92 Abs. 2 Nr. 1 ZPO aufzuerlegen. **337**

Im Rahmen der Vollstreckbarkeit ist wiederum die Sondervorschrift des § 708 Nr. 9 ZPO für Besitzentziehungen zu beachten (vgl. Fall 64).

☑ Fall 66: Die Herausgabeklage nach § 985 BGB und § 708 Nr. 11 ZPO

Der Kläger verlangt von dem Beklagten unter Berufung auf sein Eigentum Herausgabe eines CD-Players im Wert von 700 EUR. Der Beklagte beruft sich darauf, er habe das Gerät zunächst vom Kläger ausgeliehen, in der Folgezeit habe er – der Kläger – ihm den CD-Player aber geschenkt (Übereignung nach § 929 S. 2 BGB). Der Kläger bestreitet das. Zeugen bzw. sonstige Beweismittel sind nicht vorhanden. **338**

Urteilstenor:

Der Beklagte wird verurteilt, an den Kläger den CD-Player … (genaue Typenbezeichnung) herauszugeben. **339**
Dem Beklagten werden die Kosten des Rechtsstreits auferlegt.
Das Urteil ist vorläufig vollstreckbar.
Dem Beklagten wird nachgelassen, die Vollstreckung durch den Kläger gegen Sicherheitsleistung in Höhe von 900 EUR abzuwenden, wenn nicht der Kläger vor der Vollstreckung Sicherheit in derselben Höhe leistet.

Erläuterungen:

Obwohl das Eigentum an dem heraus verlangten CD-Player streitig ist, ist der Rechtsstreit zugunsten des Klägers entscheidungsreif. Denn dieser kann sich als früherer Besitzer auf die Eigentumsvermutung des § 1006 Abs. 2 BGB stützen, die grundsätzlich fortdauert. Ihr steht nämlich nicht die stärkere Vermutung des § 1006 Abs. 1 BGB zugunsten des Beklagten entgegen, da dieser nach seinem eigenen Vortrag mit der Besitzbegründung keinen Eigenbesitz begründet hat, sondern zunächst – als Entleiher – nur Fremdbesitzer war. In diesem Fall der Umwandlung von Fremd- in Eigenbesitz aber greift die Vermutung des § 1006 (Abs. 1) BGB nicht. **340**

Die Kostenentscheidung beruht unproblematisch auf § 91 Abs. 1 ZPO.

341 Im Rahmen der vorläufigen Vollstreckbarkeit ist zu beachten, dass aufgrund des unter 1.250 EUR liegenden Wertes des Gerätes der Fall des § 708 Nr. 11 Alt. 1 ZPO einschlägig ist. Bei der Herausgabe von Gegenständen hilft die »120%-Klausel« nach § 711 S. 2 ZPO nicht weiter, vielmehr ist der konkrete Wert der Sicherheitsleistung zu beziffern. Insoweit allerdings sollte man sich ruhig gedanklich an der 120%-Klausel orientieren: der sich insoweit rechnerisch ergebende Wert von 840 EUR ist pragmatisch aufgerundet worden. Die Höhe der Sicherheitsleistung gilt für beide Parteien.

☑ Fall 67: Die Herausgabeklage nach § 985 BGB und § 709 ZPO

342 Der Kläger ist Eigentümer eines PKW im Wert von 25.000 EUR und klagt gegen den Beklagten auf Herausgabe dieses Fahrzeugs. Der Beklagte wendet ein, er habe das Fahrzeug versehentlich unverschlossen stehen gelassen, nunmehr sei das Fahrzeug entwendet worden. Der Kläger bestreitet das mit Nichtwissen.

Urteilstenor:

343 Der Beklagte wird verurteilt, den PKW … (genaue Bezeichnung mit Fahrgestell-Nr.) an den Kläger herauszugeben.
Dem Beklagten werden die Kosten des Rechtsstreits auferlegt.
Das Urteil ist in der Hauptsache gegen Sicherheitsleistung in Höhe von 30.000 EUR vorläufig vollstreckbar, wegen der Kosten gegen Sicherheitsleistung in Höhe von 120% des jeweils zu vollstreckenden Betrages.

Erläuterungen:

344 Die Besonderheit dieses Falles besteht darin, dass ein auf § 985 BGB gestützter Herausgabetitel geschaffen wird, obwohl zwischen den Parteien die anspruchsbegründende Tatbestandsvoraussetzung »Besitz des Beklagten« streitig ist. Damit die Herausgabenorm des § 985 BGB in der Praxis aber nicht ihre Bedeutung verliert, reicht es nach hM für die Begründetheit der Herausgabeklage aus, wenn der Beklagte zwar bestreitet, (noch) Besitzer zu sein, für den von ihm behaupteten Besitzverlust aber haften würde (Palandt/*Herrler* BGB § 985 Rn. 16 mwN; *Anders/Gehle* L-14–17; kritisch *BGH* NJW 2016, 3235; 2018,786). Vorliegend ergäbe sich jedenfalls eine Haftung des Beklagten auf Schadensersatz gemäß §§ 989, 990 BGB oder – bei grundsätzlich auch begründeten vertraglichen Herausgabeansprüchen (etwa aus § 604 BGB) – gemäß §§ 280 Abs. 1, 3; 281 Abs. 1 BGB. Damit will man dem Gläubiger die Möglichkeit schaffen, im Rahmen der Zwangsvollstreckung den Sachverhalt über den streitbefangenen Gegenstand besser aufzuklären als dies in einer Beweisaufnahme möglich wäre.

345 Im Übrigen vgl. die Erläuterungen zum Fall 64. In diesem, nicht auf § 861 BGB gestützten Rechtsstreit gilt bei der Tenorierung der Vollstreckbarkeit nicht § 708 Nr. 9 ZPO, sondern die allgemeine Norm des § 709 S. 1 ZPO. Der Kläger als Gläubiger muss somit vor der Vollstreckung die Sicherheitsleistung erbringen. Insoweit ist aber zu beachten, dass im Hinblick auf die Hauptsache die Sicherheitsleistung konkret zu beziffern ist, da in der Hauptsache keine Geldforderung zu vollstrecken ist. Insoweit sollte aber – soweit § 709 ZPO einschlägig ist (anders in den Fällen 64, 65, 66 und 69) – die Sicherheitsleistung getrennt nach Hauptausspruch und Kosten festgesetzt werden, damit der Gläubiger jedenfalls im Hinblick auf die Kosten schon einmal vollstrecken kann, ohne die hohe Sicherheitsleistung in der Hauptsache aufbringen zu müssen (vgl. *Schuschke/Kessen/Höltje* Rn. 453; *Knöringer* § 4 III 1 aE). Dies entspricht einer konsequenten Anwendung des § 709 ZPO, denn in den Fällen,

in denen auch in der Hauptsache eine Geldforderung zu vollstrecken ist, normiert § 709 S. 2 ZPO eine entsprechende Differenzierung der Höhe der Sicherheitsleistung nach dem jeweils zu vollstreckenden Betrag, vgl. schon Fall 55.

Fall 68: Die Klageänderung: Der »Bilder-Streit«

Der Kläger verklagt den Beklagten unter Berufung auf sein Eigentum auf Herausgabe des Bildes »Unsere Mona« im Wert von 12.000 EUR. Der Beklagte bestreitet qualifiziert, jemals Besitzer dieses Bildes gewesen zu sein. Daraufhin stellt der Kläger im Verhandlungstermin die Klage auf Herausgabe des nur halb so wertvollen Bildes »Unsere Lisa« um. Der Beklagte beantragt Klageabweisung. Das Gericht erachtet die Klageänderung für sachdienlich, die Klage ist begründet. **346**

Urteilstenor:

Der Beklagte wird verurteilt, an den Kläger das Bild »Unsere Lisa« herauszugeben. **347**
Die Kosten des Rechtsstreits werden gegeneinander aufgehoben.
Das Urteil ist in der Hauptsache gegen Sicherheitsleistung in Höhe von 6.000 EUR vorläufig vollstreckbar, wegen der Kosten gegen Sicherheitsleistung in Höhe von 120% des jeweils zu vollstreckenden Betrages.

Erläuterungen:

Da die Klageänderung wegen Sachdienlichkeit gemäß § 263 ZPO zulässig ist, wird nur noch über den neuen, geänderten Klageantrag entschieden. **348**

Da der Kläger Erfolg hat, könnte an eine vollständige Kostentragungspflicht des Beklagten gedacht werden, denn grundsätzlich wird kostenrechtlich die Anhängigkeit des neuen Anspruchs als von Anfang an bestehend fingiert, wodurch der bisherige Anspruch seine gebührenrechtliche Bedeutung verliert (Zöller/*Greger* ZPO § 263 Rn. 32). Diese Betrachtung ließe aber außer Acht, dass bereits durch den höheren Anspruch höhere Kosten entstanden sind (Gerichtsgebühren, Verfahrens- und Terminsgebühren der Anwälte, die nicht rückwirkend entfallen). Da der neue Antrag wertmäßig niedriger als der Ursprungsantrag ist, erfolgt keine Erhöhung des Streitwerts; vielmehr unterliegen beide Parteien mit jeweils 6.000 EUR (des Gesamtstreitwerts von 12.000 EUR), so dass sich die Kostenentscheidung nach § 92 Abs. 1 S. 1 und 2 ZPO rechtfertigt.

Die vorläufige Vollstreckbarkeit folgt aus § 709 S. 1, 2 ZPO. Der Kläger kann neben der Vollstreckung zur Hauptsache die Hälfte der von ihm getragenen Gerichtsgebühren vollstrecken, im Übrigen tragen die Parteien ihre Anwaltskosten selbst. Ergänzend wird auf die Erläuterungen zu Fall 67 verwiesen. **349**

Fall 69: Räumungsklage: Der Fall des § 708 Nr. 7 ZPO

Der Kläger klagt gegen den Beklagten nach der Erklärung der fristlosen Kündigung des Mietvertrages auf Räumung der von ihm innegehaltenen Mietwohnung, da er seit mehreren Monaten den vertraglich vereinbarten Mietzins in Höhe von monatlich 500 EUR nicht mehr entrichtet hat. **350**

Urteilstenor:

Der Beklagte wird verurteilt, die Wohnung im ersten Stock des Hauses …, bestehend aus vier Zimmern … (genaue Bezeichnung) zu räumen und an den Kläger herauszugeben. **351**
Die Kosten des Rechtsstreits werden dem Beklagten auferlegt.

Das Urteil ist vorläufig vollstreckbar.
Dem Beklagten wird nachgelassen, die Vollstreckung durch den Kläger gegen Sicherheitsleistung in Höhe von 7.200 EUR abzuwenden, wenn nicht der Kläger vor der Vollstreckung Sicherheit in gleicher Höhe leistet.

Erläuterungen:

352 Auch in diesem Fall ist auf einen vollstreckungsfähigen Inhalt zu achten. Insoweit reicht es zB nicht, im Tenor nur auf die von dem Beklagten innegehaltene Wohnung Bezug zu nehmen; diese ist vielmehr für den Gerichtsvollzieher unverwechselbar zu bezeichnen nebst der konkreten Angabe der einzelnen Räumlichkeiten, vgl. *Schellhammer* Arbeitsmethode Zivilrichter Rn. 278.

Bei der Kostenentscheidung ist immer zu prüfen, ob § 93b ZPO anzuwenden ist. Diese Vorschrift enthält eine differenzierte Regelung nach den Grundsätzen, ob die unterlegene Partei Anlass zur Klage gegeben hat; vorliegend verbleibt es aber bei § 91 Abs. 1 ZPO.

Die Vollstreckbarkeit richtet sich nach § 708 Nr. 7 ZPO. Dies gilt aber nur für den – hier vorliegenden – Fall, dass Wohnraum betroffen ist. Das Urteil ist somit grundsätzlich ohne Sicherheitsleistung vorläufig vollstreckbar; es ist aber die doppelte Abwendungsbefugnis nach § 711 ZPO zu tenorieren. Mangels Vollstreckung einer Geldforderung ist die Sicherheitsleistung wiederum konkret zu beziffern. Bei dem hier vorliegenden Streitwert von 6.000 EUR (Jahresmiete, § 41 Abs. 2 S. 1 GKG) ergibt sich unter Berücksichtigung der 120%-Klausel die Höhe der tenorierten Sicherheitsleistung.

Fall 70: Anspruch auf Duldung einer Handlung

353 Die Kläger nehmen die Beklagten auf Gestattung eines Notwegerechts gemäß § 917 Abs. 1 BGB in Anspruch, da ihr Grundstück keine Verbindung zu einem öffentlichen Weg (oder zB auch praxisrelevant: keine Verbindung zu einer öffentlichen Abwasserleitung) hat.

Urteilstenor:

354 Die Beklagten werden als Gesamtschuldner verurteilt, die Benutzung ihres Grundstücks (genaue Bezeichnung) durch die Kläger zu dulden.
Den Beklagten wird für jeden Fall der Zuwiderhandlung ein Ordnungsgeld bis zu 250.000 EUR, ersatzweise Ordnungshaft oder Ordnungshaft bis zu sechs Monaten, für den Fall mehrfacher Zuwiderhandlung insgesamt bis zu zwei Jahren, angedroht.
Die Kosten des Rechtsstreits werden den Beklagten (als Gesamtschuldnern) auferlegt.
Das Urteil ist vorläufig vollstreckbar, in der Hauptsache gegen Sicherheitsleistung in Höhe von 12.000 EUR, wegen der Kosten gegen Sicherheitsleistung in Höhe von 120% des jeweils zu vollstreckenden Betrages.

Erläuterungen:

355 Der Hauptausspruch ist auf Duldung gerichtet ohne Angabe von Richtung und Umfang (vgl. Palandt/*Herrler* BGB § 917 Rn. 13). Durchaus empfehlenswert dürfte es aber auch sein, aus Klarstellungsgründen die konkrete Art der Duldung im Tenor zu benennen.

Die Tenorierung der Androhung – soweit beantragt – folgt aus § 890 Abs. 1 und 2 ZPO.

Im Übrigen ergeben sich wegen der Kosten keine Besonderheiten. Die Beklagten tragen diese als Gesamtschuldner; eine ausdrückliche Tenorierung »als Gesamtschuldner« ist möglich, wegen § 100 Abs. 4 ZPO aber entbehrlich.

Bei der Tenorierung der Vollstreckbarkeit ist zu beachten, dass im Hinblick auf die Hauptsache die Sicherheitsleistung konkret zu beziffern ist, da in der Hauptsache keine Geldforderung zu vollstrecken ist. Insoweit sollte aber wiederum – da § 709 ZPO einschlägig ist (vgl. Fall 67) – die Sicherheitsleistung getrennt nach Hauptausspruch und Kosten festgesetzt werden, damit der Gläubiger jedenfalls im Hinblick auf die Kosten schon einmal vollstrecken kann, ohne die hohe Sicherheitsleistung in der Hauptsache aufbringen zu müssen (vgl. *Knöringer* § 4 III 1 aE). **356**

Im vorliegenden Beispielsfall ist ein Streitwert von 10.000 EUR zugrunde gelegt worden.

Fall 71: Anspruch auf Unterlassung

Die Kläger wehren sich gegen die Mitbenutzung ihrer Ver- und Entsorgungsleitungen durch die Beklagten, da ein Anschluss an das städtische Kanalisationsnetz möglich sei, folglich kein Notwegerecht zugunsten der Beklagten bestehe (vgl. *OLG Hamm* OLG-Report 1994, 35 f.). Das Gericht erachtet die Klage als begründet. **357**

Urteilstenor:

Die Beklagten werden als Gesamtschuldner verurteilt, die Mitbenutzung der über das Grundstück der Kläger verlaufenden Ver- und Entsorgungsleitungen zu unterlassen. **358**

Den Beklagten wird für jeden Fall der Zuwiderhandlung ein Ordnungsgeld bis zu 250.000 EUR, ersatzweise Ordnungshaft oder Ordnungshaft bis zu sechs Monaten, für den Fall mehrfacher Zuwiderhandlung insgesamt bis zu zwei Jahren, angedroht.

Die Kosten des Rechtsstreits werden den Beklagten auferlegt.

Das Urteil ist vorläufig vollstreckbar.

Den Beklagten wird nachgelassen, die Vollstreckung durch die Kläger gegen Sicherheitsleistung in Höhe von 6.000 EUR abzuwenden, wenn nicht die Kläger vor der Vollstreckung Sicherheit in gleicher Höhe leisten.

Erläuterungen:

Die zu unterlassene Beeinträchtigung ist im Tenor so konkret wie möglich anzugeben, nicht hingegen, durch welche Maßnahmen die Beseitigung/Unterlassung zu bewirken ist (vgl. Palandt/*Herrler* BGB § 862 Rn. 12 sowie BGB § 1004 Rn. 51). **359**

Im Übrigen ist – soweit beantragt – wiederum § 890 Abs. 1 und 2 ZPO zu beachten.

Zur Kostenentscheidung vgl. Fall 70.

Bei der Vollstreckbarkeitsklausel greift hier § 708 Nr. 9 ZPO iVm § 711 ZPO ein, da eine ungerechtfertige Mitbenutzung der Leitungen eine Besitzstörung darstellt.

Da § 711 S. 2 ZPO im Falle der Vollstreckung einer Geldforderung zugunsten des Vollstreckungsschuldners keine differenzierte Sicherheitsleistung normiert, sondern nur 120% des auf Grund des Urteils vollstreckbaren Betrages, sollte auch hier nur eine Sicherheitsleistung ohne Differenzierung nach Hauptausspruch und Kosten unter Anwendung der 120%-Klausel tenoriert werden. Im Beispielsfall ist ein Streitwert von 5.000 EUR zugrunde gelegt worden.

Fall 72: Anspruch auf Vornahme einer Handlung

Der Kläger nimmt die Beklagten als seine Grundstücksnachbarn auf Beseitigung der auf sein Grundstück herüberragenden Zweige in Anspruch. **360**

Urteilstenor:

Die Beklagten werden als Gesamtschuldner verurteilt, die auf das Grundstück des Klägers herüberragenden Zweige zu beseitigen (ggf. auch: bis zur Grundstücksgrenze zurückzuschneiden). **361**

Die Kosten des Rechtsstreits werden den Beklagten auferlegt.
Das Urteil ist vorläufig vollstreckbar.
Den Beklagten wird nachgelassen, die Vollstreckung durch den Kläger gegen Sicherheitsleistung in Höhe von 6.000 EUR abzuwenden, wenn nicht der Kläger vor der Vollstreckung Sicherheit in gleicher Höhe leistet.

Erläuterungen:

362 Dieser Urteilstenor ist auf eine konkrete Handlung der Beklagten gerichtet. Diese ist genau zu bezeichnen (vgl. *Schellhammer* Zivilprozess Rn. 44).

In diesen Fällen entfällt eine Androhung (arg. e. § 890 Abs. 1, 2 ZPO, vgl. Zöller/*Seibel* ZPO § 890 Rn. 12) sowie § 888 Abs. 2 ZPO.

Zur Kostenentscheidung vgl. Fall 70.

Soweit der Anspruch neben § 910 Abs. 1 S. 2 BGB auch auf § 862 BGB gestützt werden kann – dies dürfte im Regelfall gegeben sein – ist die Vollstreckbarkeit wiederum nach §§ 708 Nr. 9, 711 ZPO ohne Differenzierung nach Hauptausspruch und Kosten unter Anwendung der 120%-Klausel zu tenorieren (vgl. Fälle 64 und 71).

Es ist beispielhaft ein Streitwert von 5.000 EUR zugrunde gelegt worden.

Fall 73: Die Bezugnahme auf Anlagen

363 Der Kläger verlangt von dem Beklagten die Beseitigung der – zehn – unmittelbar an der Grundstücksgrenze stehenden umsturzgefährdeten Bäume. Ausweislich des vom Gericht eingeholten Sachverständigengutachtens handelt es sich hierbei aber nur um die in der Skizze des Sachverständigen verzeichneten Bäume 1, 3 und 7; die übrigen sieben Bäume halten den erforderlichen Abstand zur Grundstücksgrenze ein.

Urteilstenor:

364 Der Beklagte wird verurteilt, die in der als **Anlage** beigefügten Skizze des Sachverständigen … vom … mit den Nummern 1, 3 und 7 bezeichneten Bäume zu beseitigen.
Die Kosten des Rechtsstreits werden dem Beklagten auferlegt.
Das Urteil ist in der Hauptsache gegen Sicherheitsleistung in Höhe von 3.600 EUR, wegen der Kosten gegen Sicherheitsleistung in Höhe von 120% des jeweils zu vollstreckenden Betrages vorläufig vollstreckbar.

Erläuterungen:

365 Selbstredend könnte man im Ausspruch zur Hauptsache auch versuchen, die zu beseitigenden Bäume im Tenor präzise und zweifelsfrei ohne Bezugnahme auf die Skizze zu beschreiben. In einem derartigen Fall dürfte aber das Anliegen, den Tenor klar und aus sich selbst heraus verständlich zu formulieren, nur schwerlich zu erreichen sein. Deshalb ist es besser und auch gestattet, auf Anlagen, aus denen sich der Leistungsgegenstand, hier: die Bäume, einfach erfassen lassen, zu verweisen (vgl. Zöller/*Vollkommer* ZPO § 313 Rn. 8; *Anders/Gehle* A-166). Diese Anlagen werden unmittelbarer Bestandteil des Urteils und dienen der reinen Konkretisierung (*BGH* NJW 1986, 192, 197).

Eine Klageabweisung im Übrigen dürfte entbehrlich sein, da der Kläger mit seinem Begehren, die **unmittelbar an der Grundstücksgrenze befindlichen Bäume** beseitigen zu lassen, **vollständig** Erfolg hat, mag auch die Anzahl der betroffenen Bäume geringer sein; insoweit aber liegt keine für die Bestimmtheit des Antrags erforderliche (Mengen-)Angabe vor (vgl. *BGH* NJW 2001, 445 und 447 unter Ziff. 3.). Ist diese somit entbehrlich, kann die Abweichung der angegebenen von der tatsächlichen Anzahl der betroffenen Bäume nicht zur (Teil-)Abweisung führen. Sicherlich lässt sich aber auch die gegenteilige Ansicht gut vertreten.

Die Kostenentscheidung berücksichtigt den vollständigen Erfolg des Klägers ent- **366** sprechend den Ausführungen in der vorherigen Rn. Erachtet man hingegen den Kläger als teilunterliegende Partei, da er die Beseitigung von 10 Bäumen begehrt und – nur – mit drei Bäumen Erfolg hat, müsste er 70% der Kosten des Rechtsstreits tragen. Sachgerecht erscheint dies nicht, da der Kläger sein Klageziel (s.o.) letztlich vollständig erreicht.

Die Entscheidung über die vorläufige Vollstreckbarkeit basiert auf einem Streit- **367** wert von 10.000 EUR (1.000 EUR pro Baum). Für den Kläger richtet sich dann die Vollstreckung nach § 709 S. 1 ZPO: da er in der Hauptsache keine Geldforderung vollstreckt, ist insoweit die Sicherheitsleistung zu beziffern. Orientierungsmaßstab sollte auch insoweit der Streitwert sein, so dass der Kläger wertmäßig 3.000 EUR vollstreckt (1.000 EUR pro Baum); behält man die 120%-Regel als Berechnungsmaßstab im Kopf, so ergibt sich die tenorierte Sicherheitsleistung. § 709 S. 2 ZPO ist auf den Kläger nur wegen der Kosten anwendbar (vgl. Fälle 67 und 70).

Fall 74: Klage auf Nacherfüllung

Der Kläger hat von dem Beklagten einen Pkw erworben; dieser weist Mängel auf, **368** deren Beseitigung Kosten in Höhe von 1.000 EUR erfordert; der Kläger verlangt von dem Beklagten Nacherfüllung (= Mängelbeseitigung).

Urteilstenor:

Der Beklagte wird verurteilt, an dem PKW (genaue Bezeichnung) folgende Mängel fachgerecht zu **369** beseitigen:
(genaue Bezeichnung)
Die Kosten des Rechtsstreits werden dem Beklagten auferlegt.
Das Urteil ist vorläufig vollstreckbar.
Dem Beklagten wird nachgelassen, die Vollstreckung durch den Kläger gegen Sicherheitsleistung in Höhe von 1.200 EUR abzuwenden, wenn nicht der Kläger vor der Vollstreckung Sicherheit in gleicher Höhe leistet.

Erläuterungen:

Es ist in diesen Fällen besonders darauf zu achten, dass der Tenor im Hauptaus- **370** spruch einen vollstreckungsfähigen Inhalt hat: die zu beseitigenden Mängel sind exakt zu bezeichnen; es reicht nicht, etwa nur zu tenorieren, der Beklagte müsse das Fahrzeug »in Ordnung bringen«, »vorhandene Mängel beseitigen«, etc.

Die Kostenentscheidung wirft keine besonderen Probleme auf.

Im Rahmen der vorläufigen Vollstreckbarkeit ist wiederum der Streitwert entscheidend: hier beläuft sich der Beseitigungsaufwand auf etwa 1.000 EUR, so dass § 708 Nr. 11 1. Alt. ZPO iVm § 711 ZPO einschlägig ist. Mangels einer Geldforderung kommt § 711 S. 2 ZPO nicht zur Anwendung, die Sicherheitsleistung ist vielmehr konkret zu beziffern; auch insoweit sollte (rechnerisch) von der 120%-Regel ausgegangen werden.

Fall 75: Klage auf Leistung und Fristsetzung

Der Kläger verlangt von dem Beklagten Herausgabe eines PKW im Wert von **371** 30.000 EUR. Der Beklagte bestreitet, im Besitz des Fahrzeugs zu sein. Der Kläger will deshalb – vorsorglich – dem Beklagten eine Frist setzen, um nach deren fruchtlosem Ablauf Schadensersatzansprüche geltend machen zu können.

Urteilstenor:

372 Der Beklagte wird verurteilt, an den Kläger den PKW (genaue Bezeichnung) herauszugeben.
Dem Beklagten wird für die Herausgabe eine Frist von drei Wochen eingeräumt.
Die Kosten des Rechtsstreits werden dem Beklagten auferlegt.
Das Urteil ist in der Hauptsache gegen Sicherheitsleistung in Höhe von 36.000 EUR, im Übrigen wegen der Kosten gegen Sicherheitsleistung in Höhe von 120% des jeweils zu vollstreckenden Betrages vorläufig vollstreckbar.

Erläuterungen:

373 Die Fristbestimmung im Urteil bereitet mögliche Folgeansprüche (auf Schadensersatz) vor. Dies gilt namentlich auch im Falle des Gewährleistungsanspruches der Nacherfüllung; dieser besteht vorrangig vor Schadensersatzansprüchen, § 281 Abs. 1 BGB. Die Zulässigkeit dieser Tenorierung folgt aus § 255 ZPO.

Nach ergebnislosem Fristablauf kann der Kläger somit nunmehr Schadensersatz verlangen. Die Frist dürfte ab Rechtskraft des Urteils laufen (Zöller/*Greger* ZPO § 255 Rn. 5; Thomas/Putzo/*Seiler* ZPO § 255 Rn. 1; aA Musielak/Voit/*Foerste* ZPO § 255 Rn. 4; MüKoZPO/*Becker-Eberhard* § 255 Rn. 10: Erlass des Urteils); andernfalls würde das nicht rechtskräftige Urteil faktisch eine Fristbindung bewirken.

Die Kostenentscheidung beruht auf § 91 Abs. 1 ZPO, die Entscheidung über die vorläufige Vollstreckbarkeit auf § 709 S. 1 ZPO; die Sicherheitsleistung ist mangels Vollstreckung einer Geldforderung unter Berücksichtigung der 120%-Klausel konkret zu beziffern. Wegen der Vollstreckung der Kosten ist entsprechend differenziert worden (vgl. Fälle 67 und 73).

☑ Fall 76: Klage auf Leistung und zugleich Schadensersatz – Der unechte Hilfsantrag

374 Der Kläger verlangt vor dem Amtsgericht von dem Beklagten die Herausgabe eines PKW im Wert von 3.000 EUR. Der Beklagte bestreitet, im Besitz des Fahrzeugs zu sein. Der Kläger will deshalb – vorsorglich – nach ergebnislosem Ablauf einer bestimmten Frist sofort Schadensersatz geltend machen, ohne erneut klagen zu müssen. Das Gericht erachtet die Klage als begründet.

Urteilstenor:

375 Der Beklagte wird verurteilt, an den Kläger den PKW (genaue Bezeichnung) herauszugeben.
Dem Beklagten wird für die Herausgabe eine Frist von drei Wochen eingeräumt.
Für den Fall des fruchtlosen Fristablaufes wird der Beklagte statt zur Herausgabe des PKW verurteilt, an den Kläger 3.000 EUR zu zahlen.
Die Kosten des Rechtsstreits werden dem Beklagten auferlegt.
Das Urteil ist in der Hauptsache gegen Sicherheitsleistung in Höhe von 3.600 EUR vorläufig vollstreckbar, wegen der Kosten gegen Sicherheitsleistung in Höhe von 120% des jeweils zu vollstreckenden Betrages.

Erläuterungen:

376 Der zugleich mit dem Leistungsbegehren vorsorglich gestellte Antrag auf Schadensersatz stellt einen unechten Hilfsantrag dar, da er nur für den Fall der Begründetheit der Klage bzw. ihres Hauptantrages gestellt ist (vgl. *Anders/Gehle* L-1).

Zur Formulierung des Tenors in der Hauptsache, namentlich im Hinblick auf die Verurteilung zu Schadensersatz vgl. *Wieser* NJW 2003, 2432, 2433 f.

(Denkbar ist auch, dass der Kläger von der Erfüllungsklage und gerichtlichen Fristsetzung absieht. Dann ist nur der Schadensersatz nach Ablauf der von dem Kläger gesetzten Frist zu tenorieren, vgl. *Wieser* NJW 2003, 2432, 2434).

Die Fristbestimmung im Urteil bereitet mögliche Folgeansprüche (auf Schadenser- **377**
satz) vor. Dies gilt namentlich auch im Falle des Gewährleistungsanspruches der Nacherfüllung; dieser ist vorrangig vor Schadensersatzansprüchen, § 281 Abs. 1 BGB (vgl. Fall 75).

Die hier erfolgte Möglichkeit, bereits vor Ablauf der Frist den Schadensersatzanspruch tituliert zu bekommen, besteht grundsätzlich nur im Rechtsstreit vor dem **Amts**gericht, § 510b ZPO (vgl. Zöller/*Greger* ZPO § 255 Rn. 1).

In Verfahren vor dem **Land**gericht verbleibt es grundsätzlich bei der Tenorierung **378**
wie im Fall 75; etwas anderes gilt aber, soweit § 259 ZPO einschlägig ist, dh die Besorgnis besteht, dass sich der Schuldner der rechtzeitigen Schadensersatzleistung entziehen werde. Diese dürfte allerdings regelmäßig schon vorliegen, wenn der Schuldner ohne triftigen Grund die Erfüllung des mit dem Hauptantrag geltend gemachten Leistungsbegehrens verweigert (*Anders/Gehle* L-5; Zöller/*Greger* ZPO § 259 Rn. 5).

Die Kostenentscheidung beruht auf § 91 Abs. 1 ZPO. **379**

Die Entscheidung über die vorläufige Vollstreckbarkeit folgt aus § 709 S. 1 ZPO, wegen der Kosten gilt § 709 S. 2 ZPO. Das Urteil ist insgesamt – im vollen Umfang – gemäß den allgemeinen Vorschriften für vorläufig vollstreckbar zu erklären (Zöller/*Herget* ZPO § 510b Rn. 10; zu eng *Wieser* NJW 2003, 2432, 2434). Dies gilt jedoch nur für die Fälle, in denen der Erfüllungsanspruch – wie hier der Anspruch auf Herausgabe – bis Fristablauf vollstreckbar ist (so auch *Wieser* aaO), nicht hingegen für Verurteilungen zur Vornahme einer Handlung gemäß §§ 887, 888 ZPO, da § 888a ZPO in diesem Fall die Vollstreckung ausschließt.

Fall 77: Anspruch auf Schuldbefreiung

Die Klägerin und der Beklagte sind der Bank … gegenüber als Gesamtschuldner **380**
verpflichtet, ein Darlehen in Höhe von 20.000 EUR zu tilgen. Im Innenverhältnis ist aber der Beklagte der Klägerin gegenüber verpflichtet, da er den Kredit allein in Anspruch genommen hat. Die Klägerin möchte verhindern, von der Bank auf Rückzahlung in Anspruch genommen zu werden.

Urteilstenor:

Der Beklagte wird verurteilt, die Klägerin von der Darlehensverpflichtung (aus dem Darlehensver- **381**
trag vom …) gegenüber der Bank … in Höhe von 20.000 EUR nebst Zinsen in Höhe von … seit dem … freizustellen (oder: zu befreien).

Die Kosten des Rechtsstreits werden dem Beklagten auferlegt.

Das Urteil ist in der Hauptsache gegen Sicherheitsleistung in Höhe von 24.000 EUR vorläufig vollstreckbar, wegen der Kosten gegen Sicherheitsleistung in Höhe von 120% des jeweils zu vollstreckenden Betrages.

Erläuterungen:

Der Hauptausspruch ist auf Befreiung bzw. Freistellung von der konkret zu be- **382**
zeichnenden Verbindlichkeit gerichtet. Er muss Grund und Höhe der Schuld sowie den Gläubiger nennen (*Schellhammer* Zivilprozess Rn. 44).

Die Entscheidung über die Kosten und die vorläufige Vollstreckbarkeit bereitet keine besonderen Probleme; zu beachten ist jedoch, dass § 709 S. 2 ZPO nur wegen der Vollstreckung der Kosten Anwendung findet, da im Übrigen keine Geldforderung zu vollstrecken ist (vgl. Fall 70).

Fall 78: Der Anspruch auf Widerruf

383 Der Kläger verlangt von dem Beklagten Widerruf einer ehrverletzenden Äußerung.

Urteilstenor:

384 Der Beklagte wird verurteilt, seine Behauptung, der Kläger habe bzw. sei … (genaue Bezeichnung) zu widerrufen
(ggf. auch: nicht länger aufrechtzuerhalten).
Die Kosten des Rechtsstreits werden dem Beklagten auferlegt.
Das Urteil ist in der Hauptsache gegen Sicherheitsleistung in Höhe von 12.000 EUR vorläufig vollstreckbar, wegen der Kosten gegen Sicherheitsleistung in Höhe von 120% des jeweils zu vollstreckenden Betrages.

Erläuterungen:

385 Auch in diesen Fällen ist wiederum auf einen vollstreckungsfähigen Inhalt des Tenors in der Hauptsache zu achten. Es ist die Behauptung so genau wie möglich anzugeben.

Die Kostenentscheidung bereitet keine Schwierigkeiten.

Im Rahmen der Entscheidung über die vorläufige Vollstreckbarkeit (vgl. Fall 70) ist wiederum auf den Streitwert, dh das Interesse des Klägers am Widerruf abzustellen; auch insoweit bietet sich die 120%-Regel an. Vorliegend ist das Interesse des Klägers mit 10.000 EUR bewertet worden. Es gilt § 709 S. 1 ZPO, wegen der Kosten § 709 S. 2 ZPO.

Fall 79: Die Klage auf eine zukünftige Leistung

386 Der Kläger hat dem Beklagten einen Kredit über 10.000 EUR gewährt, rückzahlbar in zehn Raten zu je 1.000 EUR. Der Beklagte hat die ersten zwei Raten gezahlt, sodann jedoch die Zahlung eingestellt. Nach drei Monaten ohne weiteren Geldeingang erhebt der Kläger Klage auf Zahlung der fälligen und noch nicht fälligen Raten.

Urteilstenor:

387 Der Beklagte wird verurteilt, an den Kläger 3.000 EUR zu zahlen.
Im Übrigen wird der Beklagte weiterhin verurteilt, an den Kläger für die Zeit vom … bis … jeweils monatlich 1.000 EUR zu zahlen (ggf.: insgesamt somit 5.000 EUR), fällig jeweils zum Ersten des Monats (ggf.: nebst Zinsen in Höhe von 5% über dem Basiszinssatz, fällig jeweils ab dem Monatszweiten).
Die Kosten des Rechtsstreits werden dem Beklagten auferlegt.
Das Urteil ist gegen Sicherheitsleistung in Höhe von 120% des jeweils zu vollstreckenden Betrages vorläufig vollstreckbar.

Erläuterungen:

388 Der zunächst tenorierte Betrag bezieht sich auf die zurückliegenden drei Monate und ist bereits fällig.

Im Übrigen ist eine Verurteilung zu künftig fällig werdenden Leistungen unter den Voraussetzungen der §§ 257 ff. ZPO zulässig. Hier kommt namentlich § 259 ZPO in Betracht (vgl. auch Fall 76).

Es ist im Tenor exakt anzugeben, ab wann, bis wann, zu welchem Zeitpunkt und in welcher Höhe die einzelnen Beträge zu zahlen sind (vgl. Zöller/*Greger* ZPO § 258 Rn. 6).

Soweit möglich, kann auch der Gesamtbetrag der zukünftigen Leistungen angegeben werden; zwingend erforderlich ist das aber nicht.

Die Kostenentscheidung beruht auf § 91 Abs. 1 ZPO, die Entscheidung über die vorläufige Vollstreckbarkeit richtet sich hier nach § 709 S. 1, 2 ZPO. Zu beachten ist, dass sich vorliegend der Zuständigkeitsstreitwert und Gebührenstreitwert nach § 9 ZPO richten, da die Sondervorschrift für den Gebührenstreitwert des § 42 GKG nicht einschlägig ist.

Fall 80: Die Aufteilung der Sicherheitsleistung bei mehreren Klagegegenständen

Der Kläger verklagt den Beklagten auf Herausgabe eines PKW im Wert von 60.000 EUR sowie auf Kostenerstattung (Schadensersatz) in Höhe von 500 EUR. Die Klage ist begründet. **389**

Urteilstenor:

Der Beklagte wird verurteilt, an den Kläger den PKW (genaue Bezeichnung mit Fahrgestell-Nr.) herauszugeben. **390**

Der Beklagte wird weiter verurteilt, an den Kläger 500 EUR zu zahlen.

Die Kosten des Rechtsstreits werden dem Beklagten auferlegt.

Das Urteil ist vorläufig vollstreckbar, wegen der Herausgabe des PKW gegen Sicherheitsleistung in Höhe von 72.000 EUR, im Übrigen (wegen des Schadensersatzes und der Kosten) gegen Sicherheitsleistung in Höhe von 120% des jeweils zu vollstreckenden Betrages.

Erläuterungen:

Der Tenor zur Hauptsache sowie die Kostenentscheidung bereiten keine nennenswerten Probleme. **391**

Schwieriger ist die Tenorierung der vorläufigen Vollstreckbarkeit.

Würde man aus Gründen der Vereinfachung nur eine einheitliche Sicherheitsleistung für den Kläger – ausgerichtet am Streitwert von 60.500 EUR – in Höhe von 72.600 EUR bemessen (120% der wertmäßig vollstreckbaren Gesamtleistung), so würde dies dazu führen, dass der Kläger diesen Gesamtbetrag auch dann leisten müsste, wenn er zB zunächst nur den als Schadensersatz eingeklagten Geldbetrag oder die in diesem Rechtsstreit entstandenen Kosten vollstrecken wollte, dh also nur Bruchteile des Gesamtbetrages. Um insoweit unbillige Ergebnisse zu verhindern, ist es sinnvoll, die Sicherheitsleistung auch wegen der Verurteilung in der Hauptsache in trennbare Teile aufzuspalten (vgl. Musielak/Voit/*Lackmann* ZPO § 708 Rn. 11 sowie Fälle 67, 70 und 73). Auch insoweit bleibt aber im Rahmen der **Gesamt**betrachtung der Verurteilung in der Hauptsache § 709 S. 1, 2 ZPO einschlägig.

XIII. Klage auf Abgabe von Willenserklärungen

Fall 81: Klage auf Auflassung und Eigentumsübertragung

Der Kläger hat von dem Beklagten mit notariellem Kaufvertrag vom … ein Hausgrundstück gekauft. Den Kaufpreis in Höhe von 300.000 EUR hat der Kläger bereits **392** gezahlt; mit der vorliegenden Klage verlangt er von dem Beklagten nunmehr die **Auflassung** und **Umschreibung** im Grundbuch.

Urteilstenor:

393 Der Beklagte wird verurteilt, das Grundstück (genaue Bezeichnung, zB: Königsallee 100 in 44787 Bochum), eingetragen im Grundbuch von (genaue Bezeichnung, zB: Bochum, Flur 9, Flurstück 901) an den Kläger **aufzulassen** und
die **Eintragung** des Klägers im Grundbuch von ... (Bochum, Flur 9, Flurstück 901) als Eigentümer des Grundstücks ... (Königsallee 100, 44787 Bochum) ... eingetragen im Grundbuch von ... (Bochum, Flur 9, Flurstück 901) zu bewilligen.
Die Kosten des Rechtsstreits werden dem Beklagten auferlegt.
Das Urteil ist vorläufig vollstreckbar,
in der Hauptsache gegen Sicherheitsleistung in Höhe von 360.000 EUR,
wegen der Kosten gegen Sicherheitsleistung in Höhe von 120% des jeweils zu vollstreckenden Betrages.

Erläuterungen:

394 Es handelt sich hierbei um die Verurteilung zur Abgabe einer Willenserklärung. Diese muss besonders präzise bezeichnet sein, da die Willenserklärung, so wie tenoriert, mit **Rechtskraft** des Urteils als abgegeben gilt, § 894 Abs. 1 ZPO.

395 Bei der Anordnung der vorläufigen Vollstreckbarkeit ist zu beachten, dass die Willenserklärung, zu deren Abgabe der Beklagte verurteilt wird, nicht zu vollstrecken ist – auch nicht gemäß §§ 887, 888 ZPO (Zöller/*Seibel* ZPO § 894 Rn. 5) –, sondern erst mit der Rechtskraft des Urteils als abgegeben gilt, § 894 Abs. 1 ZPO.

Auch wenn der Kläger im eigentlichen Sinne deshalb nur wegen der Kosten vollstrecken kann, ist die vorläufige Vollstreckbarkeit aber gemäß § 895 ZPO auch im Hinblick auf die Hauptsache von Bedeutung (vgl. Zöller/*Seibel* ZPO § 895 Rn. 1). Der Kläger kann nämlich nach Leistung der Sicherheit die Eintragung der »Sicherungs«rechte (Vormerkung/Widerspruch) im Grundbuch bewirken.

Da in der Hauptsache keine Geldforderung zu vollstrecken ist, ist im Hinblick auf die Bestimmung der Sicherheitsleitung entsprechend zu differenzieren und in der Hauptsache ein konkreter Betrag anzugeben. In der Regel sollte man bei der 120%-Klausel bleiben, es gilt § 709 S. 1 ZPO.

396 Vorliegend ist vom Grundstückswert bzw. Kaufpreis als Grundlage der Bestimmung der Höhe der Sicherheitsleistung ausgegangen worden. Es kommt aber auch in Betracht, den Streitwert für die Auflassung als Grundlage der Höhe der Sicherheitsleistung im Einzelfall geringer anzusetzen, wenn nämlich die Auflassung – in der Praxis häufig – nur noch von der Zahlung der Restkaufpreisforderung abhängig gemacht wird (umstritten, vgl. Zöller/*Herget* ZPO § 3 Rn. 16 »Auflassung«).

397 Im Hinblick auf die Kosten des Rechtsstreits liegt wiederum eine Vollstreckung »wegen einer Geldforderung« vor. Deshalb gilt insoweit § 709 S. 2 ZPO.

Anmerkung:

398 Es ist auch denkbar, dass der Kläger nur die Bewilligung der Eintragung im Grundbuch begehrt, dh den zweiten Teil der obigen Entscheidung in der Hauptsache, wenn nämlich zB die Auflassung schon erfolgt ist. Dies gilt auch in den Fällen, in denen der Kläger eine Berichtigung des Grundbuches erstrebt, weil der Beklagte zu Unrecht eingetragen ist.

399 In entsprechender Weise ist auch die Bewilligung der Eintragung einer **Auflassungsvormerkung** zu tenorieren (vgl. *Schellhammer* Arbeitsmethode Zivilrichter Rn. 291):

Der Beklagte wird verurteilt, für den Anspruch des Klägers auf Übereignung des Grundstücks ... (genaue Bezeichnung) die Eintragung einer Auflassungsvormerkung zu bewilligen.

Fall 82: Klage auf Zustimmung zur Auszahlung hinterlegter Beträge

Der Kläger verlangt von dem Beklagten nach Erfüllung der Vertragsvoraussetzungen die Freigabe des beim Notar N.N. hinterlegten Kaufpreises in Höhe von 150.000 EUR. 400

Urteilstenor:

Der Beklagte wird verurteilt einzuwilligen, dass der beim Notar N.N. hinterlegte Kaufpreis in Höhe von 150.000 EUR nebst Zinsen ... an den Kläger ausgezahlt wird. 401
Die Kosten des Rechtsstreits werden dem Beklagten auferlegt.
Das Urteil ist (wegen der Kosten) gegen Sicherheitsleistung in Höhe von 120% des jeweils zu vollstreckenden Betrages vorläufig vollstreckbar.

Erläuterungen:

Zur Formulierung des Tenors in der Hauptsache vgl. *Schellhammer* Arbeitsmethode Zivilrichter Rn. 293. 402

Materiell ergibt sich der Anspruch in der Regel aus der vertraglichen Vereinbarung bzw. auch aus Bereicherungsrecht (§ 812 Abs. 1 S. 2 1. Alt. BGB).

Die Kostenentscheidung wirft keine Probleme auf.

Bei der Anordnung der vorläufigen Vollstreckbarkeit ist zu beachten, dass die Willenserklärung nicht zu vollstrecken ist – auch nicht gemäß §§ 887, 888 ZPO (Zöller/*Seibel* ZPO § 894 Rn. 5) –, sondern erst mit der Rechtskraft des Urteils als abgegeben gilt, § 894 Abs. 1 ZPO. Es können somit nur die **Kosten** des Rechtsstreits vollstreckt werden; diese übersteigen bei dem Streitwert von 150.000 EUR die Wertgrenze des § 708 Nr. 11 2. Alt. ZPO, so dass § 709 S. 1 und 2 ZPO gelten: im Hinblick auf die Kosten liegt ja eine Vollstreckung »wegen einer Geldforderung« vor! Insoweit gilt die Besonderheit des § 895 ZPO nicht (vgl. den vorhergehenden Fall). 403

Fall 83: Auseinandersetzung des Nachlasses

Der Kläger verlangt von den Beklagten als Miterben die Zustimmung zur Aufteilung des Nachlasses des N.N. nach dem von ihm vorgeschlagenen Plan. 404

Urteilstenor:

Die Beklagten werden verurteilt, der Auseinandersetzung des Nachlasses des am ... in ... verstorbenen N. N. nach folgendem Plan zuzustimmen: 405
... (genauer Wortlaut des Auseinandersetzungsplanes) ...
Die Kosten des Rechtsstreits werden den Beklagten auferlegt.
Das Urteil ist (wegen der Kosten) vorläufig vollstreckbar ...
gegen Sicherheitsleistung in Höhe von 120% des jeweils zu vollstreckenden Betrages.

oder:

... Den Beklagten wird nachgelassen, die Vollstreckung durch den Kläger gegen Sicherheitsleistung in Höhe von 120% des auf Grund des Urteils vollstreckbaren Betrages abzuwenden, wenn nicht der Kläger vor der Vollstreckung Sicherheit in Höhe von 120% des jeweils zu vollstreckenden Betrages leistet.

Erläuterungen:

Zur Fassung des Tenors in der Hauptsache vgl. *Schellhammer* Arbeitsmethode Zivilrichter Rn. 292. 406

Im Übrigen ist materiell-rechtlich zu beachten, dass der Auseinandersetzungsplan im Einklang mit den erbrechtlichen Vorschriften steht – der **gesamte** Nachlass ist zu verteilen – und überdies dem letzten Willen des Erblassers – idR in der Form des Testamentes – entspricht.

Die Entscheidung über die Kosten und die vorläufige Vollstreckbarkeit – nur im Hinblick auf die Kosten (vgl. den vorhergehenden Fall) – bereitet keine besonderen Schwierigkeiten. Je nach der Höhe der vollstreckbaren Kosten (1.500 EUR-Grenze) kommt § 708 Nr. 11 2. Alt. ZPO oder aber § 709 S. 1, 2 ZPO zur Anwendung.

XIV. Gestaltungsurteile

1. Gesellschaftsrecht

Fall 84: Gesellschaftsrechtliche Gestaltungen

407 Der Kläger und der Beklagte sind Gesellschafter der A-KG in Bochum. Der Kläger verfolgt mit der Klage das Ziel, den Beklagten als weiteren Gesellschafter aus der A-KG auszuschließen, hilfsweise ihm die Geschäftsführungsbefugnis und Vertretungsmacht zu entziehen. Der Hilfsantrag ist begründet, der Streitwert beträgt insgesamt 400.000 EUR, 100.000 EUR entfallen auf den Hilfsantrag.

Urteilstenor:

408 Dem Beklagten werden Geschäftsführungsbefugnis und Vertretungsmacht für die A-KG in Bochum entzogen.
Im Übrigen wird die Klage abgewiesen.
Die Kosten des Rechtsstreits werden dem Kläger zu 75% und dem Beklagten zu 25% auferlegt.
Das Urteil ist (wegen der Kosten) gegen Sicherheitsleistung in Höhe von 120% des jeweils zu vollstreckenden Betrages vorläufig vollstreckbar.

Erläuterungen:

409 Zur Formulierung des Tenors in der Hauptsache vgl. *Schellhammer* Arbeitsmethode Zivilrichter Rn. 297.

Da nur der Hilfsantrag Erfolg hat, ist eine quotierte Kostenentscheidung gemäß § 92 Abs. 1 ZPO zu treffen. Da der Kläger sein Hauptanliegen, den Beklagten aus der Gesellschaft auszuschließen, nicht erreicht hat, sondern – nur – die »kleine« Lösung der Entziehung der Geschäftsführungsbefugnis und Vertretungsmacht klageweise durchsetzen konnte, erscheint es angemessen, den Kläger – entsprechend der Streitwertbemessung – mit den überwiegenden Kosten des Rechtsstreits zu belasten (vgl. Fall 29).

410 Die vorläufige Vollstreckbarkeit richtet sich für beide Parteien nach § 709 S. 1 ZPO; es können nur Kosten vollstreckt werden: Der Kläger kann ein Viertel seiner 2,5 Rechtsanwaltsgebühren, der Beklagte drei Viertel seiner 2,5 Rechtsanwaltsgebühren (jeweils 2.853 EUR netto) als Kosten vollstrecken, so dass für beide Parteien die Wertgrenze des § 708 Nr. 11 2. Alt. ZPO in Höhe von 1.500 EUR überschritten ist.

Anmerkung:

411 Hätte bereits der Hauptantrag Erfolg gehabt, dann wäre insoweit tenoriert worden:

Der Beklagte wird aus der A-KG in … ausgeschlossen …

(vgl. hierzu *Schellhammer* Arbeitsmethode Zivilrichter Rn. 298; *Knöringer* § 2 III 3.).

Fall 85: Die Klage gegen GbR und Gesellschafter

Der Kläger verklagt die B-GbR und deren Gesellschafter B und C auf Zahlung des Kaufpreises in Höhe von 7.000 EUR. Die Klage ist begründet. 412

Urteilstenor:

Die B-GbR und die Beklagten B und C werden **als** (oder: **wie**) Gesamtschuldner verurteilt, an den Kläger 7.000 EUR zu zahlen. 413
Die Kosten des Rechtsstreits werden den Beklagten als Gesamtschuldnern auferlegt.
Das Urteil ist gegen Sicherheitsleistung in Höhe von 120% des jeweils zu vollstreckenden Betrages vorläufig vollstreckbar.

Erläuterungen:

Im Tenor zur Hauptsache ist fraglich, ob die inzwischen parteifähige GbR (vgl. BGHZ 146, 341) und ihre (persönlich haftenden) Gesellschafter klassische Gesamtschuldner, und folglich »als« Gesamtschuldner zu verurteilen sind. Dies ist streitig, wird aber von Palandt/*Sprau* BGB § 714 Rn. 24, bejaht. 414

In jedem Fall sollte in der Kostenentscheidung die gesamtschuldnerische Haftung der Beklagten vorsorglich klargestellt werden (vgl. § 100 Abs. 4 ZPO).

Die vorläufige Vollstreckbarkeit beruht auf § 709 S. 1, 2 ZPO, da der Kläger in der Hauptsache einen 1.250 EUR übersteigenden Betrag vollstrecken kann (vgl. § 708 Nr. 11 1. Alt. ZPO).

2. Familienrecht

Fall 86: Die Feststellung der Vaterschaft

Der Antragsteller beantragt die Feststellung, nicht der Vater des am … geborenen Antragsgegners zu sein. In dem Verfahren wird aber die Vaterschaft des Antragstellers festgestellt. 415

Beschlusstenor:

Der Antrag wird abgewiesen. 416
Es wird festgestellt, dass der Antragsteller der Vater des am … geborenen Antragsgegners ist.
Die Kosten des Verfahrens werden dem Antragsteller auferlegt.

Erläuterungen:

Der Beschlusstenor ergibt sich aus § 182 Abs. 2 FamFG (früher: § 641h ZPO): neben der Abweisung des Antrages wird die Feststellung der Vaterschaft tenoriert (vgl. Thomas/Putzo/*Hüßtege* FamFG § 182 Rn. 8). Früher erging dieser Ausspruch durch Urteil, nunmehr wird durch Beschluss entschieden. 417

Die Kostenentscheidung ergibt sich aus § 81 Abs. 1 FamFG. Für den Fall einer erfolgreichen Anfechtung der Vaterschaft vgl. die Spezialregelung des § 183 FamFG.

Ein Ausspruch über die – vorläufige – Vollstreckbarkeit erfolgt beim Beschluss nicht; die für Urteile geltende Vorschrift des § 704 Abs. 2 ZPO ist aufgehoben worden.

Fall 87: Die Ehescheidung

Der Ehemann möchte von seiner Ehefrau geschieden werden. 418

Beschlusstenor:

419 Die am … vor dem Standesbeamten in … geschlossene Ehe der Parteien wird geschieden.
Die Kosten des Rechtsstreits werden gegeneinander aufgehoben.

Erläuterungen:

420 Zur Formulierung des Tenors in der Hauptsache vgl. § 150 Abs. 1 FamFG (zur früheren Urteilstenorierung siehe *Schellhammer* Arbeitsmethode Zivilrichter, Voraufl., Rn. 300).

Die Kostenentscheidung beruht auf § 150 Abs. 1 FamFG.

Anmerkung:

421 Häufig werden im Scheidungsbeschluss Folgefragen mit entschieden und entsprechend tenoriert, zB:

- Übertragung von Rentenanwartschaften;
- Übertragung bzw. Regelung der elterlichen Sorge für Kinder;
- Unterhaltsfragen.

3. Zwangsvollstreckungsrecht

☑ Fall 88: Die Duldung der Zwangsvollstreckung

422 Der Beklagte hat an seinem Grundstück zugunsten des Klägers eine Hypothek über eine Forderung von 50.000 EUR bestellt. Nachdem die der Hypothek zugrundeliegende Forderung noch mit 20.000 EUR valutiert, möchte der Kläger nunmehr gegen den Beklagten in dessen Grundstück vollstrecken.

Urteilstenor:

423 Der Beklagte wird verurteilt, wegen eines Betrages von 20.000 EUR aus der Hypothek über 50.000 EUR, eingetragen im Grundbuch von … Nr… . Abteilung III, laufende Nr… ., die **Zwangsvollstreckung** in das Hausgrundstück … Str. Nr… . in …, eingetragen im Grundbuch von …, Nr… ., zu **dulden**.
Dem Beklagten werden die Kosten des Rechtsstreits auferlegt.
Das Urteil ist in der Hauptsache gegen Sicherheitsleistung in Höhe von 24.000 EUR und wegen der Kosten gegen Sicherheitsleistung in Höhe von 120% des jeweils zu vollstreckenden Betrages vorläufig vollstreckbar.

Erläuterungen:

424 Der Tenor ergibt sich aus der Konstruktion des § 1147 BGB (vgl. *Schellhammer* Arbeitsmethode Zivilrichter Rn. 276).

Die Kostenentscheidung wirft keine Probleme auf.

Die Entscheidung über die vorläufige Vollstreckbarkeit richtet sich wegen der Hauptsache nach § 709 S. 1 ZPO, da wegen eines Grundpfandrechts, nicht aber wegen einer Geldforderung zu vollstrecken ist. § 709 S. 2 ZPO ist nur wegen der vollstreckungsfähigen Kosten anwendbar (vgl. Fall 70).

☑ Fall 89: Die Vollstreckungsabwehrklage nach § 767 ZPO

425 Der Kläger ist durch rechtskräftiges Urteil des LG Bochum verurteilt worden, an den Beklagten 12.000 EUR zu zahlen. Er wendet sich nunmehr mit seiner Klage gegen die Zwangsvollstreckung des Beklagten und wendet zutreffend ein, nach dem Schluss der letzten mündlichen Verhandlung den Anspruch bereits erfüllt zu haben.

Urteilstenor:

Die Zwangsvollstreckung aus dem Urteil des LG Bochum … (Aktenzeichen: …) vom … wird für unzulässig erklärt. 426

Dem Beklagten werden die Kosten des Rechtsstreits auferlegt.

Das Urteil ist in der Hauptsache gegen Sicherheitsleistung in Höhe von 14.400 EUR, wegen der Kosten gegen Sicherheitsleistung in Höhe von 120% des jeweils zu vollstreckenden Betrages vorläufig vollstreckbar.

Erläuterungen:

Der Tenor der begründeten Vollstreckungsabwehrklage ist auf die Unzulässigkeit 427 der Zwangsvollstreckung insgesamt gerichtet (vgl. Zöller/*Herget* ZPO § 767 Rn. 21; *Schellhammer* Arbeitsmethode Zivilrichter Rn. 303), nicht hingegen auf die Unzulässigkeit einer einzelnen Vollstreckungsmaßnahme. Dabei ist der Titel, dessen Vollstreckbarkeit beseitigt werden soll, genau zu bezeichnen.

Im Übrigen ergeben sich keine wesentlichen Probleme. Das Urteil ist nach den allgemeinen Vorschriften, hier: nach § 709 S. 1 ZPO, für vorläufig vollstreckbar zu erklären (Thomas/Putzo/*Seiler* ZPO § 767 Rn. 30). Die Sicherheitsleistung umfasst in der Hauptsache den möglichen Schaden, der dem Beklagten dadurch entstehen kann, dass er den im Urteil des LG Bochum zu seinen Gunsten titulierten Betrag von 12.000 EUR nicht mehr vollstrecken kann. Für die vollstreckbaren Kosten des Rechtsstreits gilt § 709 S. 2 ZPO (vgl. Fälle 70 und 88).

☑ Fall 90: Die Drittwiderspruchsklage nach § 771 ZPO

Der Kläger verlangt von dem Beklagten die Freigabe des PKW … (Verkehrswert: 428 10.000 EUR) aus der Zwangsvollstreckung, da er nicht Schuldner des Beklagten sei und es sich um sein Fahrzeug handele; dies trifft zu.

Urteilstenor:

Die Zwangsvollstreckung in den PKW … (genaue Bezeichnung mit Fahrgestell-Nr.) wird für unzulässig erklärt. 429

Dem Beklagten werden die Kosten des Rechtsstreits auferlegt.

Das Urteil ist in der Hauptsache gegen Sicherheitsleistung in Höhe von 12.000 EUR und wegen der Kosten gegen Sicherheitsleistung in Höhe von 120% des jeweils zu vollstreckenden Betrages vorläufig vollstreckbar.

Erläuterungen:

Bei der Formulierung ist auf den Wortlaut zu achten. Es ist nicht etwa der Be- 430 klagte auf Freigabe bzw. auf Einwilligung in die Aufhebung der Zwangsvollstreckung zu verurteilen. Es empfiehlt sich die gewählte kurze Fassung der Unzulässigerklärung der Zwangsvollstreckung in den konkret bezeichneten Gegenstand (vgl. Zöller/*Herget* ZPO § 771 Rn. 16; so auch *Schellhammer* Arbeitsmethode Zivilrichter Rn. 301).

Zum Teil wird ein erweiterter Tenor für notwendig erachtet, indem der Titel genau 431 zu bezeichnen sei:

»Die Zwangsvollstreckung **aus dem Urteil des LG … vom …, (Az.: …)** in den PKW… wird für unzulässig erklärt.«

(Thomas/Putzo/*Seiler* ZPO § 771 Rn. 7; Stein/Jonas/*Münzberg* ZPO § 771 Rn. 52; vgl. auch *Knöringer* § 2 III 3; vermittelnd Musielak/Voit/*Lackmann* ZPO § 771 Rn. 35, wonach sich die Angabe des Titels empfehle, aber nicht zwingend sei.)

Die Erforderlichkeit dieser Information im Titel leuchtet nicht ein. Wenn die Zwangsvollstreckung in diesen konkreten Gegenstand für unzulässig erklärt wird, ist der Titel ebenso wenig relevant wie die Angabe, dass gerade der Beklagte die Zwangsvollstreckung betreibt.

432 Im Übrigen ergeben sich keine wesentlichen Probleme. Das Urteil ist nach den allgemeinen Vorschriften für vorläufig vollstreckbar zu erklären (Thomas/Putzo/*Seiler* ZPO § 771 Rn. 24), vorliegend – unter Anwendung der 120%-Klausel – in der Hauptsache gemäß § 709 S. 1 ZPO, da der Gegenstand der Verurteilung in der Hauptsache 1.250 EUR übersteigt; für die Vollstreckbarkeit der Kosten des Rechtsstreits gilt wiederum § 709 S. 2 ZPO (vgl. Fälle 70 und 88).

☑ Fall 91: Die Klage auf vorzugsweise Befriedigung gemäß § 805 ZPO

433 Der Kläger beruft sich gegenüber dem Beklagten, der ein Möbelstück des N.N. (Schuldners) hat pfänden lassen, auf ein bereits zuvor begründetes Vermieterpfandrecht wegen einer Mietzinsforderung über 2.000 EUR.

Urteilstenor:

434 Der Kläger ist wegen seines Anspruches gegen den N.N. auf Zahlung von 2.000 EUR vor dem Beklagten aus dem Erlös des gepfändeten Möbelstücks (genaue Bezeichnung) zu befriedigen.
Die Kosten des Rechtsstreits werden dem Beklagten auferlegt.
Das Urteil ist in der Hauptsache gegen Sicherheitsleistung in Höhe von 2.400 EUR, wegen der Kosten gegen Sicherheitsleistung in Höhe von 120% des jeweils zu vollstreckenden Betrages vorläufig vollstreckbar.

Erläuterungen:

435 Zum Tenor in der Hauptsache vgl. Zöller/*Stöber* ZPO § 805 Rn. 9; *Schellhammer* Arbeitsmethode Zivilrichter Rn. 302.

Im Übrigen ergeben sich keine besonderen Probleme. Das Urteil ist nach den allgemeinen Vorschriften für vorläufig vollstreckbar zu erklären (Thomas/Putzo/*Seiler* ZPO § 805 Rn. 14), hier auf Grund des 1.250 EUR übersteigenden Wertes der Verurteilung in der Hauptsache gemäß § 709 S. 1 ZPO. Da keine Geldforderung zu vollstrecken ist, wird die Sicherheitsleistung unter Berücksichtigung der 120%-Klausel konkret beziffert. Für die Vollstreckbarkeit der Kosten des Rechtsstreits gilt § 709 S. 2 ZPO (vgl. Fall 70).

☑ Fall 92: Die Klauselklage nach § 731 ZPO

436 Der Rechtsvorgänger des Klägers hat gegen den Beklagten ein klagestattgebendes Urteil des LG München in Höhe von 50.000 EUR erwirkt; nunmehr klagt der Kläger als Rechtsnachfolger auf Erteilung der Vollstreckungsklausel.

Urteilstenor:

437 Dem Kläger ist gegen den Beklagten für das Urteil des Landgerichts München die Vollstreckungsklausel zu erteilen.
Die Kosten des Rechtsstreits werden dem Beklagten auferlegt.
Das Urteil ist in der Hauptsache gegen Sicherheitsleistung in Höhe von 60.000 EUR und wegen der Kosten gegen Sicherheitsleistung in Höhe von 120% des jeweils zu vollstreckenden Betrages vorläufig vollstreckbar.

Erläuterungen:

Zur Formulierung des Tenors in der Hauptsache vgl. *Schellhammer* Arbeitsmethode Zivilrichter Rn. 305; unwesentlich anders Musielak/Voit/*Lackmann* ZPO § 731 Rn. 8. **438**

Die Kostenentscheidung beruht auf § 91 Abs. 1 ZPO: der Beklagte hat als unterliegende Partei die Kosten des Rechtsstreits zu tragen.

Die Entscheidung über die vorläufige Vollstreckbarkeit richtet sich nach den allgemeinen Regeln, vorliegend für die Hauptsache nach § 709 S. 1 ZPO, wegen der Kosten nach § 709 S. 2 ZPO (vgl. Fälle 70 und 88).

☑ Fall 93: Die Klage gegen die Vollstreckungsklausel nach § 768 ZPO

Der Kläger wendet sich gegen die dem Beklagten vom Amtsgericht München zu Unrecht erteilte Vollstreckungsklausel für das Urteil über 5.000 EUR. **439**

Urteilstenor:

Die Zwangsvollstreckung aus der Vollstreckungsklausel des Urkundsbeamten der Geschäftsstelle für das Urteil des Amtsgerichts München vom … wird für unzulässig erklärt. **440**

Die Kosten des Rechtsstreits werden dem Beklagten auferlegt.

Das Urteil ist in der Hauptsache gegen Sicherheitsleistung in Höhe von 6.000 EUR, wegen der Kosten gegen Sicherheitsleistung in Höhe von 120% des jeweils zu vollstreckenden Betrages vorläufig vollstreckbar.

Erläuterungen:

Zum Tenor in der Hauptsache vgl. *Schellhammer* Arbeitsmethode Zivilrichter Rn. 304. **441**

Die Entscheidung über die Kosten des Rechtsstreits und die vorläufige Vollstreckbarkeit folgt nach allgemeinen Regeln. Es wird auf die Erläuterungen zu den Fällen 70 und 88 verwiesen.

XV. Feststellungsurteile

Fall 94: Die Feststellung der »Zukunfts«schäden

Der Kläger verlangt von den Beklagten auf Grund eines Verkehrsunfalls Schadensersatz in Höhe von 5.000 EUR sowie Schmerzensgeld in einer Größenordnung von 2.000 EUR. Neben dem bezifferten Anspruch beantragt er die Feststellung, dass auch die weiteren, erst zukünftig auftretenden Schäden, die aber Folge des Unfalls sind, von den Beklagten zu ersetzen sind. Die Klage ist wegen der bezifferten Ansprüche begründet. **442**

Urteilstenor:

Die Beklagten werden als Gesamtschuldner verurteilt, an den Kläger Schadensersatz in Höhe von 5.000 EUR zu zahlen. **443**

Die Beklagten werden darüber hinaus als Gesamtschuldner verurteilt, an den Kläger ein Schmerzensgeld in Höhe von 2.000 EUR zu zahlen.

Es wird **festgestellt**, dass die Beklagten als Gesamtschuldner verpflichtet sind, dem Kläger aus dem Unfallereignis vom … auch jeden weiteren, zukünftig entstehenden materiellen bzw. immateriellen Schaden – **letzteren, soweit dieser nicht vorhersehbar war** – zu ersetzen, soweit Ansprüche nicht auf Sozialversicherungsträger oder sonstige Dritte übergegangen sind.

Im Übrigen wird die Klage abgewiesen.
Die Kosten des Rechtsstreits werden den Beklagten auferlegt.
Das Urteil ist gegen Sicherheitsleistung in Höhe von 120% des jeweils zu vollstreckbaren Betrages vorläufig vollstreckbar.

Erläuterungen:

444 Die Verurteilung zum Schadensersatz und Schmerzensgeld sollte durchaus im Tenor entsprechend gekennzeichnet werden (vgl. Fall 20).

Mit diesem Tenor wird darüber hinaus die Schadensersatzpflicht der Beklagten für alle kausal auf das Unfallereignis zurückzuführenden weiteren materiellen Schäden **festgestellt;** damit droht dem Kläger nicht mehr die kurze Verjährung.

Die Verurteilung der Beklagten, an den Kläger Schmerzensgeld zu zahlen, deckt hingegen – im Gegensatz zum Ersatz des reinen Sachschadens – grundsätzlich auch alle weiteren, erst zukünftig entstehenden immateriellen Schäden (zB zukünftig weitere Schmerzen) ab, soweit diese **vorhersehbar** waren.

Mit der **Feststellung** des immateriellen Schadensersatzes werden somit nur die zukünftig entstehenden, noch nicht vorhersehbaren – und deshalb nicht in die »Berechnung« des Schmerzensgeldes miteingeflossenen – Schäden erfasst (vgl. Palandt/*Grüneberg* BGB § 253 Rn. 25).

Insoweit ist wegen dieser Einschränkung die Klage im Übrigen abzuweisen!

445 Die Kostenentscheidung beruht auf § 92 Abs. 2 Nr. 1 ZPO, da die Zuvielforderung (im Hinblick auf die Feststellung der immateriellen Schäden) geringfügig ist.

Die Vollstreckbarkeit richtet sich vorliegend nach § 709 S. 1, 2 ZPO.

Der Streitwert für den Feststellungsantrag wird idR geringer als das Leistungsbegehren festgesetzt, zB 20% geringer (im Einzelfall aber auch mehr, vgl. Zöller/*Herget* ZPO § 3 Rn. 16 »Feststellungsklagen«).

Soweit sich – wie hier – die Feststellung auf zukünftige materielle und immaterielle Schäden bezieht, wird der Streitwert in der Gerichtspraxis häufig pauschal mit einem eher geringen Betrag (idR zwischen 500 und 2.500 EUR) beziffert, je nachdem, wie konkret die tatsächlichen Anhaltspunkte für den Eintritt der Zukunftsschäden sind.

Anmerkung:

446 Der **negativen** Feststellungsklage hingegen ist der **volle** Streitwert zugrunde zu legen wegen der forderungsvernichtenden Wirkung eines obsiegenden Urteils.

Häufig werden negative Feststellungs**wider**klagen erhoben: Der Kläger klagt den Mietzins für zwei konkret bezeichnete Monate ein, der Beklagte begehrt widerklagend die Feststellung, dass das Mietverhältnis insgesamt unwirksam ist.

XVI. Vorbehaltsurteile

☑ Fall 95: Der Urkundenprozess

447 Der Kläger klagt im Urkundenprozess gegen den Beklagten auf Zahlung von 25.000 EUR. Der Kläger kann den schlüssig vorgetragenen Anspruch durch Urkunden belegen. Der Beklagte erhebt Einwendungen gegen die Klageforderung, kann diese aber nicht mit den Beweismitteln des Urkundenprozesses geltend machen.

Tenor des Vorbehaltsurteils:

Der Beklagte wird verurteilt, an den Kläger 25.000 EUR zu zahlen. 448
Dem Beklagten werden die Kosten des Rechtsstreits auferlegt.
Das Urteil ist vorläufig vollstreckbar.
Dem Beklagten wird nachgelassen, die Vollstreckung durch den Kläger gegen Sicherheitsleistung in Höhe von 120% des auf Grund des Urteils vollstreckbaren Betrages abzuwenden, wenn nicht der Kläger vor der Vollstreckung Sicherheit in Höhe von 120% des jeweils zu vollstreckenden Betrages leistet.
Dem Beklagten wird die Ausführung seiner Rechte im Nachverfahren vorbehalten.

Erläuterungen:

Da nicht auszuschließen ist, dass sich der Beklagte im ordentlichen Klageverfahren 449 (= Nachverfahren, § 600 ZPO) erfolgreich gegen den geltend gemachten Anspruch verteidigen kann – soweit er nicht mehr auf die Beweismittel des Urkundenprozesses beschränkt ist –, wird kein endgültiger klagestattgebender Titel geschaffen, sondern gemäß § 599 Abs. 1 ZPO ein entsprechender Vorbehalt in den Tenor mit aufgenommen. Der Kläger erhält zwar den gewünschten schnellen Vollstreckungstitel – legitimiert durch die Beweisführung durch Urkunden –; der Beklagte kann aber im Nachverfahren die Verurteilung noch abwenden und nunmehr sämtliche Beweismittel (zB Zeugenbeweis) wieder ausschöpfen.

Die Vollstreckbarkeit richtet sich nach § 708 Nr. 4 ZPO iVm § 711 S. 1, 2 ZPO. 450 Der Urkundenprozess ist somit auch in der Vollstreckung privilegiert; anders als im Fall des § 709 S. 1 ZPO muss der Gläubiger trotz hoher Hauptforderung – jedenfalls zunächst – keine Sicherheit erbringen (vgl. *van den Hövel* NZBau 2006, 6, 10/11).

☑ Fall 96: 1. Abwandlung

Im Nachverfahren kann der Beklagte seine Einwendungen gegen die Klageforde- 451 rung – zB durch Zeugen die behauptete Stundungsabrede – nicht beweisen.

Tenor des Schlussurteils:

Das Vorbehaltsurteil vom ... wird für vorbehaltlos erklärt. 452
Dem Beklagten werden die weiteren Kosten des Rechtsstreits auferlegt.
Das Urteil ist vorläufig vollstreckbar.
Dem Beklagten wird nachgelassen, die Vollstreckung durch den Kläger gegen Sicherheitsleistung in Höhe von 120% des auf Grund des Urteils vollstreckbaren Betrages abzuwenden, wenn nicht der Kläger vor der Vollstreckung Sicherheit in Höhe von 120% des jeweils zu vollstreckenden Betrages leistet.

Erläuterungen:

Die Formulierung des Tenors in der Hauptsache ergibt sich aus § 708 Nr. 5 ZPO 453 (vgl. Zöller/*Greger* § 600 Rn. 22).

Da das Vorbehaltsurteil in der Sache – einschließlich der Kostenentscheidung – bestehen bleibt, ist nur noch über die **weiteren** Kosten des Rechtsstreits zu entscheiden (Zöller/*Greger* ZPO § 600 Rn. 22; Thomas/Putzo/*Reichold* ZPO § 600 Rn. 7).

Die Vollstreckbarkeit richtet sich nach § 708 Nr. 5 ZPO iVm § 711 S. 1, 2 ZPO.

☑ Fall 97: 2. Abwandlung

454 Im Nachverfahren kann der Beklagte seine Einwendungen gegen die Klageforderung durch Zeugen beweisen.

Tenor des Schlussurteils:

455 Das Vorbehaltsurteil vom … wird aufgehoben.
Die Klage wird abgewiesen.
Die Kosten des Rechtsstreits werden dem Kläger auferlegt.
Das Urteil ist gegen Sicherheitsleistung in Höhe von 120% des jeweils zu vollstreckenden Betrages vorläufig vollstreckbar.

Erläuterungen:

456 Nachdem feststeht, dass die Klage unbegründet ist, wird nunmehr der im Urkundenprozess geschaffene – schnelle – Titel aufgehoben, §§ 600 Abs. 2; 302 Abs. 4 S. 2 ZPO.

Es ist zu beachten, dass überdies der Klageantrag zu bescheiden, dh vorliegend die Klage abzuweisen ist.

Über die Kosten des Rechtsstreits ist insgesamt gemäß § 91 Abs. 1 ZPO zu entscheiden.

Die vorläufige Vollstreckbarkeit ergibt sich aus § 709 S. 1 ZPO. § 708 Nr. 5 ZPO ist wegen der Aufhebung des Urteils im Urkundenprozess nicht einschlägig. Vollstreckbar sind nur die Kosten, die vorliegend 1.500 EUR übersteigen (2,5 Anwaltsgebühren zu je 788 EUR netto).

☑ Fall 98: Der Kläger kann den Nachweis durch Urkunden nicht führen

457 Der Kläger klagt im Urkundenprozess gegen den Beklagten auf Zahlung von 25.000 EUR. Der Kläger kann den schlüssig vorgetragenen Anspruch durch Urkunden belegen. Der Beklagte behauptet, mit dem Kläger eine Stundungsabrede getroffen zu haben und belegt dies durch Vorlage einer entsprechenden Vertragsurkunde. Der Kläger behauptet hierzu unter Berufung auf Zeugen, die Parteien hätten sich wenig später dahingehend geeinigt, dass die Stundungsabrede hinfällig sei.

Urteilstenor:

458 Die Klage wird als im Urkundenprozess unstatthaft abgewiesen.
Dem Kläger werden die Kosten des Rechtsstreits auferlegt.
Das Urteil ist vorläufig vollstreckbar.
Dem Kläger wird nachgelassen, die Vollstreckung durch den Beklagten gegen Sicherheitsleistung in Höhe von 120% des auf Grund des Urteils vollstreckbaren Betrages abzuwenden, wenn nicht der Beklagte vor der Vollstreckung Sicherheit in Höhe von 120% des jeweils zu vollstreckenden Betrages leistet.

Erläuterungen:

459 Das Klagevorbringen ist schlüssig, das Beklagtenvorbringen erheblich; beide Parteien haben ihre Behauptungen durch Urkunden belegt. Der Kläger kann jedoch für seine nunmehr gegen den Beklagtenvortrag gerichtete **Replik** nicht mehr den Urkundennachweis führen; insoweit beruft er sich auf Zeugen, ein im Urkundenprozess unstatthaftes Beweismittel. Eine im Urkundenprozess erfolgende endgültige Klageabweisung würde ihm damit die Möglichkeit nehmen, seine Behauptung im ordent-

lichen Rechtsstreit zu beweisen. Deshalb wird nunmehr die Klage gemäß § 597 Abs. 2 ZPO lediglich »als im Urkundenprozess unstatthaft« abgewiesen. Der Kläger behält damit die Möglichkeit, seinen Anspruch im ordentlichen Verfahren geltend zu machen (Zöller/*Greger* ZPO § 597 Rn. 7).

Die Kostenentscheidung beruht auf § 91 Abs. 1 ZPO.

Die vorläufige Vollstreckbarkeit ergibt sich auch für den Fall der Klageabweisung aus § 708 Nr. 4 ZPO iVm § 711 S. 1, 2 ZPO (Zöller/*Herget* ZPO § 708 Rn. 6).

Anmerkung:

Neben den Vorbehaltsurteilen des Urkundenprozesses, die in jedem Fall in der dargestellten Weise zu tenorieren sind, soll auch auf die fakultativen Vorbehaltsurteile der **beschränkten Erbenhaftung**, § 780 Abs. 1 ZPO, verwiesen werden. In diesen Fällen wird ein entsprechender Vorbehalt nur tenoriert, wenn der Erbe seine beschränkte Erbenhaftung (Nachlassinsolvenz und -verwaltung, Erschöpfungs- und Dürftigkeitseinreden, Einrede des ungeteilten Nachlasses) bis spätestens zum Schluss der letzten Tatsachenverhandlung geltend gemacht hat (Thomas/Putzo/*Seiler* ZPO § 780 Rn. 4/5 und 6). In diesen Fällen wird der Tenor wie folgt ergänzt: **460**

Dem Beklagten bleibt die beschränkte Erbenhaftung vorbehalten.

(vgl. Thomas/Putzo/*Seiler* ZPO § 780 Rn. 7).

XVII. Aufgebotssachen

Fall 99: Der Ausschließungsbeschluss

Der Antragsteller verlangt die Ausschließung **461**
- des fälschlich als Eigentümer im Grundbuch stehenden Fritz Meier
- des im Besitz des Hypothekenbriefes befindlichen Klaus Schulze als Hypothekengläubiger
- eines Unbekannten, der im Besitz des Sparkassenbuches des Antragstellers ist.

Tenor des Ausschließungsbeschlusses:

- Herr Fritz Meier wird als Eigentümer des im Grundbuch Nr.... verzeichneten Grundstücks, Flur 6, Nr. 9 der Gemeinde Waldhausen ausgeschlossen. **462**
- Herr Klaus Schulze wird als Hypothekengläubiger ausgeschlossen. Der Hypothekenbrief ... (genaue Bezeichnung) wird für kraftlos erklärt.
- Das Sparkassenbuch ... (genaue Bezeichnung) wird für kraftlos erklärt. Der Sparkasse wird untersagt, an den Inhaber des Sparkassenbuches ... einen Geldbetrag aus diesem Sparkassenbuch auszuzahlen.

Dem Antragsteller werden die Kosten des Ausschlussverfahrens auferlegt.

Erläuterungen:

Das Aufgebotsverfahren gehörte zu den häufig »überlesenen« Materien der ZPO, vgl. §§ 946 ff. ZPO aF; nunmehr ist es in §§ 433 ff. FamFG geregelt. Der Ausschließungsbeschluss ist in § 439 FamFG normiert, zum Tenor der Entscheidung in der Hauptsache vgl. jeweils §§ 442 Abs. 1 FamFG (Grundstückseigentümer); 447 Abs. 1 FamFG (Grundpfandrechtsgläubiger) und § 478 Abs. 1 FamFG (Urkunden); zur früheren Regelung siehe *Wagner/Zartmann* S. 386–391. **463**

Bei der Kostenentscheidung ist zu beachten, dass den Antragsteller die Kostenlast trifft – obwohl er in der Sache »Erfolg« hat (Zöller/*Geimer* FamFG § 439 Rn. 1).

Eine Entscheidung über die Vollstreckbarkeit erfolgt nicht im Beschluss.

XVIII. Teilurteile

Fall 100: Die Entscheidungsreife eines Anspruchs (von mehreren)

464 Der Kläger klagt gegen den Beklagten auf Entrichtung des Mietzinses für drei konkret bezeichnete Monate in Höhe von 1.500 EUR (3 Monate à 500 EUR). Weiterhin macht er Schadensersatzansprüche wegen Beschädigung der Mietsache in Höhe von 2.000 EUR geltend. Der Anspruch auf den Mietzins ist für zwei Monate unstreitig, für den geltend gemachten dritten Monat besteht kein Anspruch. Ob ein Schadensersatzanspruch besteht, ist hingegen nur durch eine langandauernde, umfangreiche Beweisaufnahme zu klären. Deshalb möchte das erkennende Gericht vorab über den entscheidungsreifen Teil der Klage urteilen.

Tenor des Teilurteils:

465 Der Beklagte wird verurteilt, an den Kläger 1.000 EUR zu zahlen.
In Höhe von 500 EUR (Miete für den Monat ...) wird die Klage abgewiesen.
Die Kostenentscheidung bleibt dem Schlussurteil vorbehalten.
Das Urteil ist vorläufig vollstreckbar.
Dem Beklagten wird nachgelassen, die Vollstreckung durch den Kläger gegen Sicherheitsleistung in Höhe von 120% des auf Grund des Urteils vollstreckbaren Betrages abzuwenden, wenn nicht der Kläger vor der Vollstreckung Sicherheit in Höhe von 120% des jeweils zu vollstreckenden Betrages leistet.

Erläuterungen:

466 Zunächst müssen gemäß § 301 ZPO die Voraussetzungen des Teilurteils vorliegen. In der Regel kann ein Teilurteil nur ergehen, wenn bei einer **Mehrheit** von Ansprüchen einer davon bereits entscheidungsreif, dh unabhängig von der Entscheidung des Rest-Streits ist. Insoweit sind zwei Monatsmieten zuzusprechen; im Übrigen muss die Klage wegen der dritten Monatsmiete abgewiesen werden. Dabei ist auf eine genaue Bezeichnung im Tenor zu achten, damit klar wird, dass nicht wegen des geltend gemachten Schadensersatzes eine (Teil-)Abweisung erfolgt!

Eine Kostenentscheidung ist nicht veranlasst, da erst nach Abschluss des gesamten Verfahrens eine Kostenquote bestimmt werden kann (vgl. Zöller/*Feskorn* ZPO § 301 Rn. 21).

Die Vollstreckbarkeit richtet sich nach dem bislang tenorierten Betrag, vorliegend somit nach §§ 708 Nr. 11 1. Alt. iVm 711 S. 1, 2 ZPO.

Fall 101: Fortsetzung von Fall 100

467 Nach der zu Ungunsten des Klägers verlaufenden Beweisaufnahme nimmt der Kläger die Klage insoweit zurück.

Tenor des Schlussurteils:

468 Die Kosten des Rechtsstreits werden dem Kläger zu 71% und dem Beklagten zu 29% auferlegt. Hiervon ausgenommen sind die durch die Beweisaufnahme entstandenen Kosten, die dem Kläger auferlegt werden.

Das Urteil ist wegen der Kosten vorläufig vollstreckbar.
Beiden Parteien wird nachgelassen, die Vollstreckung durch die jeweils andere Partei gegen Sicherheitsleistung in Höhe von 120% des auf Grund des Urteils vollstreckbaren Betrages abzuwenden, wenn nicht die jeweils andere Partei vor der Vollstreckung Sicherheit in Höhe von 120% des jeweils zu vollstreckenden Betrages leistet.

Erläuterungen:

Nachdem das Amtsgericht in der Sache zuvor ein Teilurteil ohne Kostenentscheidung erlassen hat (Fall 100), ist nunmehr noch über den weiteren Klageantrag (der Kläger begehrt noch Schadensersatz in Höhe von 2.000 EUR) sowie über die gesamten Kosten des Rechtsstreits zu entscheiden. Dies geschieht im Schlussurteil. **469**

Da vorliegend der Kläger die hier noch zur Entscheidung stehende Klage auf Schadensersatz gemäß § 269 Abs. 3 S. 1 ZPO zurückgenommen hat, ist ein Hauptsacheausspruch im Tenor nicht mehr zu treffen.

Die Kostenhöhe des Rechtsstreits richtet sich nach einem Streitwert von 3.500 EUR. **470**
Da der Kläger im Hinblick auf die Beweisaufnahme vollständig verloren hat, würde ihn eine einheitliche Quotierung von 71% zu 29% (exakt: 71,4% zu 28,6%) im Hinblick auf die Kosten der Beweisaufnahme zu Unrecht privilegieren. Deshalb besteht – wie in Fall 22 dargestellt – gemäß § 96 ZPO die Möglichkeit, die Kosten entsprechend aufzuteilen, dh den Kläger mit den Kosten der für ihn vollständig erfolglosen Beweisaufnahme zu belasten.

Die Teil-Klagerücknahme ändert an der Kostenhöhe nichts: die drei Gerichtsgebühren bleiben hiervon unberührt (vgl. Nr. 1211 KV der Anlage 1 zu § 3 Abs. 2 GKG), zwei Gebühren werden nur im Fall der **vollständigen** Klagerücknahme zurückerstattet. Unverändert bleiben auch die jeweils 1,3 **Verfahrens**gebühren der Rechtsanwälte.

Da vorliegend die Klagerücknahme erst **nach** streitiger Verhandlung zur Sache erfolgt ist, sind auch die jeweils 1,2 **Termins**gebühren der Rechtsanwälte nach dem vollen Streitwert von 3.500 EUR entstanden.

Die Vollstreckbarkeit richtet sich nach § 708 Nr. 11 2. Alt. BGB, da beide Parteien **471**
aus dem Schlussurteil nur noch Kosten vollstrecken können. Bei dem Streitwert von 3.500 EUR liegen diese unterhalb der Kostengrenze des § 708 Nr. 11 2. Alt. ZPO von 1.500 EUR. Eine Gerichtsgebühr beträgt 127 EUR, eine Anwaltsgebühr 252 EUR. Etwas anderes könnte nur gelten, wenn zB hohe Gutachterkosten angefallen wären.

XIX. Zwischenurteile

Das Zwischenurteil entscheidet nicht einen – im Übrigen abgrenzbaren – Teil des Rechtsstreits (Teilurteil), sondern einzelne Streitpunkte, zB die Frage, ob die Klage überhaupt zulässig ist (vgl. hierzu Thomas/Putzo/*Reichold* ZPO § 280 Rn. 5). **472**

Fall 102: Parteiwechsel statt Rubrumsberichtigung

Der Kläger nimmt die Beklagte auf Begleichung einer Warenlieferung in Anspruch. Nachdem die Beklagte eingewandt hat, sie sei nicht passivlegitimiert, dh nicht Vertragspartnerin des Klägers, begehrt der Kläger eine **Berichtigung** des Beklagtenrubrums, dass nunmehr der Dritte D verklagt sei. Die Beklagte meint, es liege ein **Parteiwechsel**, nicht aber eine Klageänderung vor. Das Gericht trifft eine Zwischenentscheidung. **473**

Urteilstenor:

474 Es wird festgestellt, dass keine Berichtigung des Beklagtenrubrums, sondern ein Parteiwechsel vorliegt.

Erläuterungen:

475 Mit diesem Zwischenurteil wird bindend festgestellt, dass die Beklagte nicht passivlegitimiert ist, der Kläger folglich die Klage gegen die falsche Beklagte gerichtet hat. Zur Vermeidung einer Klageabweisung empfiehlt es sich, die Klage im Wege des **Parteiwechsels** nunmehr gegen den neuen Beklagten – den Dritten D – zu richten. Die alte Beklagte muss nach mündlicher Verhandlung gemäß § 269 Abs. 1 ZPO analog zustimmen (vgl. *BGH* NJW 1981, 989; Zöller/*Greger* ZPO § 263 Rn. 24, 25; Thomas/Putzo/*Hüßtege* ZPO Vor § 50 Rn. 22).

Eine Kostenentscheidung und ein Ausspruch der Vollstreckbarkeit sind mangels eines vollstreckungsfähigen Inhalts nicht geboten (Zöller/*Vollkommer* ZPO § 303 Rn. 10).

Fall 103: Die Entscheidung über den Grund des Anspruchs

476 In einem aufwändigen Bauprozess verlangt der Kläger von dem Beklagten Schadensersatz wegen zahlreicher Mängel. Der Beklagte bestreitet nicht nur die Höhe, sondern insbesondere auch, überhaupt dem Grunde nach ersatzpflichtig zu sein, da er allenfalls auf Nacherfüllung in Anspruch genommen werden könne. Das Gericht trifft eine Zwischenentscheidung.

Urteilstenor:

477 Die Klage ist dem Grunde nach gerechtfertigt.

Erläuterungen:

478 Derartige Urteile bieten sich an, um vor einer aufwändigen Beweisaufnahme zu klären, ob überhaupt **dem Grunde nach** eine Haftung besteht. Andernfalls bestünde die Gefahr, dass das erstinstanzliche Gericht eine umfangreiche, teure Beweisaufnahme zur Schadenshöhe durchführt, das Berufungsgericht hingegen zu dem Ergebnis kommt, dass der Beklagte schon dem Grunde nach nicht haftet (sondern tatsächlich zunächst auf Nacherfüllung in Anspruch genommen werden muss).

Zur Formulierung des Tenors vgl. *Schuschke/Kessen/Höltje* Rn. 645. Nach *Anders/Gehle* A-171, kann der Urteilsausspruch auch als **Feststellung** tenoriert werden; dies überzeugt nicht, da es sich nach wie vor um eine **Leistungs**klage handelt.

Eine Kostenentscheidung ist nicht geboten, da die Höhe des Obsiegens und Unterliegens noch nicht feststeht. Ebenso fehlt ein **vollstreckbarer** Inhalt.

XX. Abänderungsklagen

Fall 104: Der Fall des § 323 ZPO

479 Der Beklagte zahlt auf Grund des Urteils des Landgerichts Bochum an die Klägerin als Schadensersatz eine monatliche Unterhaltsrente (§ 843 BGB) in Höhe von 600 EUR. Aufgrund einer wesentlichen Änderung der für die Unterhaltsbemessung maßgeblichen Verhältnisse iSd § 323 Abs. 2 ZPO erreicht die Klägerin mit der vorliegenden Klage eine antragsgemäße Erhöhung auf 1.000 EUR pro Monat.

Urteilstenor:

Das Urteil des Landgerichts Bochum vom ... wird dahingehend abgeändert, dass der Beklagte verurteilt wird, ab dem 1. März 2007 an die Klägerin monatlich jeweils im Voraus Unterhalt in Höhe von 1.000 EUR zu zahlen. **480**

Die Kosten des Rechtsstreits werden dem Beklagten auferlegt.

Das Urteil ist vorläufig vollstreckbar.

Dem Beklagten wird nachgelassen, die Vollstreckung durch die Klägerin gegen Sicherheitsleistung in Höhe von 120% des auf Grund des Urteils vollstreckbaren Betrages abzuwenden, wenn nicht die Klägerin vor der Vollstreckung Sicherheit in Höhe von 120% des jeweils zu vollstreckenden Betrages leistet.

Erläuterungen:

In dem Tenor ist die abzuändernde Entscheidung genau zu bezeichnen und die abgeänderte Verurteilung wiederum aus sich selbst heraus verständlich zu tenorieren (vgl. *Schellhammer* Zivilprozess Rn. 200; *Zimmermann* Klage, Gutachten und Urteil Rn. 564). Im Übrigen bleibt das frühere Urteil bestehen (Thomas/Putzo/*Hüßtege* ZPO § 323 Rn. 32). **481**

Die Kostenentscheidung berücksichtigt in der üblichen Weise das Verhältnis von Obsiegen zum Unterliegen: hier hat die Klägerin mit ihrem Abänderungsantrag vollständig Erfolg, so dass der Beklagte die gesamten Kosten des Rechtsstreits zu tragen hat. Der Streitwert bestimmt sich nach § 42 Abs. 1 S. 1 und Abs. 5 GKG: maßgeblich ist die Differenz zwischen dem früheren Urteil und dem jetzigen Antrag (Thomas/Putzo/*Hüßtege* ZPO § 323 Rn. 33).

Die vorläufige Vollstreckbarkeit richtet sich auch bei Änderungsurteilen nach § 708 Nr. 8 iVm § 711 S. 1, 2 ZPO (vgl. Zöller/*Herget* ZPO § 708 Rn. 10 mwN).

B. Der Tenor in besonderen Einzelfällen

I. Das Urteil im Anerkenntnis- und Verzichtsverfahren

482 Auch wenn der Beklagte die Klageforderung gemäß § 307 ZPO anerkennt oder der Kläger auf die Klageforderung gemäß § 306 ZPO verzichtet, bedarf es der vollständigen Tenorierung des Hauptausspruches, der Kostenentscheidung und der Vollstreckbarkeit. Denn ohne Titel nützt dem Kläger das Anerkenntnis des Beklagten nichts, wenn dieser nicht freiwillig Hauptforderung und Kosten begleicht. Der Beklagte wiederum möchte von dem auf den Klageanspruch verzichtenden Kläger seine Kosten erstattet bekommen. Deshalb ist zugleich auch die Frage der Vollstreckbarkeit zu tenorieren. Schutzbedürftig sind allerdings weder der anerkennende Beklagte noch der verzichtende Kläger.

Fall 105: Das vollständige Anerkenntnis

483 Der Kläger verklagt den Beklagten auf Zahlung von 4.000 EUR; der Beklagte erkennt den Anspruch an.

Tenor des Anerkenntnisurteils:

484 Der Beklagte wird (entsprechend seinem Anerkenntnis) verurteilt, an den Kläger 4.000 EUR zu zahlen.
Die Kosten des Rechtsstreits werden dem Beklagten auferlegt.
Das Urteil ist vorläufig vollstreckbar.

Erläuterungen:

485 Es ist in der Hauptsache dem Anerkenntnis des Beklagten entsprechend zu tenorieren. Der Zusatz »... entsprechend seinem Anerkenntnis ...« ist nicht zwingend erforderlich. Es bedarf weder eines Antrages des Klägers, arg. e. § 307 S. 1 ZPO, noch einer mündlichen Verhandlung, § 307 S. 2 ZPO.

Die Kostenentscheidung folgt grundsätzlich aus § 91 Abs. 1 ZPO. Im Einzelfall kann aber auch § 93 ZPO Anwendung finden (vgl. Fall 107): Bei einem sofortigen Anerkenntnis (im ersten Verhandlungstermin) trägt der Kläger die Kosten des Rechtsstreits, wenn der Beklagte zur Klageerhebung keinen Anlass gegeben, dh sich insbesondere nicht im Verzug befunden hat. Deshalb ist vor einer Klage immer die Verzugsetzung des Beklagten angeraten!

Die Vollstreckbarkeit folgt aus § 708 Nr. 1 ZPO.

Da der Beklagte anerkennt, dh sich freiwillig in die Rolle des Unterliegenden begibt, ist er nicht schutzwürdig; eine Abwendungsbefugnis ergibt sich deshalb in diesen Fällen aus § 711 S. 1 ZPO nicht!

Fall 106: Abwandlung: Das Teilanerkenntnis

486 Der Kläger verklagt den Beklagten auf Zahlung von 4.000 EUR; der Beklagte erkennt den Anspruch in Höhe von 3.000 EUR an. Die Klage ist insgesamt begründet.

Tenor des Anerkenntnisteil- und Schlussurteils:

487 Der Beklagte wird verurteilt, an den Kläger 4.000 EUR zu zahlen.
Die Kosten des Rechtsstreits werden dem Beklagten auferlegt.

Das Urteil ist vorläufig vollstreckbar.
Soweit der Kläger in der Hauptsache über 3.000 EUR nebst anteiliger Kosten hinaus vollstreckt, wird dem Beklagten nachgelassen, die Vollstreckung durch den Kläger gegen Sicherheitsleistung in Höhe von 1.200 EUR abzuwenden, wenn nicht der Kläger vor der Vollstreckung Sicherheit in gleicher Höhe leistet.

Erläuterungen:

Zu beachten ist zunächst die Bezeichnung des Urteils. Wenn ein Teil anerkannt 488 und der Rest streitig entschieden wird, dann liegt nicht etwa ein Teilanerkenntnis- und Schlussurteil vor! Dies wird immer wieder verkannt. Denn es ist nicht iSd § 301 ZPO **vorab** über einen Teil des Rechtsstreits entschieden worden, sondern zugleich über den **gesamten** Rechtsstreit. Insoweit ergeht nicht zunächst ein Teilurteil und später zum Abschluss des gesamten Rechtsstreits ein Schlussurteil, sondern von vornherein nur **eine** einzige Schlussentscheidung. Da ein Teil hiervon anerkannt worden ist, handelt es sich deshalb um ein Anerkenntnis**teil-** und Schlussurteil (vgl. auch *Fischer/Uthoff* Rn. 379).

Der Beklagte hat als unterliegende Partei gemäß § 91 Abs. 1 ZPO die gesamten Kosten des Rechtsstreits zu tragen.

Vorsicht ist wiederum bei der Tenorierung der Vollstreckbarkeit geboten. Soweit anerkannt worden ist, dh in Höhe von 3.000 EUR, richtet sich die Vollstreckbarkeit nach § 708 Nr. 1 ZPO. Das Urteil ist insoweit vorläufig vollstreckbar – ohne Sicherheitsleistung und ohne Abwendungsbefugnis gemäß § 711 ZPO. Nur soweit es um die ausgeurteilten weiteren 1.000 EUR geht, ist die allgemeine Vollstreckungsregelung des § 708 Nr. 11 1. Alt. ZPO iVm § 711 S. 1, 2 ZPO einschlägig. Insoweit übersteigt die Verurteilung in der Hauptsache nämlich nicht 1.250 EUR. Falsch wäre folglich eine – auf den ersten Blick plausible – Tenorierung nach § 709 S. 1, 2 ZPO: diese ließe das Anerkenntnis in Höhe von 3.000 EUR außer Acht. Im Übrigen sollte man die Sicherungsleistung konkret beziffern, denn die grundsätzlich übliche Formulierung einer Abwendungsbefugnis von »120% des aufgrund des Urteils vollstreckbaren Betrages« würde den **Gesamt**betrag erfassen, wäre sprachlich somit nicht korrekt (vgl. auch Fall 135).

Fall 107: Der Fall des § 93 ZPO

Der Kläger verklagt den Beklagten auf Zahlung von 3.000 EUR. Der Beklagte er- 489 kennt die Klageforderung unter Protest gegen die Kostenlast an und wendet zutreffend ein, keine Veranlassung zur Klage gegeben zu haben, da er vom Kläger zuvor nicht gemahnt worden sei.

Tenor des Anerkenntnisurteils:

Der Beklagte wird verurteilt, an den Kläger 3.000 EUR zu zahlen. 490
Die Kosten des Rechtsstreits werden **dem Kläger** auferlegt.
Das Urteil ist vorläufig vollstreckbar.

Erläuterungen:

Die Besonderheit dieses Tenors besteht vorliegend in der Kostenentscheidung: ob- 491 wohl der Beklagte anerkennt – und damit in der Hauptsache verliert –, hat der Kläger die Kosten des Rechtsstreits zu tragen. Dies liegt an § 93 ZPO, der in diesen Fällen immer zu prüfen ist. Erkennt der Beklagte »sofort«, dh wohl: spätestens innerhalb der Klageerwiderungsfrist (sowohl beim schriftlichen Vorverfahren als auch bei Anberaumung des frühen ersten Termins) den Klageanspruch an (vgl. Zöller/*Herget* ZPO § 93 Rn. 4; Thomas/Putzo/*Hüßtege* ZPO § 93 Rn. 9; HK-ZPO/*Gierl* § 93 Rn. 28; *Schuschke/Kessen/Höltje* Rn. 412; nach *Anders/Gehle* A-195, reicht das Anerkenntnis in der (ersten) mündlichen Verhandlung aus, soweit der Anspruch vorher schriftlich nicht bestritten wurde), entgeht er der Kostentragungspflicht, wenn er keine Veranlassung zur Klage gegeben hat. Diese Voraussetzung ist dann begründet, wenn der Beklagte zuvor die – fällige – Klageforderung niemals bestritten hat, dh insbesondere vom Kläger noch nicht in Verzug gesetzt worden ist. Deshalb sollte vor Erhebung einer Klage der Gläubiger dem Schuldner immer zunächst eine – verzugsbegründende – Frist zur Leistung setzen, um im nachfolgenden Rechtsstreit dem Kostenrisiko des § 93 ZPO zu entgehen! Nach einer weit verbreiteten Meinung genügt allerdings bei fälligen Geldschulden das Anerkenntnis allein nicht zur Anwendung des § 93 ZPO; vielmehr muss die geschuldete Leistung auch sofort erbracht werden (*OLG Hamm* MDR 1985, 505; vgl. Zöller/*Herget* ZPO § 93 Rn. 6 »Geldschulden«; aA Thomas/Putzo/*Hüßtege* ZPO § 93 Rn. 3, 13, aber mit der Einschränkung, dass dann idR Anlass zur Klageerhebung bestehe).

Fall 108: Das Verzichtsurteil

492 Der Kläger verklagt den Beklagten auf Zahlung eines Kaufpreises in Höhe von 2.000 EUR. Im Termin zur mündlichen Verhandlung erklärt er den Verzicht, nachdem zuvor der Beklagte seinen Verzicht auf eine Darlehensgegenforderung zu Protokoll erklärt hat. Der Beklagte beantragt den Erlass eines Verzichtsurteils.

Tenor des Verzichtsurteils:

493 Der Kläger wird mit dem Kaufpreisanspruch aus dem Kaufvertrag vom … gegen den Beklagten abgewiesen.
Die Kosten des Rechtsstreits werden dem Kläger auferlegt.
Das Urteil ist vorläufig vollstreckbar.

Erläuterungen:

494 Der Verzicht erfolgt in der mündlichen Verhandlung, der Tenor ergibt sich gemäß § 306 ZPO (vgl. Zöller/*Feskorn* ZPO § 306 Rn. 5). Der Anspruch sollte so genau wie möglich bezeichnet werden, um etwaige Missverständnisse und Rechtskrafterstreckungen im Hinblick auf mögliche anderweitige Ansprüche des Klägers (zB aus Mietvertrag) zu verhindern.

Die Kostenentscheidung folgt der allgemeinen Kostentragungspflicht nach § 91 Abs. 1 ZPO.

Die vorläufige Vollstreckbarkeit ist gemäß § 708 Nr. 1 ZPO zu tenorieren, und zwar nach § 711 S. 1 ZPO ohne Sicherheitsleistung: wer freiwillig auf seinen Anspruch »verzichtet«, ist nicht schutzwürdig.

II. Das Urteil im Säumnisverfahren

1. Der Tenor im Ersten Versäumnisurteil

495 Wenn die Klageforderung **schlüssig** ist und zudem der Beklagte sich nicht verteidigt, dh iSd § 333 ZPO nicht streitig verhandelt bzw. im Termin nicht erscheint, somit **säumig** ist, erlässt das erkennende Gericht auf Antrag ein »Erstes« Versäumnisurteil gemäß § 331 Abs. 1 bis 3 ZPO.

Das Klagevorbringen gilt als zugestanden. Soweit der **Beklagte** im vorgenannten Sinn »säumig« ist, ist es nicht nur gerechtfertigt, ihn bei **schlüssigem** Klagevortrag des Klägers antragsgemäß zu verurteilen, sondern auch, das Urteil **ohne** Sicherheitsleistung für vorläufig vollstreckbar zu erklären (§ 708 Nr. 2 ZPO iVm § 711 S. 1 ZPO). Ist der **Kläger** im Termin »säumig«, so ergeht auf Antrag des Beklagten ein Versäumnisurteil gegen den Kläger, soweit die Klage schlüssig ist. Andernfalls ergeht ein kontradiktorisches Endurteil, da es dann nicht auf der Säumnis des Klägers beruht.

☑ Fall 109: Das Versäumnisurteil gegen den Beklagten

Der Kläger klagt gegen den Beklagten auf Zahlung von 8.000 EUR. Die Klage ist schlüssig, der Beklagte ist im Termin säumig bzw. hat im schriftlichen Vorverfahren auf die Klagezustellung nicht reagiert. Der Kläger beantragt den Erlass eines Versäumnisurteils (vgl. § 331 Abs. 1 bzw. 3 ZPO). **496**

Tenor des Versäumnisurteils:

Der Beklagte wird verurteilt, an den Kläger 8.000 EUR zu zahlen. **497**
Die Kosten des Rechtsstreits werden dem Beklagten auferlegt.
Das Urteil ist vorläufig vollstreckbar.

Erläuterungen:

In der Hauptsache ist der Beklagte – soweit die Klage schlüssig ist – antragsgemäß zu verurteilen. **498**

Die Kostenentscheidung ergibt sich aus § 91 Abs. 1 ZPO.

Besonderheiten ergeben sich nur bei der Vollstreckbarkeit ohne Sicherheitsleistung, da § 711 S. 1 ZPO für den hier vorliegenden Fall des § 708 Nr. 2 ZPO nicht gilt!

Der Beklagte als unterliegende Partei ist nämlich nicht schutzwürdig iSd § 711 ZPO, da er sich selbst schon nicht gegen die Klage verteidigt. Es ist kein Grund ersichtlich, warum der Kläger in diesem Fall nicht ohne Sicherheitsleistung vollstrecken soll.

☑ Fall 110: Das Versäumnisurteil gegen den Kläger

Im Termin zur mündlichen Verhandlung ist der **Kläger** nicht erschienen. Seine Klage auf Zahlung von 8.000 EUR ist schlüssig. Der Beklagte beantragt den Erlass eines Versäumnisurteils. **499**

Tenor des Versäumnisurteils:

Die Klage wird abgewiesen. 500
Die Kosten des Rechtsstreits werden dem Kläger auferlegt.
Das Urteil ist vorläufig vollstreckbar.

Erläuterungen:

Es gelten dieselben Grundsätze wie beim Versäumnisurteil gegen den Beklagten. Auch dieses Urteil beruht (nur) auf der Säumnis einer Partei, da die Klage schlüssig ist! **501**

Die Vollstreckbarkeit richtet sich nach § 708 Nr. 2 ZPO.

☑ Fall 111: Das unechte Versäumnisurteil gegen den Kläger

502 Im Termin zur mündlichen Verhandlung ist der **Kläger** nicht erschienen. Seine Klage auf Zahlung von 8.000 EUR ist **nicht** schlüssig. Der Beklagte beantragt Klageabweisung.

Tenor des kontradiktorischen (bzw. unechten Versäumnis-)Urteils:

503 Die Klage wird abgewiesen.
Die Kosten des Rechtsstreits werden dem Kläger auferlegt.
Das Urteil ist vorläufig vollstreckbar.
Dem Kläger wird nachgelassen, die Vollstreckung durch den Beklagten gegen Sicherheitsleistung in Höhe von 120% des auf Grund des Urteils vollstreckbaren Betrages abzuwenden, wenn nicht der Beklagte vor der Vollstreckung Sicherheit in Höhe von 120% des jeweils zu vollstreckenden Betrages leistet.

Erläuterungen:

504 Auch in diesem Fall ist der Kläger zwar säumig, aber die Entscheidung ergeht nicht aufgrund seiner Säumnis, sondern aufgrund der Unschlüssigkeit seiner Klage. Deshalb handelt es sich um ein kontradiktorisches, instanzabschließendes und mit der Berufung angreifbares klageabweisendes Endurteil, das auch »unechtes Versäumnisurteil« genannt wird. Eine derartige Entscheidung dürfte regelmäßig nur nach richterlichem Hinweis, der terminvorbereitend schriftlich erfolgen kann, ergehen, §§ 139 Abs. 1, 2, 4 iVm 273 Abs. 2 Nr. 1 ZPO.

Die Vollstreckbarkeit für den Beklagten richtet sich nach §§ 708 Nr. 11 2. Alt.; 711 S. 1, 2 ZPO; der Beklagte kann in diesem Fall 2,5 Rechtsanwaltsgebühren zu je 456 EUR netto vollstrecken.

Fall 112: Die wechselseitige Säumnis (Fortsetzung von Fall 110)

505 Nach dem gemäß §§ 339, 340 ZPO form- und fristgerecht eingelegten Einspruch des Klägers beraumt das Gericht gemäß § 341a ZPO einen Termin zur mündlichen Verhandlung über den Einspruch an; in diesem Termin ist nunmehr der Beklagte säumig. Der Kläger beantragt den Erlass eines Versäumnisurteils.

Tenor des Versäumnisurteils:

506 Das Versäumnisurteil vom … wird aufgehoben.
Der Beklagte wird verurteilt, an den Kläger 8.000 EUR zu zahlen.
Die Kosten des Rechtsstreits werden dem Beklagten auferlegt; hiervon ausgenommen sind die Kosten der Säumnis des Klägers, die er selbst zu tragen hat.
Das Urteil ist vorläufig vollstreckbar.

Erläuterungen:

507 Auch hier wird durch ein »Erstes« Versäumnisurteil, beruhend auf der Schlüssigkeit der Klage sowie der Säumnis des Beklagten, entschieden.

Zu beachten ist aber, dass das zuvor gegen den Kläger ergangene Versäumnisurteil aufgehoben werden muss.

Bei der Kostenentscheidung ist zu beachten, dass zwar der Beklagte grundsätzlich gemäß § 91 Abs. 1 ZPO die Kosten des Rechtsstreits zu tragen hat, nicht aber die durch die erste Säumnis des Klägers entstandenen Kosten. Diese verbleiben in jedem Fall bei dem Kläger, § 344 ZPO.

Die Vollstreckbarkeit ohne Sicherheitsleistung folgt wiederum aus §§ 708 Nr. 2; 711 S. 1 ZPO.

Fall 113: Zur Übung

Der Kläger verlangt von dem Beklagten Werklohn in Höhe von 2.000 EUR; hierzu trägt er vor, das Fahrzeug des Beklagten ordnungsgemäß repariert zu haben. Der Beklagte verteidigt sich in dem Schriftsatz zur Klageerwiderung damit, keine Abnahme erklärt zu haben; folglich sei der Anspruch zumindest noch nicht fällig. **508**

Im Termin erscheint der Beklagte nicht.

Tenor des Versäumnisurteils:

Der Beklagte wird verurteilt, an den Kläger 2.000 EUR zu zahlen. **509**
Die Kosten des Rechtsstreits werden dem Beklagten auferlegt.
Das Urteil ist vorläufig vollstreckbar.

Erläuterungen:

Da der Kläger dem Vortrag des Beklagten zur fehlenden Abnahme nicht widersprochen hat, ist dieses Vorbringen **unstreitig**, folglich im Rahmen der Schlüssigkeitsprüfung zu berücksichtigen! **510**

Da der Kläger aber vorträgt, die Reparatur ordnungsgemäß durchgeführt zu haben, ergibt sich aus seinem Vortrag die »Abnahmereife« des Werkes.

Vor der Neuregelung des § 640 BGB reichte die Abnahmereife in jedem Fall zur Schlüssigkeit einer Werklohnklage aus (vgl. Staudinger/*Peters/Jacoby* BGB § 641 Rn. 6). Ob sich dies nach dem Fristerfordernis gemäß § 640 Abs. 1 S. 3 ZPO geändert hat, ist zweifelhaft (vgl. Palandt/*Sprau* BGB § 641 Rn. 4f.); jedenfalls bei ausdrücklicher, vor allem: grundloser Abnahmeverweigerung dürfte es sich um eine bloße Förmlichkeit handeln, die der Schlüssigkeit der Werklohnklage nicht entgegensteht (Palandt/*Sprau* BGB § 641 Rn. 5; vgl. auch *Werner/Pastor* Rn. 1802, der von »Abnahmefähigkeit« spricht). Damit kann ein Versäumnisurteil ergehen. Die Vollstreckbarkeit ergibt sich aus § 708 Nr. 2 ZPO.

Lässt man hingegen im Hinblick auf § 640 Abs. 1 S. 3 BGB die Abnahmereife ohne Fristsetzung zur Abnahme für die Fälligkeit des Werklohnanspruches nicht mehr ausreichen, so muss die Klage durch **kontradiktorisches Urteil** als »zurzeit unbegründet« abgewiesen werden (vgl. Fall 6). Eine endgültige Rechtskraft sollte insoweit – durch eine bloße Klageabweisung – noch nicht geschaffen werden. In diesem Fall würde sich die Vollstreckbarkeit nach § 708 Nr. 11 2. Alt., § 711 S. 1, 2 ZPO richten; eine Rechtsanwaltsgebühr beträgt 150 EUR netto. **511**

Tenor des kontradiktorischen Urteils:

Die Klage wird als zurzeit unbegründet abgewiesen. **512**
Die Kosten des Rechtsstreits werden dem Kläger auferlegt.
Das Urteil ist vorläufig vollstreckbar.
Dem Kläger wird nachgelassen, die Vollstreckung durch den Beklagten gegen Sicherheitsleistung in Höhe von 120% des auf Grund des Urteils vollstreckbaren Betrages abzuwenden, wenn nicht der Beklagte vor der Vollstreckung Sicherheit in Höhe von 120% des jeweils zu vollstreckenden Betrages leistet.

Fall 114: Das »Abrechnungsverhältnis« (Abwandlung von Fall 113)

513 Der Beklagte verteidigt sich gegen die Werklohnforderung des Klägers aufgrund der Pkw-Reparatur mit der Begründung, er habe die Abnahme zu Recht verweigert, da der Kläger bei der Reparatur nebst Inspektion den zwingend vorgesehenen Ölwechsel vergessen habe. Diesen habe er – der Beklagte – auf einer Auslandsreise nachholen müssen; die Kosten hierfür beliefen sich auf 200 EUR. Der Beklagte belegt den Ölwechsel und die Kostenhöhe durch eine entsprechende Rechnung. Im Termin zur mündlichen Verhandlung ist der Beklagte säumig.

Tenor des Versäumnisteil- und Schlussurteils:

514 Der Beklagte wird verurteilt, an den Kläger 1.800 EUR zu zahlen.
Im Übrigen wird die Klage abgewiesen.
Die Kosten des Rechtsstreits werden dem Kläger zu 10% und dem Beklagten zu 90% auferlegt.
Das Urteil ist vorläufig vollstreckbar.
Dem Kläger wird nachgelassen, die Vollstreckung durch den Beklagten gegen Sicherheitsleistung in Höhe von 120% des aufgrund des Urteils vollstreckbaren Betrages abzuwenden, wenn nicht der Beklagte vor der Vollstreckung Sicherheit in Höhe von 120% des jeweils zu vollstreckenden Betrages leistet.

Erläuterungen:

515 Da der Kläger dem Vortrag des Beklagten zur fehlenden Abnahme nicht widersprochen hat, ist dieses Vorbringen wiederum **unstreitig**, folglich im Rahmen der Schlüssigkeitsprüfung zu berücksichtigen (vgl. Fall 113).

Nunmehr fehlt aber die Abnahmereife aufgrund der nicht ordnungsgemäß durchgeführten Inspektion. Auf den ersten Blick müsste die Klage somit mangels Fälligkeit der Werklohnforderung abgewiesen werden. Da der Kläger aber keine Nacherfüllung mehr vornehmen kann – inzwischen hat der Beklagte ja selbst den in der Werkstatt vergessenen Ölwechsel auf der Auslandsreise durchführen lassen –, hätte er keine Möglichkeit mehr, noch die Schlüssigkeit seiner Werklohnforderung herbeizuführen: der Beklagte würde ein ungerechtfertigt »gutes Geschäft« machen, wenn er die Reparaturforderung des Klägers mangels Fälligkeit nicht mehr vergüten müsste und somit nur die Kosten des nachgeholten Ölwechsels von 200 EUR zu tragen hätte! Deshalb kommt es in diesen Fällen, in denen der Auftraggeber gar keine Nacherfüllung mehr begehrt, auf eine Abnahme nicht mehr an; vielmehr sind die wechselseitigen Forderungen »abzurechnen« (Palandt/*Sprau* BGB § 641 Rn. 4; std. Rspr. des *BGH* seit NJW 1979, 549; vgl. auch NJW 2005, 3574; *Werner/Pastor* Rn. 1787 mwN). Der Werklohnforderung in Höhe des Wertes der mangelfreien Werkleistung von 2.000 EUR steht der Schadensersatz- bzw. Aufwendungsersatzanspruch des Beklagten in Höhe von 200 EUR entgegen. Dieser Gegenanspruch gemäß § 634 Nr. 2 bzw. 4 BGB ist nicht aufgrund der hier unterbliebenen Fristsetzung zur Nacherfüllung ausgeschlossen, da diese aufgrund des Auslandsaufenthaltes unzumutbar war, §§ 636 bzw. 637 Abs. 2 S. 2 BGB. Insgesamt ergibt sich somit ein dem Kläger verbleibender Werklohnanspruch in Höhe von 1.800 EUR (vgl. zu dieser praxisrelevanten rechtlichen Problematik und zu den einzelnen Tenorierungsvarianten eingehend *van den Hövel* Zivilrechts-AG-Trainer S. 120–124). Die weitergehende Klage ist folglich abzuweisen; insoweit liegt ein nicht auf der Säumnis des Beklagten beruhendes kontradiktorisches Urteil vor.

516 Die Kostenentscheidung beruht auf § 92 Abs. 1 ZPO.

Die vorläufige Vollstreckbarkeit richtet sich nur für den Kläger nach § 708 Nr. 2 ZPO (Versäumnisurteil); soweit der Beklagte aufgrund der kontradiktorischen Teilabweisung 10% seiner Kosten (2,5 Anwaltsgebühren à 150 EUR) vollstrecken kann, gilt § 708 Nr. 11 2. Alt. ZPO i.V.m § 711 S. 1, 2 ZPO.

2. Der Tenor im Zweiten Versäumnisurteil

☑ Fall 115: Die Säumnis des Beklagten nach dem Einspruch gegen das Versäumnisurteil

Der Beklagte legt rechtzeitig Einspruch gegen das Versäumnisurteil ein. Im Einspruchstermin ist er säumig. Der Kläger beantragt den Erlass eines Zweiten Versäumnisurteils. 517

Tenor des Zweiten Versäumnisurteils:

Der Einspruch des Beklagten gegen das Versäumnisurteil vom ... wird verworfen. 518
Dem Beklagten werden die **weiteren** Kosten des Rechtsstreits auferlegt.
Das Urteil ist vorläufig vollstreckbar.

Erläuterungen:

Die Formulierung des Hauptsachetenors ergibt sich aus § 345 ZPO. Das (Erste) Versäumnisurteil wird nicht etwa »aufrechterhalten«, da keine Entscheidung durch ein kontradiktorisches Urteil (vgl. § 343 S. 1 ZPO), sondern durch ein Zweites Versäumnisurteil iSd § 345 ZPO erfolgt (vgl. Fall 123). 519

Die Kostenentscheidung folgt aus § 91 Abs. 1 ZPO. Da das Erste Versäumnisurteil bereits eine Kostenentscheidung enthält, ist nur über die weiteren Kosten zu entscheiden. Vorliegend sind zwar keine weiteren Gerichtsgebühren entstanden. Die mit dem Antrag auf Erlass des ersten Versäumnisurteils entstandene halbe Terminsgebühr gemäß Nr. 3105 VV RVG erstarkt jedoch mit der Teilnahme des Anwalts im weiteren Verhandlungstermin zur üblichen 1,2fachen Terminsgebühr nach Nr. 3104 VV RVG, auch wenn dieser Termin wiederum einseitig ist, denn die halbe Terminsgebühr der Nr. 3105 bezieht sich nur auf **einen** Termin (vgl. Gerold/Schmidt/*Müller-Rabe* RVG VV 3105 Rn. 58). Im Übrigen sind an weiteren Kosten tatsächlich entstandene Mehraufwendungen, zB Fahrtkosten, denkbar.

Auch für die vorläufige Vollstreckbarkeit des Zweiten Versäumnisurteils gilt § 708 Nr. 2 ZPO. Die Anordnung einer Sicherheitsleistung unterbleibt gemäß § 711 S. 1 ZPO, da der säumige Beklagte wiederum nicht schutzwürdig ist.

Fall 116: Die Säumnis des Beklagten nach dem Einspruch gegen den Vollstreckungsbescheid

Der Beklagte legt rechtzeitig Einspruch gegen den Vollstreckungsbescheid ein. Im Einspruchstermin ist er säumig. Der Kläger beantragt den Erlass eines Zweiten Versäumnisurteils. 520

Tenor des Zweiten Versäumnisurteils:

Der Einspruch des Beklagten gegen den Vollstreckungsbescheid des AG... (Ortsbezeichnung und Aktenzeichen, da idR ein anderes Gericht zu einem anderen Aktenzeichen tätig geworden ist) vom ... wird verworfen. 521
Dem Beklagten werden die weiteren Kosten des Rechtsstreits auferlegt.
Das Urteil ist vorläufig vollstreckbar.

Erläuterungen:

522 Auch wenn zuvor ein Vollstreckungsbescheid erlassen worden ist, ist bei einer Säumnis des Beklagten im Einspruchstermin grundsätzlich ebenfalls ein Zweites Versäumnisurteil nach § 345 ZPO zu erlassen, da der Vollstreckungsbescheid gemäß § 700 Abs. 1 ZPO dem

Ersten Versäumnisurteil gleichsteht. Voraussetzung ist aber nach § 700 Abs. 6 ZPO die Schlüssigkeit der Klage, da diese bislang im Mahnverfahren noch nicht geprüft worden ist (vgl. näher Fall 118).

Fall 117: Das Problem der – erneuten – Schlüssigkeitsprüfung

523 Das AG hat zu Unrecht ein Versäumnisurteil über 2.000 EUR erlassen. Der Beklagte legt form- und fristgerecht Einspruch ein, erscheint aber nicht im Einspruchstermin. Der Kläger beantragt den Erlass eines Zweiten Versäumnisurteils.

Tenor des Zweiten Versäumnisurteils:

524 Der Einspruch des Beklagten gegen das Versäumnisurteil des AG vom … wird verworfen.
Dem Beklagten werden die weiteren Kosten des Rechtsstreits auferlegt.
Das Urteil ist vorläufig vollstreckbar.

Erläuterungen:

525 In diesem Fall stellt sich die Frage, ob ein Zweites Versäumnisurteil ergehen darf, wenn das Gericht vor dessen Erlass erkennt, dass das Erste Versäumnisurteil zu Unrecht ergangen ist, anders formuliert: findet auch nach dem Erlass des Ersten Versäumnisurteils eine – weitere – Schlüssigkeitsprüfung statt? Diese Frage ist umstritten.

526 Der *BGH* (NJW 1999, 2599) vertritt die Auffassung, dass nur vor dem Erlass des ersten Versäumnisurteils eine Schlüssigkeitsprüfung stattfinde, das Zweite Versäumnisurteil hingegen nur auf Grund der erneuten Säumnis des Beklagten ergehe. Hierzu wird auf die differenzierende Regelung des § 700 Abs. 6 ZPO verwiesen, der die Schlüssigkeitsprüfung nur für den Fall des vorangegangenen Vollstreckungsbescheides normiere (vgl. Fall 116). Insoweit kann hier ein Zweites Versäumnisurteil ergehen (so auch Thomas/Putzo/*Reichold* ZPO § 345 Rn. 4; BLHAG/*Anders* ZPO § 345 Rn. 6; HK-ZPO/*Pukall* § 345 Rn. 3; *Zimmermann* ZPO § 345 Rn. 3).

527 Die Gegenmeinung verweist darauf, dass »sehenden Auges« kein Unrecht tituliert werden dürfe; insoweit sei auch vor dem Erlass des Zweiten Versäumnisurteils zu prüfen, ob das Erste Versäumnisurteil gesetzmäßig ergangen und die Klage schlüssig sei (Zöller/*Herget* ZPO § 345 Rn. 4; offengelassen von *Anders/Gehle* H-15). Nach dieser Auffassung müsste folglich ein kontradiktorisches (nicht auf der Säumnis beruhendes) klageabweisendes Urteil ergehen. Dabei ist zu beachten, dass das Erste Versäumnisurteil aufgehoben wird. Nur die Säumniskosten (des Ersten Versäumnisurteils) verbleiben beim Beklagten.

528 Beide Parteien können in diesem Fall ihre sich auf unter 1.500 EUR belaufenden Kosten – zum Teil – vollstrecken, für beide gilt § 708 Nr. 11 2. Alt. ZPO.

Diskutabel wäre es auch, dem Beklagten gemäß § 713 ZPO keine Abwendungsbefugnis einzuräumen, da er allein – mangels einer Beschwer nach § 511 Abs. 2 Nr. 1 ZPO – keine Berufung einlegen kann. Lässt man aber mit der hM die Möglichkeit der Anschlussberufung ausreichen, so ist § 713 ZPO nicht anwendbar (vgl. Fall 23).

Der Tenor des kontradiktorischen – klageabweisenden – Urteils lautet demnach: 529

Das Versäumnisurteil vom ... wird aufgehoben.
Die Klage wird abgewiesen.
Die Kosten des Rechtsstreits werden dem Kläger auferlegt; hiervon ausgenommen sind die Kosten der Säumnis, die dem Beklagten auferlegt werden.
Das Urteil ist vorläufig vollstreckbar.
Beiden Parteien wird nachgelassen, die Vollstreckung durch die jeweils andere Partei gegen Sicherheitsleistung in Höhe von 120% des auf Grund des Urteils vollstreckbaren Betrages abzuwenden, wenn nicht die jeweils andere Partei vor der Vollstreckung Sicherheit in Höhe von 120% des jeweils zu vollstreckenden Betrages leistet.

Fall 118: Abwandlung: Zunächst ist ein Vollstreckungsbescheid erlassen worden

Das AG hat einen Vollstreckungsbescheid gegen den Beklagten über 2.000 EUR 530
erlassen. Der Beklagte legt form- und fristgerecht Einspruch ein, erscheint aber nicht im Einspruchstermin. Die Klage ist nicht schlüssig.

Tenor des kontradiktorischen – klageabweisenden – Urteils:

Der Vollstreckungsbescheid des AG ... vom ... (Aktenzeichen) wird aufgehoben. 531
Die Klage wird abgewiesen.
Die Kosten des Rechtsstreits werden dem Kläger auferlegt; hiervon ausgenommen sind die Kosten der Säumnis, die dem Beklagten auferlegt werden.
Das Urteil ist vorläufig vollstreckbar.
Beiden Parteien wird nachgelassen, die Vollstreckung durch die jeweils andere Partei gegen Sicherheitsleistung in Höhe von 120% des auf Grund des Urteils vollstreckbaren Betrages abzuwenden, wenn nicht die jeweils andere Partei vor der Vollstreckung Sicherheit in Höhe von 120% des jeweils zu vollstreckenden Betrages leistet.

Erläuterungen:

In diesem Fall gebietet § 700 Abs. 6 ZPO dem erkennenden Gericht, eine 532
Schlüssigkeitsprüfung vorzunehmen und nur bei schlüssiger Klage ein Zweites Versäumnisurteil zu erlassen (vgl. Fall 116). Der Grund besteht darin, dass im Mahnverfahren der Vollstreckungsbescheid ohne vorherige Schlüssigkeitsprüfung erlassen worden ist, da das Amtsgericht nur die grundsätzliche Statthaftigkeit des Begehrens gemäß § 688 ZPO prüft, überdies, ob der Anspruch hinreichend individualisiert worden, dh von anderen unterscheidbar ist. Ein nahezu unanfechtbarer Titel wie ein Zweites Versäumnisurteil – vgl. § 514 Abs. 2 ZPO – soll aber nur erlassen werden, wenn zumindest **einmal** von einem Gericht die Schlüssigkeit der Klage festgestellt worden ist.

In diesem Fall sind somit durch kontradiktorisches Urteil der Vollstreckungsbescheid aufzuheben und die Klage abzuweisen. Zur beidseitigen Abwendungsbefugnis vgl. den vorherigen Fall.

Fall 119: Die Teilklagerücknahme bei teilschlüssiger Klage

Der Kläger hat gegen den Beklagten einen Vollstreckungsbescheid über 4.000 EUR 533
erwirkt. Der Beklagte legt form- und fristgerecht Einspruch ein, erscheint aber nicht im Einspruchstermin. Die Klage ist nur in Höhe von 3.000 EUR schlüssig; der Kläger nimmt nach richterlichem Hinweis die weitergehende Klage zurück.

Tenor des Zweiten Versäumnisurteils:

534 Der Einspruch des Beklagten gegen den Vollstreckungsbescheid des AG vom … wird verworfen, soweit der Beklagte verurteilt worden ist, an den Kläger 3.000 EUR zu zahlen. Im Übrigen ist der Vollstreckungsbescheid in der Hauptsache wirkungslos. Wegen der Kostenentscheidung wird der Vollstreckungsbescheid aufgehoben.
Die Kosten des Rechtsstreits werden dem Kläger zu 25% und dem Beklagten zu 75% auferlegt. Hiervon ausgenommen sind die Kosten der Säumnis, die dem Beklagten auferlegt werden.
Das Urteil ist vorläufig vollstreckbar.

Erläuterungen:

535 Auch in diesem Fall liegt ein Zweites Versäumnisurteil vor. Die Besonderheit besteht in der Teilklagerücknahme.

Im Tenor ist zunächst in der Hauptsache der Einspruch gemäß § 345 ZPO zu verwerfen, allerdings nur im Hinblick auf den schlüssigen und nicht zurückgenommenen Teil der Klage. Wegen der weitergehenden Klagerücknahme erfolgt keine Klageabweisung im Übrigen; vielmehr ist der Vollstreckungsbescheid insoweit wirkungslos, § 269 Abs. 3 S. 1 2. Hs. ZPO.

536 Im Hinblick auf die Kostenentscheidung sollte der Vollstreckungsbescheid aufgehoben werden, um eine nicht mehr nachvollziehbare Kostenentscheidung zu vermeiden, denn die Teilklagerücknahme führt zu einer Kostenquotierung, die im Vollstreckungsbescheid gerade noch nicht erfolgt ist.

Die vorläufige Vollstreckbarkeit ergibt sich aus § 708 Nr. 2 ZPO. Auch soweit der Beklagte 25% seiner Kosten vollstrecken kann, ergibt sich keine Abwendungsbefugnis, da kein kontradiktorisches Urteil vorliegt (so aber im Fall 114), sondern die Kostenquotierung zu Lasten des Klägers nur auf dem in das 2. Versäumnisurteil integrierten Kosten**beschluss** des § 269 Abs. 3 S. 2 iVm Abs. 4 ZPO beruht.

Fall 120: Das Versäumnisurteil nach Erlass des zu Unrecht erlassenen Vollstreckungsbescheides

537 Der Kläger hat gegen den Beklagten einen Mahnbescheid über 4.000 EUR erwirkt. Der Beklagte legt hiergegen Widerspruch ein. Gleichwohl erlässt das Amtsgericht versehentlich einen Vollstreckungsbescheid. Im Termin zur mündlichen Verhandlung erscheint der Beklagte nicht. Die Klage ist schlüssig, der Kläger beantragt den Erlass eines Zweiten Versäumnisurteils.

Tenor des »Ersten« (!) Versäumnisurteils:

538 Der Vollstreckungsbescheid des Amtsgerichts … vom … wird aufgehoben.
Der Beklagte wird verurteilt, an den Kläger 4.000 EUR zu zahlen.
Die Kosten des Rechtsstreits werden dem Beklagten auferlegt.
Das Urteil ist vorläufig vollstreckbar.

Erläuterungen:

539 Der Widerspruch gilt auch in diesem Fall, in dem er bereits vor Erlass des Vollstreckungsbescheids eingelegt, aber schlicht übersehen worden ist, als Einspruch gemäß § 694 Abs. 2 ZPO (Zöller/*Seibel* ZPO § 699 Rn. 14).

Davon unabhängig darf gemäß § 700 Abs. 6 ZPO aber ein Zweites Versäumnisurteil nur unter den Voraussetzungen des § 331 ZPO ergehen, dh die Klage muss schlüssig sein. Da dies beim Erlass des Vollstreckungsbescheides nicht geprüft worden ist, ist diese Prüfung nunmehr vorzunehmen: vorliegend ist die Klage grundsätzlich schlüssig.

Der *BGH* (BGHZ 73, 87 (92)) hat diese Voraussetzung dahingehend ausgelegt, dass der Vollstreckungsbescheid auch formell rechtmäßig erlassen worden sein muss. Das war hier auf Grund des übersehenen Widerspruchs nicht der Fall. Deshalb kann der Einspruch gegen den Vollstreckungsbescheid nicht durch ein **Zweites** Versäumnisurteil verworfen werden (vgl. oben Fälle 116 und 119); vielmehr führt die Säumnis des Beklagten nur zum Erlass des **Ersten** Versäumnisurteils. **Zugleich ist der Vollstreckungsbescheid im Tenor aufzuheben** (Musielak/Voit/*Voit* ZPO § 700 Rn. 9), da er keine rechtmäßige Grundlage einer Vollstreckung geworden ist. Im Übrigen ist somit der Beklagte nach dem Ursprungsantrag, an den Kläger 4.000 EUR zahlen, zu verurteilen. 540

Die Kostenentscheidung beruht insgesamt auf § 91 Abs. 1 ZPO. Säumniskosten durch den Beklagten auf Grund des Erlasses des Vollstreckungsbescheides sind nicht entstanden, da dieser nicht in gesetzlicher Weise ergangen ist, vgl. § 344 ZPO.

Da es sich um ein Versäumnisurteil handelt, richtet sich die vorläufige Vollstreckbarkeit nach § 708 Nr. 2 ZPO.

Fall 121: Das weitere »Erste« Versäumnisurteil nach Erlass des »Ersten« Versäumnisurteils bei zwischenzeitlich streitiger Verhandlung zur Sache

Der Kläger hat gegen den Beklagten auf Grund dessen Säumnis im frühen ersten Termin ein Versäumnisurteil über 3.000 EUR erwirkt. Nach dem form- und fristgerecht eingelegten Einspruch erscheinen beide Parteien im anberaumten Einspruchstermin und verhandeln zur Sache. Das Gericht erlässt am Ende der mündlichen Verhandlung einen Beweisbeschluss und beraumt einen Beweistermin an. In diesem Termin ist der Beklagte wiederum säumig. Der Kläger beantragt den Erlass eines Zweiten Versäumnisurteils. 541

Tenor des »Ersten« (!) Versäumnisurteils:

Das Versäumnisurteil vom … wird aufrechterhalten. 542
Dem Beklagten werden die weiteren Kosten des Rechtsstreits auferlegt.
Das Urteil ist vorläufig vollstreckbar.

Erläuterungen:

Obwohl der Beklagte insgesamt zum zweiten Mal säumig ist, darf vorliegend kein Zweites Versäumnisurteil (mit dem Tenor des § 345 ZPO: *Der Einspruch des Beklagten … wird verworfen*) erlassen werden. Das setzt nämlich die **unmittelbar aufeinander folgende** – zweimalige – Säumnis einer Partei voraus, anders formuliert: die Säumnis der Partei in dem auf Grund ihres Einspruchs anberaumten Einspruchstermin. 543

Falsch wäre es aber auch, das zunächst erlassene »Erste« Versäumnisurteil aufzuheben, um nunmehr ein »Erstes« Versäumnisurteil zu erlassen. Denn dann würde den möglicherweise bereits eingeleiteten Vollstreckungsmaßnahmen die Legitimationsgrundlage entzogen, obwohl das Versäumnisurteil anders als der Vollstreckungsbescheid im vorherigen Fall zu recht erlassen worden ist.

Deshalb ist in diesen Fällen im neu zu erlassenen »Ersten« Versäumnisurteil das zunächst erlassene »Erste« Versäumnisurteil aufrechtzuerhalten (Thomas/Putzo/*Seiler* ZPO § 345 Rn. 2; § 343 Rn. 3).

Da das Erste Versäumnisurteil aufrechterhalten bleibt, dh einschließlich der Kostenentscheidung, ist in dem nunmehr zu erlassenen »Ersten« Versäumnisurteil nur noch gemäß § 91 Abs. 1 ZPO über die »weiteren« Kosten des Rechtsstreits zu entscheiden.

Die vorläufige Vollstreckbarkeit ohne Sicherheitsleistung bereitet vorliegend keine Schwierigkeiten; sie ergibt sich aus § 708 Nr. 2 ZPO; die Abwendungsbefugnis des § 711 S. 1 ZPO gilt nicht.

3. Das kontradiktorische Urteil nach Erlass des Versäumnisurteils/Vollstreckungsbescheides

☑ Fall 122: Die Aufhebung des Versäumnisurteils

544 Der Kläger klagt gegen den Beklagten eine Forderung in Höhe von 15.000 EUR ein. Gegen den Kläger ergeht zunächst ein klageabweisendes Versäumnisurteil; nach dem Einspruch und der Durchführung der Beweisaufnahme steht fest, dass die Klage begründet ist.

Urteilstenor:

545 Unter Aufhebung des Versäumnisurteils vom ... wird der Beklagte verurteilt, an den Kläger 15.000 EUR zu zahlen.

Die Kosten des Rechtsstreits werden dem Beklagten auferlegt; hiervon ausgenommen sind die Kosten der Säumnis, die dem Kläger auferlegt werden.

Das Urteil ist vorläufig vollstreckbar,

für den Kläger aber nur gegen Sicherheitsleistung in Höhe von 120% des jeweils zu vollstreckenden Betrages.

Im Übrigen wird dem Kläger nachgelassen, die Vollstreckung durch den Beklagten gegen Sicherheitsleistung in Höhe von 120% des auf Grund des Urteils vollstreckbaren Betrages abzuwenden, wenn nicht der Beklagte vor der Vollstreckung Sicherheit in Höhe von 120% des jeweils zu vollstreckenden Betrages leistet.

Erläuterungen:

546 Neben der Titulierung in der Hauptsache darf nicht vergessen werden, das (klageabweisende) Versäumnisurteil aufzuheben, § 343 S. 2 ZPO.

In der Kostenentscheidung ist neben § 91 Abs. 1 ZPO die Vorschrift des § 344 ZPO zu beachten: die Säumniskosten sind von dem Kläger zu tragen.

Die Vollstreckbarkeit richtet sich für den Kläger nach § 709 S. 1 und 2 ZPO. § 709 S. 3 ZPO ist nicht anzuwenden, da er nicht aus dem gegen ihn ergangenen Versäumnisurteil vollstrecken kann.

Für den Beklagten, der die Säumniskosten vollstrecken kann – soweit welche angefallen sind –, gilt § 708 Nr. 11 2. Alt. iVm § 711 S. 1, 2 ZPO, da die Kosten 1.500 EUR unterschreiten dürften. Auch insoweit findet § 709 S. 3 ZPO keine Anwendung, da sich für den Beklagten die Vollstreckung nicht nach § 709 S. 1 ZPO richtet!

☑ Fall 123: Die Aufrechterhaltung des Versäumnisurteils/Der Fall des § 709 S. 3 ZPO

547 Der Kläger hat gegen den Beklagten ein Versäumnisurteil vom ... über 5.000 EUR erwirkt. Der Beklagte legt hiergegen form- und fristgerecht Einspruch ein; die Klage ist – wie sich nach der Beweisaufnahme herausstellt – begründet.

Urteilstenor:

548 Das Versäumnisurteil vom ... wird aufrechterhalten.

Dem Beklagten werden die weiteren Kosten des Rechtsstreits auferlegt.

Das Urteil ist vorläufig vollstreckbar gegen Sicherheitsleistung in Höhe von 120% des jeweils zu vollstreckenden Betrages. Die Vollstreckung aus dem Versäumnisurteil darf nur gegen Leistung dieser Sicherheit fortgesetzt werden.

Erläuterungen:

Da bereits ein Titel, nämlich das Versäumnisurteil ergangen ist, darf nicht erneut eine Verurteilung zur Leistung von 5.000 EUR ausgesprochen werden, denn damit würden zwei separate Vollstreckungstitel geschaffen. Der Kläger könnte aus beiden Titeln vollstrecken, da nicht klargestellt wäre, dass er nur **einmal** 5.000 EUR erhalten darf. 549

Deshalb wird das Versäumnisurteil – und die Titulierung der Verurteilung des Beklagten zur Zahlung von 5.000 EUR an den Kläger – aufrechterhalten, § 343 S. 1 ZPO.

Zum Teil (*Anders/Gehle* H-19) wird vorgeschlagen, noch ergänzend zu tenorieren: 550

Das Versäumnisurteil vom ... wird **mit der Maßgabe** aufrechterhalten, **dass sich seine vorläufige Vollstreckbarkeit nach diesem Urteil richtet ...**

Diese Tenorierung dürfte in der Rechtspraxis kaum Anklang finden, lässt sich auch nicht mit § 343 S. 1 ZPO hinreichend begründen. Es besteht zudem kein sachlicher Grund hierfür, da sich die Vollstreckbarkeit für die jeweilige Urteilsart stets aus dem Gesetz ergibt (vgl. auch *Schuschke/Kessen/Höltje* Rn. 894–896). 551

Da das – aufrechterhaltene – Versäumnisurteil bereits eine Kostenentscheidung enthält, ist auch über die Kosten des Rechtsstreits nicht erneut vollständig zu entscheiden. Vielmehr sind nur noch die zeitlich **nach** dem Erlass des Versäumnisurteils entstandenen Kosten zu tenorieren. Vorliegend handelt es sich um die 1,2 Terminsgebühren beider Anwälte gemäß Nr. 3104 VV RVG. Mit der Erwirkung des Versäumnisurteils hat der Klägervertreter nämlich zunächst gemäß Nr. 3105 VV RVG nur eine halbe (0,5) Terminsgebühr verdient. Diese bleibt aber nach dem Entstehen der 1,2 Terminsgebühren in dem nachfolgenden Verhandlungstermin **nicht zusätzlich** bestehen, arg. e. Nr. 3105 VV: »Wahrnehmung »nur« eines Termins ...«, sondern geht in den nachfolgenden 1,2 Terminsgebühren auf (vgl. Gerold/Schmidt/*Müller-Rabe* RVG VV 3105 Rn. 58/59). 552

An den Gerichtskosten ändert sich nichts, da die drei Gebühren bereits bei Einreichung der Klage fällig und eingezahlt worden sind. Bei einem identischen Streitwert sind sie unabhängig von der späteren Beweisaufnahme. Nur eine – hier nicht vorliegende – nach dem Erlass des Versäumnisurteils erfolgte Klage**erhöhung** würde wegen des erhöhten Streitwertes weitere Gerichtsgebühren auslösen.

Die vorläufige Vollstreckbarkeit richtet sich weiterhin nach den allgemeinen Regeln. Da es in der Sache um eine Hauptsacheverurteilung von über 1.250 EUR geht, ist § 709 S. 1, 2 ZPO anwendbar. Zusätzlich anzuwenden ist in **diesen** Fällen (der Aufrechterhaltung eines Versäumnisurteils und Vollstreckbarkeit nach § 709 S. 1 ZPO – nicht hingegen bei § 708 Nr. 11 ZPO!) die Regelung gem. **§ 709 S. 3 ZPO**, wonach die Vollstreckung aus dem Versäumnisurteil nur gegen Leistung dieser Sicherheit fortgesetzt werden darf (vgl. *Knöringer* § 4 III 2.). Im anderen Fall könnte der Kläger nämlich trotz ergangener Endentscheidung weiterhin aus dem Versäumnisurteil vollstrecken, und zwar ohne Sicherheitsleistung und ohne dass ihm der Beklagte eine entsprechende Verpflichtung zur Erbringung der Sicherheitsleistung aus dem kontradiktorischen Urteil entgegenhalten könnte. 553

Fall 124: Zur Unterscheidung (Der Fall des § 708 Nr. 11 ZPO)

554 Der Kläger hat gegen den Beklagten ein Versäumnisurteil vom … über 800 EUR erwirkt. Der Beklagte legt hiergegen form- und fristgerecht Einspruch ein; die Klage ist begründet.

Urteilstenor:

555 Das Versäumnisurteil vom … wird aufrechterhalten.
Dem Beklagten werden die weiteren Kosten des Rechtsstreits auferlegt.
Das Urteil ist vorläufig vollstreckbar.
Dem Beklagten wird nachgelassen, die Vollstreckung durch den Kläger gegen Sicherheitsleistung in Höhe von 120% des auf Grund des Urteils vollstreckbaren Betrages abzuwenden, wenn nicht der Kläger vor der Vollstreckung Sicherheit in Höhe von 120% des jeweils zu vollstreckenden Betrages leistet.

Erläuterungen:

556 Es wird im Hinblick auf Hauptsachetenor und Kostenentscheidung auf die Erläuterungen zum vorherigen Fall verwiesen.

Abweichendes ergibt sich für die Tenorierung der vorläufigen Vollstreckbarkeit: Diese richtet sich nunmehr nach § 708 Nr. 11 1. Alt. ZPO iVm § 711 S. 1, 2 ZPO, da die Verurteilung des Beklagten in der Hauptsache 1.250 EUR unterschreitet.

In diesen Fällen ist § 709 S. 3 ZPO nicht anwendbar! Der Zusatz des vorherigen Falles entfällt deshalb.

Fall 125: Die Klarstellung im Tenor des kontradiktorischen Urteils

557 Der Kläger hat gegen den Beklagten ein Versäumnisurteil vom … über 800 EUR nebst Zinsen in Höhe von 5%-Punkten über dem Basiszinssatz »ab Rechtshängigkeit« erwirkt. Der Beklagte legt hiergegen form- und fristgerecht Einspruch ein; die dem Beklagten am 20. August … zugestellte Klage ist begründet. Das Gericht möchte nunmehr das Datum der Rechtshängigkeit klarstellen.

Urteilstenor:

558 Das Versäumnisurteil vom … wird mit der Maßgabe aufrechterhalten, dass der Tenor dieser Entscheidung zum Zwecke der Klarstellung wie folgt neu gefasst wird:
Der Beklagte wird verurteilt, an den Kläger 800 EUR nebst Zinsen in Höhe von 5%-Punkten über dem Basiszinssatz seit dem 21. August … zu zahlen.
Dem Beklagten werden die weiteren Kosten des Rechtsstreits auferlegt.
Das Urteil ist vorläufig vollstreckbar.
Dem Beklagten wird nachgelassen, die Vollstreckung durch den Kläger gegen Sicherheitsleistung in Höhe von 120% des auf Grund des Urteils vollstreckbaren Betrages abzuwenden, wenn nicht der Kläger vor der Vollstreckung Sicherheit in Höhe von 120% des jeweils zu vollstreckenden Betrages leistet.

Erläuterungen:

559 In diesem Fall, in dem der Tenor des Versäumnisurteils lediglich- hier: wegen ungenauer Bezeichnung des Zinsbeginns – der Klarstellung bedarf, erfolgt keine Aufhebung des Versäumnisurteils (vgl. *Lackmann* Rn. 429). Vielmehr ist im Tenor die Aufrechterhaltung des Versäumnisurteils auszusprechen mit der Neufassung nur zum Zwecke der Klarstellung (*Lackmann* aaO). Der Tag der Zustellung der Klage wird

gemäß § 187 Abs. 1 BGB beim Ausspruch der Rechtshängigkeitszinsen nicht mitgerechnet (Palandt/*Ellenberger* BGB § 187 Rn. 1).

Im Übrigen wird auf die Erläuterungen zum vorherigen Fall verwiesen.

Fall 126: Zur Übung: Die unbegründete Klage

Der Kläger hat gegen den Beklagten ein Versäumnisurteil über 30.000 EUR erwirkt. Der Beklagte legt form- und fristgerecht Einspruch ein; die Klage ist insgesamt unbegründet. 560

Urteilstenor:

Das Versäumnisurteil vom ... wird aufgehoben. Die Klage wird abgewiesen. 561

Die Kosten des Rechtsstreits werden dem Kläger auferlegt; davon ausgenommen sind die Kosten der Säumnis, die dem Beklagten auferlegt werden.

Das Urteil ist vorläufig vollstreckbar, für den Beklagten aber nur gegen Sicherheitsleistung in Höhe von 120% des jeweils zu vollstreckenden Betrages.

Dem Beklagten wird nachgelassen, die Vollstreckung durch den Kläger gegen Sicherheitsleistung in Höhe von 120% des auf Grund des Urteils vollstreckbaren Betrages abzuwenden, wenn nicht der Kläger vor der Vollstreckung Sicherheit in Höhe von 120% des jeweils zu vollstreckenden Betrages leistet.

oder (auch möglich):

...

Das Urteil ist vorläufig vollstreckbar, für den Beklagten aber nur gegen Sicherheitsleistung in Höhe von 120% des jeweils zu vollstreckenden Betrages. 562

Erläuterungen:

Da die Klage unbegründet ist, muss sie abgewiesen werden. Es darf nicht vergessen werden, den bereits ergangenen Titel, das Versäumnisurteil, aufzuheben. 563

Die Kosten des Rechtsstreits trägt grundsätzlich der Kläger als unterlegene Partei gemäß § 91 Abs. 1 ZPO. Insoweit ist aber zu beachten, dass die etwaigen durch die Säumnis ausgelösten Kosten der Beklagte verursacht hat; folglich muss er diese Kosten trotz des Erfolges in der Hauptsache tragen, § 344 ZPO.

Da somit – dem Grunde nach – beide Parteien Kosten vollstrecken können, sind die Vorschriften über die Vollstreckbarkeit für beide Parteien getrennt zu prüfen. Der Beklagte kann seine 2,5 Anwaltsgebühren als Kosten vollstrecken, die insgesamt die Kostengrenze von 1.500 EUR des § 708 Nr. 11 2. Alt. ZPO übersteigen, da bereits eine Gebühr 863 EUR netto beträgt. Deshalb richtet sich für ihn die Vollstreckbarkeit nach § 709 S. 1, 2 ZPO. Der Kläger hingegen dürfte die Kostengrenze des § 708 Nr. 11 2. Alt. ZPO nicht übersteigen. Deshalb ist für beide Parteien die Vollstreckbarkeit getrennt zu tenorieren.

Zur Alternative:

Der Beklagte, der in dem Rechtsstreit in der Hauptsache vollständig obsiegt und nur die Säumniskosten als zwingende Folge des § 344 ZPO zu tragen hat, kann das Urteil mit einem Rechtsmittel nicht mehr angreifen. Auch wenn er im Falle der Berufung des Klägers die Möglichkeit der Anschlussberufung wahrnähme, wäre dieser in der Sache der Erfolgt versagt – es sei denn, das Versäumnisurteil wäre nicht in gesetzlicher Weise ergangen. Deshalb erscheint es in diesem Fall vertretbar, § 713 ZPO anzuwenden und dem Beklagten den Schutz des § 711 ZPO zu versagen. Diese Auffassung ist in der 564

Gerichtspraxis weitverbreitet. Natürlich kann man aber auch in diesem Fall der herrschenden Meinung folgen, dass allein die Möglichkeit der Anschlussberufung im Falle der Berufung durch den Kläger die Anwendung des § 713 ZPO ausschließt (vgl. Fälle 23 und 117). Es verbleibt dann bei der vorgenannten ersten Tenorierung.

Fall 127: Zur weiteren Übung

565 Der Kläger hat gegen den Beklagten ein Versäumnisurteil über 2.600 EUR erwirkt. Nach dem form- und fristgerecht eingelegten Einspruch des Beklagten stellt sich heraus, dass die Klage unbegründet ist.

Urteilstenor:

566 Das Versäumnisurteil vom ... wird aufgehoben. Die Klage wird abgewiesen.
Die Kosten des Rechtsstreits werden dem Kläger auferlegt; davon ausgenommen sind die Kosten der Säumnis, die dem Beklagten auferlegt werden.
Das Urteil ist vorläufig vollstreckbar.
Beiden Parteien wird nachgelassen, die Vollstreckung durch die jeweils andere Partei gegen Sicherheitsleistung in Höhe von 120% des auf Grund des Urteils vollstreckbaren Betrages abzuwenden, wenn nicht die jeweils andere Partei vor der Vollstreckung Sicherheit in Höhe von 120% des jeweils zu vollstreckenden Betrages leistet.

oder auch vertretbar:

...

567 Das Urteil ist vorläufig vollstreckbar.
Dem Kläger wird nachgelassen, die Vollstreckung durch den Beklagten gegen Sicherheitsleistung in Höhe von 120% des auf Grund des Urteils vollstreckbaren Betrages abzuwenden, wenn nicht der Beklagte vor der Vollstreckung Sicherheit in Höhe von 120% des jeweils zu vollstreckenden Betrages leistet.

Erläuterungen:

568 Der Fall ist grundsätzlich mit dem vorherigen Fall vergleichbar. Allerdings richtet sich hier die Vollstreckbarkeit für beide Parteien nach §§ 708 Nr. 11, 711 ZPO, da beide nur Kosten in Höhe von weniger als 1.500 EUR vollstrecken können. Eine Anwaltsgebühr beträgt 201 EUR netto. Deshalb ist die Abwendungsbefugnis nicht »doppelt« zu formulieren, sondern sprachlich gefälliger auf »beide Parteien« zu beziehen.

Zur Frage, ob vorliegend § 713 ZPO auf den nicht mehr schutzwürdigen Beklagten anzuwenden ist, wird auf die Erläuterungen zum vorherigen Fall verwiesen.

Fall 128: Die teilweise Aufrechterhaltung und Aufhebung des Versäumnisurteils

569 Der Kläger hat gegen den Beklagten ein Versäumnisurteil über 2.500 EUR erwirkt. Nach dem form- und fristgerecht eingelegten Einspruch des Beklagten stellt sich heraus, dass die Klage in Höhe von 1.500 EUR begründet ist.

Urteilstenor:

570 Das Versäumnisurteil vom ... wird aufrechterhalten, soweit der Beklagte verurteilt worden ist, an den Kläger 1.500 EUR zu zahlen. Im Übrigen werden das Versäumnisurteil aufgehoben und die Klage abgewiesen.
Die Kosten des Rechtsstreits werden dem Kläger zu 40% und dem Beklagten zu 60% auferlegt; davon ausgenommen sind die Kosten der Säumnis, die dem Beklagten auferlegt werden.

Das Urteil ist vorläufig vollstreckbar,
für den Kläger aber nur gegen Sicherheitsleistung in Höhe von 120% des jeweils zu vollstreckenden Betrages.
Insoweit darf die Vollstreckung aus dem Versäumnisurteil nur gegen Leistung dieser Sicherheit fortgesetzt werden.
Im Übrigen wird dem Kläger nachgelassen, die Vollstreckung durch den Beklagten gegen Sicherheitsleistung in Höhe von 120% des auf Grund des Urteils vollstreckbaren Betrages abzuwenden, wenn nicht der Beklagte vor der Vollstreckung Sicherheit in Höhe von 120% des jeweils zu vollstreckenden Betrages leistet.

Erläuterungen:

Da die Klage nur zum Teil begründet ist, ist ein dreigeteilter Tenor zum Hauptausspruch erforderlich: (1) das Versäumnisurteil ist teilweise aufrechtzuerhalten, (2) zum (anderen) Teil aufzuheben und (3) die Klage insoweit abzuweisen. **571**

Zum Teil (*Anders/Gehle* H-20) wird in derartigen Fällen empfohlen, aus Klarstellungsgründen »das Versäumnisurteil teilweise aufzuheben und wie folgt neu zu fassen ...« **572**

Diese Auffassung erscheint wenig überzeugend, da jedenfalls im Regelfall ohne zureichenden Grund nicht vom Wortlaut des § 343 ZPO abgewichen werden sollte; danach ist bei übereinstimmender Entscheidung das Versäumnisurteil – insoweit – aufrechtzuerhalten. Der Tenor wird anderenfalls auch nicht signifikant verständlicher, wirft vielmehr Probleme mit bereits eingeleiteten Vollstreckungsmaßnahmen auf: inwieweit diese rechtmäßig sind, ist im Einzelfall nämlich möglicherweise nicht mehr klar verifizierbar. **573**

Die Kostenentscheidung folgt gemäß § 92 Abs. 1 ZPO dem Verhältnis des Obsiegens und Unterliegens; die Säumniskosten werden gemäß § 344 ZPO separat tenoriert. **574**

Die Vollstreckbarkeit richtet sich für den Kläger nach § 709 S. 1, 2 ZPO, da er in der Hauptsache mehr als 1.250 EUR vollstreckt; insoweit ist wiederum § 709 S. 3 ZPO im Hinblick auf die Erforderlichkeit der Sicherheitsleistung (auch) für den Fall der Vollstreckung aus dem Versäumnisurteil zu beachten. **575**

Für den Beklagten richtet sich die Vollstreckung seiner 2,5 Rechtsanwaltsgebühren (40% von 2,5 × 201 EUR netto) nach §§ 708 Nr. 11 2. Alt., 711 S. 1, 2 ZPO.

Fall 129: Zur Unterscheidung

Der Kläger hat gegen den Beklagten ein Versäumnisurteil über 2.500 EUR erwirkt. Nach dem form- und fristgerecht eingelegten Einspruch des Beklagten stellt sich heraus, dass die Klage in Höhe von 1.000 EUR begründet ist. **576**

Urteilstenor:

Das Versäumnisurteil vom ... wird aufrechterhalten, soweit der Beklagte verurteilt worden ist, an den Kläger 1.000 EUR zu zahlen. Im Übrigen werden das Versäumnisurteil aufgehoben und die Klage abgewiesen. **577**
Die Kosten des Rechtsstreits werden dem Kläger zu 60% und dem Beklagten zu 40% auferlegt; davon ausgenommen sind die Kosten der Säumnis, die dem Beklagten auferlegt werden.
Das Urteil ist vorläufig vollstreckbar.
Beiden Parteien wird nachgelassen, die Vollstreckung durch die jeweils andere Partei gegen Sicherheitsleistung in Höhe von 120% des auf Grund des Urteils vollstreckbaren Betrages abzuwenden, wenn nicht die jeweils andere Partei vor der Vollstreckung Sicherheit in Höhe von 120% des jeweils zu vollstreckenden Betrages leistet.

Erläuterungen:

578 Da vorliegend die Klage nur in Höhe von 1.000 EUR Erfolg hat, richtet sich die Vollstreckung für den Kläger nach §§ 708 Nr. 11 1. Alt., 711 S. 1, 2 ZPO und für den Beklagten nach § 708 Nr. 11 2. Alt. ZPO. Deshalb kommt vorliegend § 709 S. 3 ZPO nicht zur Anwendung, obwohl das Versäumnisurteil zum Teil aufrechterhalten wird! **§ 709 S. 3 ist zwingend davon abhängig, dass auch § 709 S. 1 ZPO einschlägig ist!** (vgl. Fall 123).

Fall 130: Die teilweise Aufrechterhaltung des Vollstreckungsbescheides

579 Der Kläger hat gegen den Beklagten einen Vollstreckungsbescheid über 1.000 EUR erwirkt. Nach dem form- und fristgerecht eingelegten Einspruch ergibt sich, dass die Klage in Höhe von 500 EUR begründet ist.

Urteilstenor:

580 Der Vollstreckungsbescheid des AG ... vom ... (Az.: ...) wird mit der Maßgabe aufrechterhalten, dass der Beklagte verurteilt bleibt, an den Kläger 500 EUR zu zahlen. Im Übrigen wird die Klage unter Aufhebung des Vollstreckungsbescheides abgewiesen.
Die Kosten des Rechtsstreits werden gegeneinander aufgehoben.
Die Kosten der Säumnis werden dem Beklagten auferlegt.
Das Urteil ist vorläufig vollstreckbar.

Erläuterungen:

581 Zur Formulierung des Tenors für den Fall, dass als Titel zuvor ein Vollstreckungsbescheid ergangen ist, vgl. *Fischer/Uthoff* Rn. 523. Letztlich ergibt sich in der Sache kein Unterschied zum Fall des vorausgegangenen Versäumnisurteils.

Da der Vollstreckungsbescheid – auch – im Kostenausspruch aufgehoben worden ist, ist über die Gesamtkosten gemäß § 92 Abs. 1 ZPO zu entscheiden, ggf. unter Beachtung des § 92 Abs. 1 S. 2 ZPO (vgl. Fall 14). Vertretbar ist es auch, die Kosten des Rechtsstreits den Parteien je zur Hälfte aufzuerlegen. In jedem Fall sind aber zusätzlich wiederum die Säumniskosten zu Lasten des Beklagten gemäß § 344 ZPO zu tenorieren.

Die Entscheidung über die Vollstreckbarkeit ergibt sich vorliegend mangels eines Rechtsmittels für beide Parteien aus § 708 Nr. 11 1. und 2. Alt. ZPO iVm § 713 ZPO.

Fall 131: Das Versäumnisteil- und Schlussurteil

582 Der Kläger verklagt den Beklagten auf Zahlung von 10.000 EUR nebst Zinsen in Höhe von 5 Prozentpunkten über dem Basiszinssatz seit dem ... Im Termin stellt er den Zahlungsantrag und beschränkt den Zinsanspruch vorläufig auf Rechtshängigkeitszinsen, ohne die weitergehende Klage zurückzunehmen. Der Beklagte beantragt Klageabweisung und wegen der weitergehenden Zinsen ein Versäumnisurteil gegen den Kläger. Die Klage ist begründet.

Tenor des Versäumnisteil- und Schlussurteils:

583 Der Beklagte wird verurteilt, an den Kläger 10.000 EUR nebst Zinsen in Höhe von 5 Prozentpunkten über dem Basiszinssatz seit dem ... (Datum der Rechtshängigkeit zuzüglich eines Tages) zu zahlen.
Im Übrigen wird die Klage abgewiesen.
Die Kostenentscheidung bleibt der Schlussentscheidung vorbehalten.

Das Urteil ist gegen Sicherheitsleistung in Höhe von 120% des jeweils zu vollstreckenden Betrages vorläufig vollstreckbar.

Erläuterungen:

Da der Kläger wegen eines Teils des Rechtsstreits, nämlich wegen des weitergehenden Zinsantrages, keinen Antrag gestellt hat, somit säumig ist, ergeht insoweit auf den Antrag des Beklagten ein Versäumnisteilurteil gegen den Kläger. Soweit die Parteien im Übrigen streitig verhandelt haben, liegt ein Schlussurteil vor. Da somit ein Teil des Rechtsstreits durch Versäumnisurteil entschieden worden ist, liegt insgesamt ein Versäumnisteil- und Schlussurteil vor (vgl. *Fischer/Uthoff* Rn. 379). **584**

Im Rahmen des Tenorierung der Hauptsache ist zu beachten, den Zinsbeginn mit dem genauen Datum anzugeben. Die in Klausuren häufig zu findende, im Grundsatz dem Klageantrag entsprechende Formulierung »... nebst Zinsen seit Rechtshängigkeit« ist aus sich heraus nicht verständlich, folglich nicht vollstreckungsfähig. Rechtshängigkeitszinsen sind gemäß § 187 Abs. 1 BGB erst seit dem Tage **nach** der Zustellung zuzusprechen! (vgl. Palandt/*Ellenberger* BGB § 187 Rn. 1 sowie Fall 125).

Da noch keine endgültige instanzabschließende Entscheidung getroffen worden ist, ist die Kostenentscheidung der Schlussentscheidung vorzubehalten. Zwar vermag allein die Entscheidung über die Berechtigung des weitergehenden Zinsantrages keine Kostenentscheidung zu beeinflussen, da lediglich noch eine Nebenforderung zu bescheiden ist. Aber solange keine instanzabschließende Entscheidung vorliegt, kann der Kläger zB auch noch eine Klageerweiterung vornehmen, der Beklagte Widerklage erheben etc., so dass zu dem jetzigen Zeitpunkt eine Kostenentscheidung noch nicht getroffen werden kann. Es könnten allenfalls die Kosten der Säumnis des Klägers gemäß § 344 ZPO tenoriert werden; insoweit empfiehlt sich aber eine abschließende und einheitlich zu treffende Kostenentscheidung. **585**

Die Entscheidung über die vorläufige Vollstreckbarkeit der Verurteilung in der Hauptsache ergibt sich aus § 709 S. 1 und 2 ZPO.

Fall 132: Der verfristete Einspruch

Der Beklagte hat verfristet Einspruch gegen ein Versäumnisurteil eingelegt, durch das er zur Zahlung von 10.000 EUR an den Kläger verurteilt worden ist. **586**

Urteilstenor:

Der Einspruch des Beklagten gegen das Versäumnisurteil vom ... wird als unzulässig verworfen. **587**
Dem Beklagten werden die weiteren Kosten des Rechtsstreits auferlegt.
Das Urteil ist vorläufig vollstreckbar.

Erläuterungen:

Die Einspruchsfrist beträgt gemäß § 339 Abs. 1 ZPO zwei Wochen nach Zustellung des Versäumnisurteils. Der verfristete Einspruch ist gemäß § 341 Abs. 1 S. 2 ZPO als unzulässig zu verwerfen, und zwar durch Urteil, § 341 Abs. 2 ZPO. Eine mündliche Verhandlung ist möglich, aber nicht erforderlich. Da auch die Kostenentscheidung des Versäumnisurteils bestehen bleibt, ist nur noch über die **weiteren** Kosten des Rechtsstreits zu entscheiden. **588**

Die vorläufige Vollstreckbarkeit ohne Sicherheitsleistung und Abwendungsbefugnis ergibt sich aus § 708 Nr. **3** ZPO iVm § 711 S. 1 ZPO.

☑ Fall 133: Die Säumnis nach dem verfristeten Einspruch

589 Der Beklagte hat verfristet Einspruch gegen ein Versäumnisurteil eingelegt, durch das er zur Zahlung von 10.000 EUR an den Kläger verurteilt worden ist. Gleichwohl beraumt das erkennende Gericht Termin zur mündlichen Verhandlung an; in diesem Termin erscheint der Beklagte nicht.

Tenor des kontradiktorischen Endurteils oder des Zweiten Versäumnisurteils:

590 Der Einspruch des Beklagten gegen das Versäumnisurteil vom ... wird als unzulässig verworfen.
Dem Beklagten werden die weiteren Kosten des Rechtsstreits auferlegt.
Das Urteil ist vorläufig vollstreckbar.

Erläuterungen:

591 Der Tenor ist eindeutig, nur die Urteilsform ist diskutabel: Der Einspruch des Beklagten ist gemäß § 341 Abs. 1 S. 2 ZPO als unzulässig zu verwerfen, und zwar durch Urteil, § 341 Abs. 2 ZPO.

Da das Versäumnisurteil bereits eine Kostenentscheidung enthält, die bestehen bleibt, ist nur noch über die **weiteren,** dh nach Erlass des Versäumnisurteils entstandenen Kosten – zumindest weitere (Termins-)gebühren des Anwalts (vgl. Fall 115) – zu entscheiden.

Die Entscheidung über die vorläufige Vollstreckbarkeit beruht auf § 708 Nr. 3 ZPO (vgl. den vorherigen Fall), ggf. auch Nr. 2 ZPO (siehe unten).

592 In diesem Fall ist jedoch fraglich, ob die Entscheidung durch ein **kontradiktorisches Endurteil** oder durch ein **Zweites Versäumnisurteil ergeht.**

593 **1.** Die hM ist der Auffassung, die Entscheidung beruhe auf der Verfristung des Einspruchs und ergehe unabhängig von der Säumnis (vgl. MüKoZPO/*Prütting* § 341 Rn. 14 mit ausführlicher, aber wenig überzeugender Begründung; Zöller/*Herget* ZPO § 341 Rn. 9; Thomas/Putzo/*Seiler* ZPO § 341 Rn. 5; *Prütting*/Gehrlein/*Czub* ZPO § 341 Rn. 5; *Wieczorek* ZPO § 341 Anm. C.III.).

594 2. Die Gegenansicht vertritt die Auffassung, dass die Säumnis im Termin nicht unberücksichtigt bleiben dürfe, die Entscheidung deshalb sowohl auf der Verfristung als auch auf der Säumnis beruhen müsse; dem werde durch die kumulative Anwendung der §§ 341 Abs. 1 S. 2 und 345 ZPO Rechnung getragen. Es müsse folglich ein **Zweites Versäumnisurteil** ergehen. Der Tenor dieses zweiten Versäumnisurteils ist zwar identisch mit dem vorgenannten Tenor; der Unterschied der beiden Auffassungen besteht aber darin, dass das Zweite Versäumnisurteil mit der Berufung nur noch unter den engen Voraussetzungen des § 514 Abs. 2 ZPO angegriffen werden kann, während nach hM die Berufung möglich ist. Damit privilegiert die hM zu Unrecht denjenigen, der sowohl den Einspruch verfristet als auch säumig ist. Wer hingegen »nur« säumig ist, kann das in diesem Fall ergehende Zweite Versäumnisurteil (vgl. Fall 115) in praxi wegen § 514 Abs. 2 ZPO idR nicht mehr mit Erfolg angreifen (vgl. eingehend *van den Hövel* NJW 1997, 2864; BLHAG/*Anders* ZPO § 341 Rn. 10).

595 Die Entscheidung über die vorläufige Vollstreckbarkeit ohne Sicherheitsleistung beruht vorliegend auf § 708 Nr. 2 **und** 3 ZPO.

Fall 134: Das Anerkenntnisteil- und Schlussurteil

596 Der Kläger hat gegen den Beklagten ein Versäumnisurteil über 5.000 EUR erwirkt. Nach dem form- und fristgerecht eingelegten Einspruch des Beklagten stellt sich

nach streitiger Verhandlung heraus, dass die Klage in Höhe von 2.000 EUR begründet ist. Insoweit erkennt der Beklagte nunmehr den Klageanspruch an.

Tenor des Anerkenntnisteil- und Schlussurteils:

Das Versäumnisurteil vom ... wird (entsprechend dem Anerkenntnis des Beklagten) aufrechterhalten, soweit der Beklagte verurteilt worden ist, an den Kläger 2.000 EUR zu zahlen. 597
Im Übrigen werden das Versäumnisurteil aufgehoben und die Klage abgewiesen.
Die Kosten des Rechtsstreits werden dem Kläger zu 60% und dem Beklagten zu 40% auferlegt; hiervon ausgenommen sind die Kosten der Säumnis, die dem Beklagten auferlegt werden.
Das Urteil ist vorläufig vollstreckbar.
Dem Kläger wird nachgelassen, die Vollstreckung durch den Beklagten gegen Sicherheitsleistung in Höhe von 120% des auf Grund des Urteils vollstreckbaren Betrages abzuwenden, wenn nicht der Beklagte vor der Vollstreckung Sicherheit in Höhe von 120% des jeweils zu vollstreckenden Betrages leistet.

Erläuterungen:

Da es sich insgesamt um ein Schlussurteil handelt, das zum Teil auf einem Aner- 598 kenntnis beruht, liegt kein (Teil-)Anerkenntnisurteil, sondern ein Anerkenntnis**teil**- und Schlussurteil vor (vgl. oben Fall 131 und *Fischer/Uthoff* Rn. 379).

Das zuvor ergangene Versäumnisurteil ist gemäß § 343 S. 1 ZPO aufrechtzuerhalten, soweit die Entscheidung hiermit übereinstimmt.

Der Zusatz (»entsprechend dem Anerkenntnis ...«) ist nicht zwingend, unterstreicht aber den anerkannten Teil (vgl. Fall 105).

Die Kostenentscheidung folgt den allgemeinen Regeln nach §§ 92 Abs. 1 ZPO; im Übrigen ist 344 ZPO wegen der Säumniskosten zu beachten.

Im Rahmen der Vollstreckbarkeit ist zu beachten, dass für die Vollstreckung des Klägers § 708 Nr. 1 ZPO gilt, denn insoweit handelt es sich um den anerkannten Teil.

Soweit der Beklagte einen Teil seiner Kosten vollstrecken kann, nämlich 60% seiner 2,5 Rechtsanwaltsgebühren von je 303 EUR netto, handelt es sich um ein kontradiktorisches Urteil, es gelten §§ 708 Nr. 11 2. Alt., 711 S. 1, 2 ZPO.

Fall 135: Zur Abgrenzung

Der Kläger hat gegen den Beklagten ein Versäumnisurteil über 3.000 EUR erwirkt. 599
Nach dem form- und fristgerecht eingelegten Einspruch des Beklagten stellt sich nach streitiger Verhandlung heraus, dass die Klage insgesamt begründet ist. Der Beklagte erkennt nunmehr den Klageanspruch in Höhe von 2.000 EUR an.

Tenor des Anerkenntnisteil- und Schlussurteils:

Das Versäumnisurteil vom ... wird aufrechterhalten. 600
Dem Beklagten werden die weiteren Kosten des Rechtsstreits auferlegt.
Das Urteil ist vorläufig vollstreckbar.
Dem Beklagten wird nachgelassen, die Vollstreckung durch den Kläger – soweit diese in der Hauptsache 2.000 EUR nebst anteiliger Kosten übersteigt – gegen Sicherheitsleistung in Höhe von 1.200 EUR abzuwenden, wenn nicht der Kläger vor der Vollstreckung Sicherheit in gleicher Höhe leistet.

Erläuterungen:

Der Tenor in der Hauptsache und die Entscheidung über die weiteren Kosten des 601 Rechtsstreits bereiten keine wesentlichen Probleme (vgl. Fall 123).

602 Besonderheiten ergeben sich hier im Rahmen der vorläufigen Vollstreckbarkeit. Auf den ersten Blick neigt man dazu, § 709 S. 1 ZPO anzuwenden, da der Gegenstand der Verurteilung in der Hauptsache 1.250 EUR übersteigt. In Höhe von 2.000 EUR liegt aber ein Anerkenntnis vor, insoweit gilt § 708 Nr. 1 ZPO. Wegen der weiteren 1.000 EUR gilt somit § 708 Nr. 11 1. Alt. iVm § 711 ZPO. In diesem Fall sollte man die Sicherheitsleistung konkret beziffern, denn die Formulierung einer Abwendungsbefugnis von »120% des **auf Grund des Urteils** vollstreckbaren Betrages« würde den Gesamtbetrag erfassen, wäre sprachlich somit nicht korrekt. Deshalb empfiehlt sich die hier vorgeschlagene Tenorierung (vgl. Fall 106).

Fall 136: Die Klageerweiterung nach Erlass des Versäumnisurteils

603 Der Kläger hat gegen den Beklagten ein Versäumnisurteil in Höhe von 3.000 EUR erwirkt. Nach dem Einspruch des Beklagten erweitert der Kläger die Klage um weitere 2.000 EUR; soweit Versäumnisurteil ergangen ist, ist die Klage begründet, im Übrigen aber nur in Höhe weiterer 1.000 EUR.

Urteilstenor:

604 Das Versäumnisurteil vom … wird aufrechterhalten, soweit der Beklagte verurteilt worden ist, an den Kläger 3.000 EUR zu zahlen. Im Übrigen wird das Versäumnisurteil aufgehoben.
Der Beklagte wird darüber hinaus verurteilt, an den Beklagten weitere 1.000 EUR zu zahlen. Die weitergehende Klage wird abgewiesen.
Die Kosten des Rechtsstreits werden dem Kläger zu 20% und dem Beklagten zu 80% auferlegt. Davon ausgenommen sind die Kosten der Säumnis, die dem Beklagten auferlegt werden.
Das Urteil ist vorläufig vollstreckbar,
für den Kläger aber nur gegen Sicherheitsleistung in Höhe von 120% des jeweils zu vollstreckenden Betrages. Die Vollstreckung aus dem Versäumnisurteil darf nur gegen Leistung dieser Sicherheit fortgesetzt werden.
Im Übrigen wird dem Kläger nachgelassen, die Vollstreckung durch den Beklagten gegen Sicherheitsleistung in Höhe von 120% des auf Grund des Urteils vollstreckbaren Betrages abzuwenden, wenn nicht der Beklagte vor der Vollstreckung Sicherheit in Höhe von 120% des jeweils zu vollstreckenden Betrages leistet.

Erläuterungen:

605 Dieses Beispiel verdeutlicht eindrucksvoll, dass ein hundertfach in der Praxis vorkommender, einfach gelagerter Fall einen durchaus komplizierten Tenor haben kann.

Es ist zu beachten, dass das Versäumnisurteil nicht insgesamt aufrechterhalten werden kann, wie man auf den ersten Blick meinen könnte. Bei einem aufrechterhaltenen Versäumnisurteil würde nämlich die Kostenentscheidung des kontradiktorischen Urteils nur die »weiteren« Kosten betreffen, dh die **zeitlich nach** Erlass des Versäumnisurteils entstandenen Kosten. Aufgrund der Klageerweiterung entstehen aber nunmehr von vornherein höhere Gerichts- und Anwaltsgebühren. Deshalb ist es sinnvoll, das Versäumnisurteil nur wegen des Ausspruchs in der Hauptsache aufrechtzuerhalten, im Übrigen aber – wegen der Kosten – aufzuheben. Damit ist eine neue und vollständige Kostenentscheidung zu treffen.

Bei der Vollstreckbarkeit sind für den Kläger § 709 S. 1, 2 und 3 ZPO und für den Beklagten §§ 708 Nr. 11, 711 ZPO zu beachten. Der Beklagte kann 20% seiner 2,5 Anwaltsgebühren vollstrecken; eine Gebühr beträgt 303 EUR netto; damit erreicht er die Wertobergrenze des § 708 Nr. 11 2. Alt. ZPO in Höhe von 1.500 EUR nicht.

Fall 137: Der verdeckte Hilfsantrag nach dem Erlass des Versäumnisurteils

Der Kläger hat gegen den Beklagten ein Versäumnisurteil in Höhe von 500 EUR wegen eines Kaufpreisanspruchs erwirkt. Nach dem Einspruch des Beklagten stützt der Kläger die Klage nunmehr auch auf einen Werklohnanspruch in identischer Höhe; nur dieser Anspruch besteht. 606

Urteilstenor:

Das Versäumnisurteil vom ... wird aufgehoben. 607
Der Beklagte wird verurteilt, an den Kläger 500 EUR zu zahlen. Im Übrigen wird die Klage abgewiesen.
Die Kosten des Rechtsstreits werden gegeneinander aufgehoben. Davon ausgenommen sind die Kosten der Säumnis, die dem Beklagten auferlegt werden.
Das Urteil ist vorläufig vollstreckbar.

Erläuterungen:

In diesem Fall wird die Klage nach dem Einspruch um einen verdeckten Hilfsantrag erweitert (vgl. Fall 34). Da das Versäumnisurteil aber (nur) dem Hauptantrag (auf Kaufpreiszahlung) stattgegeben hat, ist es in diesem Fall (der Begründetheit nur des hilfsweise geltend gemachten Werklohnanspruches, nicht aber auch des Kaufpreisanspruches) aufzuheben. Insoweit ist die Klage (mit dem Hauptantrag) abzuweisen. 608

Die Kostenentscheidung beruht auf §§ 92 Abs. 1; 344 ZPO. Der Kläger verliert mit seinem Hauptantrag, gewinnt aber mit dem Hilfsantrag in derselben Höhe, so dass die gegenseitige Kostenaufhebung geboten ist (vgl. Fall 34).

Die Entscheidung über die vorläufige Vollstreckbarkeit beruht auf § 708 Nr. 1 iVm § 713 ZPO.

Fall 138: Die Entscheidung nach Lage der Akten

Der Kläger verklagt den Beklagten auf Zahlung in Höhe von 6.000 EUR. Nach einer streitigen Verhandlung erscheint im nächsten Beweistermin der Beklagte nicht; das Gericht führt die Beweisaufnahme durch: danach ist die Klage begründet. 609

Urteilstenor:

Der Beklagte wird verurteilt, an den Kläger 6.000 EUR zu zahlen. 610
Die Kosten des Rechtsstreits werden dem Beklagten auferlegt.
Das Urteil ist vorläufig vollstreckbar.

Erläuterungen:

Beim Ausbleiben einer Partei kann unter den Voraussetzungen der §§ 331a; 251a Abs. 2 ZPO eine sog. »Entscheidung nach Lage der Akten« ergehen. Anders als das mit dem Einspruch anfechtbare Versäumnisurteil handelt es sich um eine instanzabschließende – kontradiktorische – Entscheidung (Zöller/*Herget* ZPO § 331a Rn. 2). Voraussetzung ist eine in einem früheren Termin erfolgte streitige Verhandlung. Dann kann das Gericht im Nachfolgetermin auf Antrag – frühestens nach Ablauf von zwei Wochen – Termin zur Verkündung einer Entscheidung anberaumen und ein Endurteil nach Lage der Akten verkünden. Es ist aber zu beachten, dass anders als bei der »echten« Säumnisentscheidung kein Geständnis der säumigen Partei fingiert wird, sondern ein erhebliches Bestreiten die Beweislast auslöst (Zöller/*Herget* ZPO § 331a Rn. 1). Deshalb hat das Gericht vorliegend die Beweisaufnahme durchgeführt; diese kann auch in Abwesenheit einer Partei erfolgen, § 367 Abs. 1 ZPO. 611

612 Bei der Vollstreckbarkeit ist § 708 Nr. 2 ZPO zu beachten; diese Vorschrift gilt allerdings nur im Fall der Entscheidung gegen die säumige Partei.

III. Die Erledigung des Rechtsstreits

1. Die übereinstimmende Erledigungserklärung

613 **a)** Der Regelfall: Erklären die Parteien übereinstimmend den Rechtsstreit in der Hauptsache für erledigt oder aber widerspricht der Beklagte der Erledigungserklärung des Klägers nach entsprechendem Hinweis nicht innerhalb von zwei Wochen (§ 91a Abs. 1 S. 2 ZPO), so ergeht kein Urteil mehr, sondern es wird gemäß § 91a ZPO nur noch durch **Beschluss** über die Kosten des Rechtsstreits entschieden.

Eine Entscheidung in der Hauptsache, etwa über die Frage, ob tatsächlich die Erledigung eingetreten ist, ist nicht mehr geboten, da die Parteien diese Frage gerade durch die Übereinstimmung **unstreitig** stellen, folglich dem Gericht nicht mehr zur Entscheidung vorlegen. **Die Erledigung des Rechtsstreits in der Hauptsache wird folglich nicht tenoriert!**

614 Da der Rechtsstreit **Kosten** (Gerichtskosten, Rechtsanwaltsgebühren: idR Verfahrens- und Terminsgebühren) ausgelöst hat, ist aber über diese noch zu entscheiden.

Die Entscheidung ergeht gemäß § 91a Abs. 1 ZPO nach billigem Ermessen unter Berücksichtigung des **bisherigen** Sach- und Streitstandes. Für Rechtsreferendare in der Ausbildung bedeutet das, dass eine Schlüssigkeits- und Erheblichkeitsprüfung vorzunehmen ist. Ist das Klagevorbringen schlüssig und der Beklagtenvortrag erheblich, so müsste grundsätzlich Beweis erhoben werden, jedenfalls soweit die beweisbelastete Partei Beweis anbietet. Eine Beweisaufnahme findet nach der übereinstimmenden Erledigungserklärung der Parteien aber nicht mehr statt: idR sind in diesen Fällen dementsprechend die Kosten zu teilen, da der Ausgang des Rechtsstreits offen ist und sich eine Prognose über das Ergebnis der gedachten Beweisaufnahme grundsätzlich verbietet. Etwas anderes gilt jedoch dann, wenn die beweisbelastete Partei keinen Beweis angeboten hat oder sich zB nur auf die Parteivernehmung des Gegners berufen kann, der aber den Anspruch bzw. die Einwendung gerade bestreitet. Eine Beweisprognose dürfte auch in dem Fall in Betracht kommen, in dem sich die beweisbelastete Partei auf einen Zeugen beruft, der bereits unmissverständlich – etwa schriftlich oder in einem anderen Verfahren, gegenüber der Polizei etc. – seine gegenteilige Sicht bekundet hat. Im Einzelfall – insbesondere wenn **beide** Parteien Beweis anbieten – kann es auch der Billigkeit entsprechen, der beweisbelasteten Partei wegen des Beweisführungsrisikos höhere Kosten aufzuerlegen, etwa eine Kostenquote von 60% zu 40% zu bilden.

615 Eines Ausspruches der Vollstreckbarkeit bedarf es nicht, da der Beschluss gemäß § 794 Abs. 1 Nr. 3 ZPO ohnehin vollstreckbar ist.

616 Der Tenor des Beschlusses nach § 91a ZPO enthält folglich nur eine Kostenentscheidung:

Die Kosten des Rechtstreits…
… werden dem Kläger/Beklagten auferlegt (ggf. quotiert)
oder auch:
… gegeneinander aufgehoben.

b) Falls bereits ein Titel (Versäumnisurteil/Vollstreckungsbescheid) ergangen ist, wird auf Antrag zusätzlich die Wirkungslosigkeit des Titels ausgesprochen (Zöller/*Herget* ZPO § 343 Rn. 6): 617

Der Vollstreckungsbescheid des AG … vom …/Das Versäumnisurteil … ist wirkungslos.
Im Übrigen werden die Kosten des Rechtsstreits…
… dem Kläger/Beklagten auferlegt (ggf. quotiert)
oder auch:
… gegeneinander aufgehoben.

2. Die teilweise übereinstimmende Erledigungserklärung

Erklären die Parteien nur einen Teil des Rechtsstreits übereinstimmend für erledigt, 618
so ist der Rechtsstreit im Übrigen weiter streitig fortzusetzen und zu entscheiden. Der Tenor erfasst in der **Hauptsache** nur den verbliebenen streitigen Teil; in die Entscheidung über die Kosten des verbliebenen Rechtsstreits ist der Beschluss nach § 91a ZPO über den erledigten Teil zu integrieren: es ergeht somit ein **einheitlicher** Kostentenor!

Die Vollstreckbarkeit bezieht sich wiederum nur auf den verbliebenen streitigen Teil des Rechtsstreits. Der Teil des Kostentenors, der den Beschluss gemäß § 91a ZPO darstellt, ist hingegen ohne spezifischen Ausspruch gemäß § 794 Abs. 1 Nr. 3 ZPO vollstreckbar.

☑ Fall 139: Ausgangsfall

Der Kläger verklagt den Beklagten auf Werklohn von 3.000 EUR. Der Beklagte 619
zahlt nach Rechtshängigkeit in Anerkennung des Werklohnanspruches an den Kläger 2.000 EUR, die Parteien erklären insoweit den Rechtsstreit übereinstimmend für erledigt und streiten über die restlichen 1.000 EUR weiter. Die Klage ist begründet.

Urteilstenor:

Der Beklagte wird verurteilt, an den Kläger 1.000 EUR zu zahlen. 620
Die Kosten des Rechtsstreits werden dem Beklagten auferlegt.
Das Urteil ist vorläufig vollstreckbar.
Dem Beklagten wird nachgelassen, die Vollstreckung durch den Kläger gegen Sicherheitsleistung in Höhe von 120% des auf Grund des Urteils vollstreckbaren Betrages abzuwenden, wenn nicht der Kläger vor der Vollstreckbarkeit Sicherheit in Höhe von 120% des jeweils zu vollstreckenden Betrages leistet.

Erläuterungen:

Der Tenor bezieht sich in der Hauptsache nur noch auf die streitigen 1. 000 EUR. 621
Die Kostenentscheidung beruht insoweit auf § 91 Abs. 1 ZPO, ebenfalls aber wegen der teilweise übereinstimmenden Erledigungserklärung auf § 91a ZPO. Auch soweit der Rechtsstreit übereinstimmend teilweise für erledigt erklärt worden ist, muss der Beklagte die Kosten des Rechtsstreits tragen, da er ohne das erledigende Ereignis, die in Anerkennung der Forderung freiwillig geleistete Zahlung, entsprechend verurteilt worden wäre (vgl. Thomas/Putzo/*Hüßtege* ZPO § 91a Rn. 46).

Die Vollstreckbarkeit richtet sich nur nach der Verurteilung in der Hauptsache von 1.000 EUR, folgt dementsprechend aus §§ 708 Nr. 11 1. Alt. iVm 711 S. 1, 2 ZPO.

Fall 140: Die übereinstimmende Teilerledigungserklärung vor der mündlichen Verhandlung

622 Der Kläger verklagt den Beklagten auf Zahlung von 10.000 EUR. Nach Rechtshängigkeit zahlt der Beklagte 2.000 EUR. Der Kläger erklärt daraufhin in dieser Höhe den Rechtsstreit für erledigt. Der Beklagte schließt sich an. Im Übrigen wird in der mündlichen Verhandlung nur noch über die streitigen 8.000 EUR verhandelt; insoweit ist die Klage unbegründet.

Urteilstenor:

623 Die Klage wird abgewiesen.
Die Kosten des Rechtsstreits werden dem Kläger zu 87% und dem Beklagten zu 13% auferlegt.
Das Urteil ist vorläufig vollstreckbar.
Beiden Parteien wird nachgelassen, die Vollstreckung durch die jeweils andere Partei gegen Sicherheitsleistung in Höhe von 120% des auf Grund des Urteils vollstreckbaren Betrages abzuwenden, wenn nicht die jeweils andere Partei vor der Vollstreckung Sicherheit in Höhe von 120% des jeweils zu vollstreckenden Betrages leistet.

Erläuterungen:

624 **1.** Soweit die Parteien den Rechtsstreit übereinstimmend in der Hauptsache teilweise für erledigt erklärt haben, ist gemäß § 91a ZPO über die Kosten des Rechtsstreits nach billigem Ermessen unter Berücksichtigung des bisherigen Sach- und Streitstandes ohne einen Ausspruch in der Hauptsache zu entscheiden (vgl. den vorherigen Fall).

625 **2.** Auf den ersten Blick überrascht die Kostenentscheidung. Eine Entscheidung, wonach der Kläger 80% und der Beklagte 20% der Kosten des Rechtsstreits trägt, ist aber falsch, wenngleich sie zunächst durchaus plausibel erscheinen mag, da der Kläger letztlich 2.000 EUR von geltend gemachten 10.000 EUR erhält, im Ergebnis somit zu 20% Erfolg zu haben scheint. Eine derartige, in der Praxis häufig anzutreffende Entscheidung ließe aber die Besonderheiten der unterschiedlichen Streitwerte bei den Rechtsanwaltsgebühren außer Acht. Da die Parteien nämlich nur über 8.000 EUR, und nicht über den eingeklagten Gesamtbetrag von 10.000 EUR, streitig verhandeln, sind die Terminsgebühren auch nur nach diesem – geringeren – Streitwert zu bestimmen. Insoweit aber unterliegt der Kläger vollständig. Denn soweit streitig über 8.000 EUR verhandelt worden ist, ist die Klage (vollständig) abgewiesen worden.

626 **a)** Denkbar und praktikabel erscheint mir deshalb folgende Kostenentscheidung zu sein:

Die Kosten des Rechtsstreits werden dem Kläger zu 80% und dem Beklagten zu 20% auferlegt; hiervon ausgenommen sind die Terminsgebühren, die dem Kläger auferlegt werden.

627 Es gibt letztlich keinen sachlich einleuchtenden Grund, der gegen eine derartige eindeutige, klar und einfach verständliche Entscheidung spricht, die zudem das nachvollziehbare Grundverhältnis des Obsiegens und Unterliegens in der Kostenquote von »80 zu 20« erkennbar aufrechterhält. Bei Vergleichsabschlüssen ist es bereits gängige Praxis, die Kosten des Rechtsstreits von den Einigungsgebühren zu differenzieren, zB: »Die Kosten des Rechtsstreits tragen der Kläger zu 80% und der Beklagte zu 20%; hiervon ausgenommen sind die Kosten des Vergleichs, die gegeneinander aufgehoben werden.« Auch insoweit nämlich wird mit der Einigungsgebühr nur **eine** der Gebühren der Rechtsanwälte betroffen. Im vorliegenden Fall hingegen handelt es sich zwar um die Terminsgebühren (und nicht die Einigungsgebühren); ein struktu-

reller Unterschied besteht aber nicht (vgl. auch Fall 22 zu den ebenfalls separierten Kosten der Beweisaufnahme).

b) Die hM lehnt aber bedauerlicherweise eine derartige praktikable Kostenregelung ab und verweist auf den Grundsatz der einheitlichen Kostenentscheidung. Die Dogmatik dieses Prinzips erschließt sich nicht; vielmehr ist zur Berechnung der zutreffenden Kostenquote eine (unnötig) zeitaufwändige Gebühreneinzelbetrachtung vorzunehmen. **Für jede Gebühr ist eine Quote zu bestimmen** (sogenannte Quotenmethode, vgl. *Schneider*, 2. Aufl., S. 194, 197 ff.). Die auch vertretene sog. Mehrkostenmethode (vgl. Wiedergabe bei *Anders/Gehle* A-198 mwN) führt bei höherem Berechnungsaufwand im Einzelfall zu wenig befriedigenden Ergebnissen, wird hier dementsprechend nicht vertieft und sollte auch in der Praxis nicht angewendet werden. 628

Es ergibt sich folgende **Kostenquotenberechnung:** 629

aa) Einzelbetrachtung der Kosten 630

– *Gerichtskosten:* 631

Nach einem Streitwert von 10.000 EUR fallen drei Gerichtsgebühren in Höhe von jeweils 241 EUR, insgesamt somit **723 EUR** an.

Der Kläger erhält 2.000 EUR von 10.000 EUR, unterliegt mit 8.000 EUR, trägt folglich 80% der Kosten =

Kläger: 578,40 EUR Beklagter: 144,60 EUR

– *Rechtsanwaltsgebühren – Verfahrensgebühren:* 632

Es entstehen zweimal 1,3 Verfahrensgebühren nach einem Streitwert von 10.000 EUR, somit zweimal 558 EUR netto × 1,3 = **1.450,80 EUR.** Jeder Rechtsanwalt erhält folglich 725,40 EUR netto. Bei der Kostenberechnung reicht es aus, von den Nettobeträgen auszugehen (vgl. *Anders/Gehle* A-198).

Der Kläger trägt auch insoweit 80% dieser Kosten.

Kläger: 1.160,64 EUR Beklagter: 290,16 EUR

– *Rechtsanwaltsgebühren – Terminsgebühren:* 633

Im Termin (streitig) verhandelt haben die Parteien nur über einen Streitwert von 8.000 EUR. Insoweit sind die Terminsgebühren nur nach diesem geringeren Streitwert zu bestimmen. Eine Terminsgebühr beträgt 456 EUR netto. Insgesamt fallen zweimal 1,2 Terminsgebühren, dh Kosten in Höhe von **1.094,40** EUR an. Diese trägt der Kläger allein, da er – soweit streitig verhandelt worden ist – vollständig unterlegen war:

Kläger: 1.094,40 EUR Beklagter: 0 EUR

bb) Setzt man diese von den Parteien jeweils zu tragenden Kosten ins Verhältnis zueinander, so ergibt sich folgende Quotierung: 634

Der Kläger trägt von den Gesamtkosten in Höhe von 3.268,20 EUR selbst 2.833,44 EUR, der Beklagte die weiteren 434,76 EUR; der Kläger trägt somit insgesamt 87% (aufgerundeter Betrag von 86,7%), **der Beklagte 13% der Kosten.**

cc) Die teilweise übereinstimmende Erledigungserklärung hat somit die Kostenquote etwas zu Lasten des Klägers verschoben. Zwar sind die Terminsgebühren auf Grund des reduzierten Streitwertes geringer geworden. Gleichwohl hat sich vorliegend der Kläger aber verschlechtert: ohne das erledigende Ereignis hätte der nur mit 2.000 EUR von 10.000 EUR obsiegende Kläger durchgehend 80% der Kosten tragen müssen, dh 578,40 EUR Gerichtskosten und 2.232 EUR Anwaltsgebühren (80% von 2 × 2,5 Verfahrens- und Terminsgebühren à 558 EUR), insgesamt somit lediglich 2.810,40 EUR (!). 635

636 **dd)** Anzumerken ist, dass diese Kostenberechnung auch im Fall einer **teilweisen Klagerücknahme** vor der mündlichen Verhandlung anzuwenden ist (vgl. Fall 18; siehe auch *Anders/Gehle* A-198, P-28 und 29).

637 **3.** Im Rahmen der Vollstreckbarkeit ist zu beachten, dass beide Parteien nur Kosten vollstrecken können. Der Kläger kann 13% der von ihm schon voll umfänglich verauslagten Gerichtskosten vollstrecken, dh einen Betrag von 93,99 EUR sowie 13% seiner Anwaltskosten, dh 165,44 EUR netto. Damit unterliegt er der Regelung des § 708 Nr. 11 2. Alt. ZPO iVm § 711 S. 1, 2 ZPO.

Der Beklagte kann 87% seiner Anwaltskosten vollstrecken, dh 1.107,16 EUR netto. Auch er liegt damit unter der Kostengrenze des § 708 Nr. 11 2. Alt. ZPO von 1.500 EUR; für ihn gilt ebenfalls die Abwendungsbefugnis des § 711 S. 1, 2 ZPO.

Eine Differenzierung nach Kosten gemäß § 91a ZPO ohne Abwendungsbefugnis und solchen nach §§ 91, 92 ZPO mit Abwendungsbefugnis dürfte nicht praxisgerecht sein, weil die für den Kläger vollstreckbaren 13% der Kosten auch Kosten enthalten, die nicht auf § 91a ZPO beruhen: die Terminsgebühren des Klägeranwalts sind in der Gesamtquote mitenthalten (aA *Anders/Gehle* P-30: theoretisch richtig, aber kaum praktizierbar!).

Fall 141: Die Erledigung der (negativen Feststellungs-)Klage nach Erhebung der Widerklage

638 Der Kläger verklagt den Beklagten auf Feststellung, dass anlässlich eines Verkehrsunfalls der Parteien dem Beklagten kein Schaden entstanden ist. Der Beklagte, der sich eines Schadensersatzanspruches wegen Beschädigung seines Pkw rühmt, erhebt schließlich gegen den Kläger Widerklage, gerichtet auf Zahlung von Schadensersatz in Höhe von 2.000 EUR an ihn. Der Kläger erklärt daraufhin den Rechtsstreit im Hinblick auf die Feststellungsklage in der Hauptsache für erledigt. Der Beklagte schließt sich an. In der Folgezeit stellt sich nach Einholung eines Sachverständigengutachtens heraus, dass dem Beklagten tatsächlich kein unfallbedingter Sachschaden an seinem Fahrzeug entstanden, die Widerklage folglich unbegründet ist.

Urteilstenor:

639 Die Widerklage wird abgewiesen.

Die Kosten des Rechtsstreits werden dem Beklagten auferlegt.

Das Urteil ist vorläufig vollstreckbar.

Dem Beklagten wird nachgelassen, die Vollstreckung der Kosten der Widerklage durch den Kläger gegen Sicherheitsleistung in Höhe von 120% des auf Grund des Urteils vollstreckbaren Betrages abzuwenden, wenn nicht der Kläger vor der Vollstreckung Sicherheit in Höhe von 120% des jeweils zu vollstreckenden Betrages leistet.

Erläuterungen:

640 **1.** Auf den ersten Blick überrascht diese Konstellation. Denn sie führt dazu, dass die später erhobene Widerklage die Zulässigkeit der Ausgangsklage beseitigt: nach Erhebung der Leistungsklage durch den Beklagten fällt das erforderliche Feststellungsinteresse bzw. Rechtsschutzbedürfnis der Feststellungsklage weg, da die Frage, ob durch den Verkehrsunfall an dem Fahrzeug des Beklagten ein Schaden entstanden ist, zwingend im Rahmen der Zahlungsklage – Widerklage – zu prüfen ist. Will der Kläger somit die Abweisung seiner Klage als – nunmehr – unzulässig vermeiden, muss er die Klage in der Hauptsache für erledigt erklären. Da sich der Beklagte der

Erledigungserklärung angeschlossen hat, ist insoweit gemäß § 91a ZPO über die Kosten des Rechtsstreits nach billigem Ermessen unter Berücksichtigung des **bisherigen** Sach- und Streitstandes ohne einen Ausspruch in der Hauptsache zu entscheiden (vgl. Fall 139). Nur wegen der Widerklage wird der Rechtsstreit fortgesetzt.

2. Würde man diesem Grundsatz des § 91a ZPO einschränkungslos folgen und nur den bisherigen Sach- und Streitstand berücksichtigen, dann wären die auf die Feststellungsklage entfallenden Kosten gegeneinander aufzuheben, da jedenfalls vor der Entscheidungsreife der Widerklage das Klagevorbringen des Klägers schlüssig (»kein Schaden entstanden«) und das Beklagtenvorbringen erheblich war (»Schaden durch den Kläger entstanden«). Dies wäre ungerecht, da der Kläger mit Kosten belastet würde, obwohl sein Begehren – wie die spätere Abweisung der Widerklage zeigt – vollständig begründet war. Deshalb ist dieses Ergebnis entweder unter dem Gesichtspunkt der Billigkeit zu korrigieren oder aber – um das Ergebnis auch dogmatisch noch begründen zu können – davon auszugehen, dass die Entscheidung über die Kosten der übereinstimmend für erledigt erklärten Klage erst am Ende des Rechtsstreits als Teil einer einheitlichen Kostenentscheidung zu treffen ist. Berücksichtigt man insoweit den **bisherigen** Sach- und Streitstand, so ist das Ergebnis der Widerklage zwanglos in die Kostenentscheidung des erledigten Teils des Rechtsstreits mit einzubeziehen. Anders formuliert: Die Berücksichtigung des bisherigen Sach- und Streitstands konzentriert sich nicht auf den Zeitpunkt der übereinstimmenden Erledigungserklärungen, sondern auf den Zeitpunkt am Ende des gesamten Rechtsstreits: erst jetzt ist der **bisherige** Sach- und Streitstand zu berücksichtigen. 641

Insoweit ist die Kostenentscheidung konsequent und gerecht: der Beklagte trägt sämtliche Kosten, weil sein auf eine Schadensersatzpflicht des Klägers gerichtetes Begehren umfassend unbegründet ist. Der Streitwert dürfte sich gemäß § 45 Abs. 1 S. 1 GKG auf 4.000 EUR belaufen, da auch für die negative Feststellungsklage das Leistungsinteresse von 2.000 EUR zugrunde zu legen ist. 642

3. Im Rahmen der Vollstreckbarkeit bezieht sich der Ausspruch der Vollstreckbarkeit sowie der Abwendungsbefugnis nur auf die Kosten der Widerklage. Soweit die Kostenentscheidung auf § 91a ZPO beruht, bedarf es keines Ausspruchs zur vorläufigen Vollstreckbarkeit bzw. zur Abwendungsbefugnis. 643

Vorliegend gilt insoweit § 708 Nr. 11 2. Alt. ZPO iVm § 711 S. 1, 2 ZPO. Danach kann der Kläger die auf die Widerklage entfallenden (Mehr-)Rechtsanwaltskosten von 2,5 × 102 EUR (Gebührendifferenz aus den Beträgen von 252 EUR bei einem Streitwert von 4.000 EUR zu 150 EUR bei einem Streitwert von 2.000 EUR) sowie 3 × 38 EUR an höheren Gerichtsgebühren (Differenzbetrag aus den Gerichtsgebühren von 127 EUR bei einem Streitwert von 4.000 EUR zu 89 EUR bei einem Streitwert von 2.000 EUR) vollstrecken, bleibt insgesamt somit unter der Kostenobergrenze des § 708 Nr. 11 2. Alt. ZPO. 644

3. Die einseitige Erledigungserklärung des Klägers

Erklärt der Kläger den gesamten Rechtsstreit **einseitig** für erledigt, dh der Beklagte schließt sich der Erledigungserklärung **nicht** an, so ist in der Hauptsache darüber zu entscheiden, ob der Rechtsstreit tatsächlich erledigt ist. Dies ist jetzt nur noch der allein relevante Streit der Parteien. Deshalb liegt nach hM eine gemäß § 264 Nr. 2 ZPO zulässige Klageänderung in einen **Feststellungsantrag** vor. Dieser ist darauf gerichtet, **festzustellen, dass der Rechtsstreit in der Hauptsache erledigt ist**. Auch eine originäre Feststellungsklage kann (einseitig) für erledigt erklärt werden. 645

646 Das Feststellungsinteresse des Klägers beruht auf seinem **Kosten**interesse, dh er erstrebt nunmehr – nur noch – eine Kostenentscheidung zu seinen Gunsten. Diese ist gerechtfertigt, wenn nach der »Vier-Punkte-Regel«

- ein **erledigendes** Ereignis eingetreten ist,
- und zwar **nach** Rechtshängigkeit – bei Erledigung **vor** Rechtshängigkeit wäre kein Grund ersichtlich, Klage zu erheben (zB der herausverlangte Gegenstand ist nach Rechtshängigkeit untergegangen),
- und die Klage bis zum Eintritt des erledigenden Ereignisses **zulässig** und
- **begründet** war (zB der Kläger hätte als Eigentümer den Gegenstand vom Beklagten gemäß § 985 BGB herausverlangen können).

647 Im anderen Fall der von vornherein unzulässigen bzw. unbegründeten Klage gäbe es keinen rechtfertigenden Grund für eine Kostentragung des Beklagten; die Erledigung ändert nichts an der materiellen Rechtslage: insoweit muss der Kläger die Kosten des Rechtsstreits tragen (zB der Kläger hätte mangels Eigentümerstellung überhaupt keinen Herausgabeanspruch gehabt).

648 Da die Klage weitergeführt wird, wenn auch in Form der Feststellungsklage, kann in diesem Verfahren – anders als im Fall des § 91a ZPO – auch noch Beweis erhoben werden, um die vorgenannten Voraussetzungen der Erledigung festzustellen.

☑ Fall 142: Die Feststellung der Erledigung

649 Der Kläger klagt gegen den Beklagten auf Zahlung des Kaufpreises in Höhe von 3.000 EUR.

Nach Rechtshängigkeit zahlt der Bruder des Beklagten diesen Betrag. Der Kläger beantragt daraufhin, festzustellen, dass der Rechtsstreit in der Hauptsache erledigt ist. Der Beklagte widerspricht der Erledigung mit der Begründung, er – der Beklagte – sei nicht passivlegitimiert gewesen, materiell-rechtlich sei nur sein Bruder dem Kläger gegenüber verpflichtet. Dieses Vorbringen stellt sich als unrichtig heraus.

Urteilstenor:

650 **Es wird festgestellt, dass der Rechtsstreit in der Hauptsache erledigt ist.**
Die Kosten des Rechtsstreits werden dem Beklagten auferlegt.
Das Urteil ist vorläufig vollstreckbar.
Dem Beklagten wird nachgelassen, die Vollstreckung durch den Kläger gegen Sicherheitsleistung in Höhe von 120% des auf Grund des Urteils vollstreckbaren Betrages abzuwenden, wenn nicht der Kläger vor der Vollstreckung Sicherheit in Höhe von 120% des jeweils zu vollstreckenden Betrages leistet.

Erläuterungen:

651 Da durch die Zahlung des Bruders Erfüllungswirkung zugunsten des Beklagten eingetreten ist, dh dieser selbst dem Kläger gegenüber verpflichtet war, ist die Klage bis zum Eintritt des erledigenden Ereignisses, dh bis zur Zahlung, zulässig und begründet gewesen. Der Kläger hat den Zahlungsantrag zu recht auf einen Feststellungsantrag umgestellt, da andernfalls – nach der Erfüllung durch Zahlung – der bisherige Leistungsantrag abgewiesen worden wäre.

Der Feststellungsantrag ist entsprechend der hier gewählten Formulierung eindeutig zu fassen. Andere Tenorierungen, die den Feststellungscharakter nicht hinreichend erkennen lassen, zB »Der Rechtsstreit ist erledigt« (so aber *Anders/Gehle* P-34) sollte man unterlassen.

Bis zum Eintritt des erledigenden Ereignisses (nach Rechtshängigkeit) war die Klage zulässig und begründet; deshalb ist es sachgerecht, dem Beklagten gemäß § 91 Abs. 1 ZPO die Kosten des Rechtsstreits aufzuerlegen.

Die Vollstreckbarkeit richtet sich nach §§ 708 Nr. 11 2. Alt. iVm 711 S. 1, 2 ZPO, da nur Kosten zu vollstrecken sind und die drei Gerichtsgebühren und 2,5 Anwaltsgebühren, die der Kläger vollstrecken kann, 1.500 EUR nicht übersteigen: eine Gerichtsgebühr beträgt 108 EUR, eine Rechtsanwaltsgebühr 201 EUR netto.

Fall 143: Die (teilweise) Unbegründetheit der ursprünglichen Leistungsklage (Abwandlung)

Nach Rechtshängigkeit zahlt der Bruder des Beklagten auf die Forderung 2.000 EUR; 652
gleichwohl erklärt der (prozessmüde) Kläger daraufhin im Verhandlungstermin den Rechtsstreit insgesamt für erledigt. Der Beklagte beantragt Klageabweisung.

Urteilstenor:

Es wird festgestellt, dass der Rechtsstreit in der Hauptsache erledigt ist, soweit der Kläger beantragt 653
hat, den Beklagten zu verurteilen, an ihn 2.000 EUR zu zahlen.

Im Übrigen wird die Klage abgewiesen.

Die Kosten des Rechtsstreits werden dem Kläger zu einem Drittel und dem Beklagten zu zwei Dritteln auferlegt.

Das Urteil ist vorläufig vollstreckbar.

Beiden Parteien wird nachgelassen, die Vollstreckung durch die jeweils andere Partei gegen Sicherheitsleistung in Höhe von 120% des auf Grund des Urteils vollstreckbaren Betrages abzuwenden, wenn nicht die jeweils andere Partei vor der Vollstreckung Sicherheit in Höhe von 120% des jeweils zu vollstreckenden Betrages leistet.

Erläuterungen:

Auch wenn durch die Zahlung des Bruders des Beklagten grundsätzlich Erfüllungs- 654
wirkung zugunsten des Beklagten eintreten konnte (vgl. den vorherigen Ausgangsfall), so liegt hier nur in Höhe des tatsächlich gezahlten Betrages (somit in Höhe von 2.000 EUR) ein **erledigendes** Ereignis vor. Im Übrigen (somit in Höhe der weitergehenden 1.000 EUR) ist keine Erledigung eingetreten, der Feststellungsantrag folglich unbegründet.

Die Kostenentscheidung trägt dem Verhältnis des Obsiegens und Unterliegens gemäß § 92 Abs. 1 ZPO Rechnung.

Die Vollstreckbarkeit richtet sich für beide Parteien nach §§ 708 Nr. 11 2. Alt. iVm 711 S. 1, 2 ZPO, da nur Kosten zu vollstrecken sind und die zwei Drittel der (drei) Gerichtsgebühren und der (2,5) Anwaltsgebühren, die der Kläger vollstrecken kann, 1.500 EUR nicht übersteigen: eine Gerichtsgebühr beträgt 108 EUR, eine Rechtsanwaltsgebühr 201 EUR netto. Der Beklagte kann weniger, nämlich nur ein Drittel seiner Anwaltskosten vollstrecken.

Fall 144: Der nicht abgenommene Computer

Der Kläger verlangt von dem Beklagten die Zahlung in Höhe von 3.000 EUR für 655
den Kauf eines Computers, den der Beklagte bislang noch nicht abgenommen hat.

Der Kläger hat diesen Betrag zunächst im Mahnverfahren mittels Mahnbescheides geltend gemacht. Der Beklagte hat hiergegen Widerspruch eingelegt. Noch vor Eingang der Akten beim Prozessgericht übernimmt ein Mitarbeiter M des Beklagten den Computer für sich und zahlt auch den Kaufpreis. Nunmehr erklärt der Kläger in der Klagebegründung den Rechtsstreit für erledigt, der Beklagte beantragt in der mündlichen Verhandlung Klageabweisung.

Urteilstenor:

656 Die Klage wird abgewiesen.
Die Kosten des Rechtsstreits werden dem Kläger auferlegt.
Das Urteil ist vorläufig vollstreckbar.
Dem Kläger wird nachgelassen, die Vollstreckung durch den Beklagten gegen Sicherheitsleistung in Höhe von 120% des auf Grund des Urteils vollstreckbaren Betrages abzuwenden, wenn nicht der Beklagte vor der Vollstreckung Sicherheit in Höhe von 120% des jeweils zu vollstreckenden Betrages leistet.

Erläuterungen:

657 **1.** Das nunmehr als Feststellungsantrag auszulegende Begehren des Klägers hat Erfolg, wenn Erledigung nach Rechtshängigkeit eingetreten ist und die Klage bis zum Eintritt des erledigenden Ereignisses zulässig und begründet war.

658 **a)** Zunächst ist festzustellen, ob die Erledigung des Rechtsstreits nach Rechtshängigkeit eingetreten ist. Das erledigende Ereignis ist vorliegend die Zahlung des Kaufpreises. Die Zahlung erfolgte erst nach der Zustellung des Mahnbescheides, folglich nach Rechtshängigkeit, § 696 Abs. 3 ZPO.

659 **b)** Bis zum Eintritt des erledigenden Ereignisses – vor Eingang der Akten beim Prozessgericht (= Anhängigkeit, § 696 Abs. 1 S. 4 ZPO) – war das Klageverfahren (hier: noch im Stadium des Mahnverfahrens) aber nicht zulässig und begründet, da vorliegend der Kläger nur einen Anspruch auf Zahlung des Kaufpreises, **Zug um Zug** gegen Übergabe des Computers hatte. Ein derartiger Zug-um-Zug-Anspruch ist im Mahnverfahren aber nicht statthaft, § 688 Abs. 2 Nr. 2 ZPO. Die (Feststellungs-)Klage ist deshalb abzuweisen.

660 **2.** Folglich trifft den Kläger auch die Kostentragungspflicht nach § 91 Abs. 1 ZPO.

661 **3.** Der Beklagte kann die Kosten seines Rechtsanwalts gegenüber dem Kläger vollstrecken. Um festzustellen, in welcher Höhe Kosten entstanden sind, und damit zu beurteilen, ob § 708 Nr. 11 2. Alt. ZPO oder § 709 S. 1, 2 ZPO einschlägig sind, ist vorab wiederum der Streitwert zu bestimmen. Dieser beträgt grundsätzlich 3.000 EUR; dies gilt aber nicht für die Terminsgebühren (!). Die Parteien haben nämlich im Verhandlungstermin nicht mehr über eine Hauptforderung von 3.000 EUR streitig verhandelt, sondern nur noch – nachdem zuvor der Kläger den Rechtsstreit **insgesamt** für erledigt erklärt hat – über die Frage, wer die Kosten des Rechtsstreits zu tragen hat.

662 Folglich bestimmt sich der Streitwert für die Terminsgebühren auch nur nach diesem Kosteninteresse. Es bezieht sich auf die Frage, wer die Gerichtskosten von **324 EUR** (3 × 108 EUR) und die Verfahrensgebühren der Rechtsanwälte in Höhe von zweimal **261,30 EUR** (1,3 × 201 EUR) trägt. Das Kosteninteresse für die Verhandlung besteht somit in Höhe von **846,60** EUR**:** dies ist der Streitwert für die Terminsgebühren. Im Hinblick auf die nächste Gebührenstufe kann dieser Streitwert ohne »Gebührensprung« – etwas allgemeiner formuliert – auf **bis zu 1.000 EUR** festgesetzt werden (vgl. Gebührentabellen, Anlage 2 zu § 34 Abs. 1 S. 3 GKG und Anlage 2 zu § 13 Abs. 1 S. 3 RVG). Die Terminsgebühren betragen somit für jeden der beiden Anwälte **96 EUR** (1,2 × 80 EUR netto).

Der Beklagte kann folglich seine Anwaltsgebühren in Höhe von **261,30 EUR** und **96 EUR** netto gegenüber dem Kläger vollstrecken, unterfällt damit der Regelung des § 708 Nr. 11 2. Alt. ZPO. 663

Fall 145: Die Erledigung des Rechtsstreits nach der Säumnisentscheidung

Der Kläger hat gegen den Beklagten ein Versäumnisurteil über 2.000 EUR erwirkt. 664
Nach dem form- und fristgerecht eingelegten Einspruch des Beklagten rechnet dieser mit einer nach Rechtshängigkeit entstandenen Gegenforderung auf; der Kläger erklärt daraufhin den Rechtsstreit in der Hauptsache für erledigt. Der Beklagte widerspricht der Erledigung.

Urteilstenor:

Es wird festgestellt, dass der Rechtsstreit in der Hauptsache erledigt ist. 665
Das Versäumnisurteil vom … wird aufgehoben.
(es wird auch vertreten):
Das Versäumnisurteil vom … ist wirkungslos.
Die Kosten des Rechtsstreits werden dem Beklagten auferlegt.
Das Urteil ist vorläufig vollstreckbar.
Dem Beklagten wird nachgelassen, die Vollstreckung durch den Kläger gegen Sicherheitsleistung in Höhe von 120% des auf Grund des Urteils vollstreckbaren Betrages abzuwenden, wenn nicht der Kläger vor der Vollstreckung Sicherheit in Höhe von 120% des jeweils zu vollstreckenden Betrages leistet.

Erläuterungen:

Aufgrund der nur **einseitig** erklärten Erledigung des Rechtsstreits ist über das ge- 666
mäß § 264 Nr. 2 ZPO als Feststellungsantrag auszulegende Begehren des Klägers (vgl. Fall 142) zu entscheiden. Insoweit ergeben sich vorliegend keine besonderen Schwierigkeiten. Die Erledigung ist **nach** Rechtshängigkeit eingetreten, weil die Aufrechnungserklärung erst nach Rechtshängigkeit erfolgt ist. Es kommt nicht darauf an, ob auch die Aufrechnungsforderung erst nach Rechtshängigkeit entstanden ist (grundlegend BGHZ 155, 392ff. (398); Zöller/*Althammer* ZPO § 91a Rn. 58 »Aufrechnung«; Thomas/Putzo/*Hüßtege* ZPO § 91a Rn. 4a).

Richtigerweise ist der bereits ergangene Titel, das »Erste« Versäumnisurteil, gemäß § 343 S. 2 ZPO aufzuheben, da die jetzige Feststellungsentscheidung nicht mit dem Leistungstenor des Versäumnisurteils übereinstimmt (vgl. Zöller/*Herget,* ZPO § 343 Rn. 2 und 6). Es wird aber in der Praxis auch vertreten, es reiche aus, die Wirkungslosigkeit der Säumnisentscheidung (es kann sich natürlich auch um einen Vollstreckungsbescheid handeln) auszusprechen (zB *AG Dortmund* 47 C 683/70: »Klassiker«-Referendar-Ausbildungsakte (!)). Dies dürfte aber nur für den Fall der übereinstimmenden Erledigungserklärung gelten (Zöller/*Herget* ZPO § 343 Rn. 6; Zöller/*Althammer* ZPO § 91 a Rn. 12.).

Im Übrigen ergeben sich keine Besonderheiten: es ist nunmehr über die gesamten 667
Kosten des Rechtsstreits zu entscheiden: diese trägt gemäß §§ 91, 344 ZPO der Beklagte, einschließlich der Kosten der Säumnis; deshalb ist insoweit keine Differenzierung im Tenor erforderlich.

Die Vollstreckbarkeit beruht auf § 708 Nr. 11 2. Alt. ZPO, da der Kläger nur seine Kosten – drei Gerichts- und 2,5 Anwaltsgebühren – vollstrecken kann und diese nicht die Wertgrenze von 1.500 EUR übersteigen; eine Gerichtsgebühr beträgt 89 EUR, eine Anwaltsgebühr 150 EUR netto.

Fall 146: Die Klageänderung in die Feststellungsklage nach der Säumnisentscheidung

668 Der Kläger hat gegen den Beklagten ein Versäumnisurteil über 2.000 EUR erwirkt. Nach dem form- und fristgerecht eingelegten Einspruch begleicht der Beklagte die Klageforderung. Der Kläger erklärt daraufhin den Rechtsstreit für erledigt. Der Beklagte widerspricht der Erledigung und erscheint nicht zum Einspruchstermin.

Urteilstenor des ersten (!) Versäumnisurteils:

669 Es wird festgestellt, dass der Rechtsstreit in der Hauptsache erledigt ist.
Das Versäumnisurteil vom ... wird aufgehoben.
Die Kosten des Rechtsstreits werden dem Beklagten auferlegt.
Das Urteil ist vorläufig vollstreckbar.

Erläuterungen:

670 In diesem Fall ergeht kein Zweites, sondern erneut nur ein **Erstes** Versäumnisurteil (Zöller/*Herget* ZPO § 345 Rn. 6). Denn der einseitige Erledigungsantrag stellt eine gemäß § 264 Nr. 2 ZPO zulässige Klageänderung dar, die auf die Feststellung der Erledigung gerichtet ist (vgl. Fall 142). Das zunächst erlassene Versäumnisurteil wird inhaltlich somit gerade **nicht** bestätigt, ist folglich aufzuheben.

Die Kostenentscheidung beruht auf § 91 Abs. 1 ZPO und § 344 ZPO, die Entscheidung über die vorläufige Vollstreckbarkeit auf § 708 Nr. 2 ZPO.

Fall 147: Die Zahlung zur Abwendung der Zwangsvollstreckung

671 Der Kläger hat gegen den Beklagten ein Versäumnisurteil über 9.000 EUR erwirkt. Der Beklagte legt Einspruch ein und zahlt den Klagebetrag »ausschließlich zur Abwendung der Zwangsvollstreckung«. Der Kläger erklärt den Rechtsstreit daraufhin für erledigt, der Beklagte widerspricht der Erledigung.

Urteilstenor:

672 Das Versäumnisurteil vom ... wird aufgehoben, die Klage wird abgewiesen.
Die Kosten des Rechtsstreits werden dem Kläger auferlegt.
Hiervon ausgenommen sind die Kosten der Säumnis, die dem Beklagten auferlegt werden.
Das Urteil ist vorläufig vollstreckbar.
Beiden Parteien wird nachgelassen, die Vollstreckung durch die jeweils andere Partei gegen Sicherheitsleistung in Höhe von 120% des auf Grund des Urteils vollstreckbaren Betrages abzuwenden, wenn nicht die jeweils andere Partei vor der Vollstreckung Sicherheit in Höhe von 120% des jeweils zu vollstreckenden Betrages leistet.

Erläuterungen:

673 Der nunmehr vom Kläger gestellte Antrag festzustellen, dass der Rechtsstreit in der Hauptsache erledigt ist (vgl. Fall 142) ist unbegründet. Zahlt der Beklagte ausschließlich zur Abwendung der Zwangsvollstreckung, so begründet seine Zahlung keine Erfüllung der Klageforderung (*BGH* NJW 1990, 2756), eine Erledigung ist folglich nicht eingetreten. In diesem Fall ist die (Feststellungs-)Klage unter Aufhebung des zuvor ergangenen Versäumnisurteils, § 343 S. 2 ZPO, abzuweisen.

674 Zur Klarstellung: Unzutreffend wäre die Auffassung, Erledigung sei eingetreten, weil der Klageanspruch im Wege der konkludent erklärten Aufrechnung gegen den Rückforderungsanspruch des Beklagten erloschen sei. Dabei würde verkannt, dass

der Rückforderungsanspruch aus § 717 Abs. 2 ZPO erst mit Aufhebung bzw. Abänderung des für vorläufig vollstreckbar erklärten Urteils entsteht (Zöller/*Herget* ZPO § 717 Rn. 3), die Aufrechnung folglich ins Leere geht (*BGH* NJW 1997, 2601; in diesem Sinne auch *BGH* NJW 1990, 2756; Zöller/*Herget* ZPO § 717 Rn. 11). Der Kläger hätte somit seinen ursprünglichen Zahlungsanspruch (zunächst bis zur Rechtskraft der Entscheidung) weiterverfolgen müssen.

Deshalb ist es sachgerecht, dem Kläger gemäß § 91 Abs. 1 ZPO die Kosten des Rechtsstreits aufzuerlegen, die Säumniskosten trägt der Beklagte gemäß § 344 ZPO. **675**

Die Vollstreckbarkeit richtet sich nach §§ 708 Nr. 11 2. Alt. iVm 711 S. 1, 2 ZPO, da nur Kosten zu vollstrecken sind und die 2,5 Anwaltsgebühren, die der Beklagte vollstrecken kann, 1.500 EUR nicht übersteigen: eine Anwaltsgebühr beträgt 507 EUR netto. Die von dem Kläger zu vollstreckenden bloßen Säumniskosten (Fahrtkosten (?)) dürften die Kostengrenze des § 708 Nr. 11 2. Alt. ZPO ebenfalls nicht übersteigen.

4. Die teilweise einseitige Erledigungserklärung

Denkbar sind in Fortsetzung zu 3. auch Fälle, in denen der Kläger den Rechtsstreit **teilweise** für erledigt erklärt und der Beklagte sich insoweit **nicht** anschließt. **676**

Dann wird der Rechtsstreit insgesamt streitig mit **zwei** Anträgen weitergeführt. Zum einen wird der Leistungsanspruch – ggf. abzüglich erfolgter Zahlungen – gestellt, zum anderen im Wege der zulässigen Klageänderung gemäß § 264 Nr. 2 ZPO der Feststellungsantrag mit dem Begehren, festzustellen, dass der Rechtsstreit in der Hauptsache zum Teil, nämlich soweit die Erledigungserklärung des Klägers reicht, erledigt ist.

☑ Fall 148: Ausgangsfall: Die Entscheidung über zwei Anträge

Der Kläger verklagt den Beklagten auf Zahlung von 4.000 EUR. Nach Rechtshängigkeit zahlt der Bruder des Beklagten für diesen 3.000 EUR. Der Kläger erklärt in dieser Höhe den Rechtsstreit für erledigt. Der Beklagte wendet zu Unrecht ein, dass er insoweit nicht zur Zahlung verpflichtet gewesen sei. **677**

Die Klage ist in Höhe der restlichen 1.000 EUR begründet.

Urteilstenor:

Der Beklagte wird verurteilt, an den Kläger 1.000 EUR zu zahlen. **678**
Es wird festgestellt, dass der Rechtsstreit im Übrigen in der Hauptsache erledigt ist.
Die Kosten des Rechtsstreits werden dem Beklagten auferlegt.
Das Urteil ist vorläufig vollstreckbar.
Dem Beklagten wird nachgelassen, die Vollstreckung durch den Kläger gegen Sicherheitsleistung in Höhe von 120% des auf Grund des Urteils vollstreckbaren Betrages abzuwenden, wenn nicht der Kläger vor der Vollstreckung Sicherheit in Höhe von 120% des jeweils zu vollstreckenden Betrages leistet.

Erläuterungen:

Beide Anträge – der **Leistungs-** und der **Feststellungs**antrag (festzustellen, dass der Rechtsstreit im Übrigen, dh in Höhe von 3.000 EUR, in der Hauptsache erledigt ist) – sind zu tenorieren. **679**

Die Kostenentscheidung beruht – einheitlich – auf § 91 Abs. 1 ZPO.

Die Entscheidung über die vorläufige Vollstreckbarkeit folgt – da in der Hauptsache nicht mehr als 1.000 EUR zu vollstrecken sind – aus §§ 708 Nr. 11 1. Alt. iVm 711 S. 1, 2 ZPO.

Fall 149: Zur Übung (schwierig)

680 Der Kläger verklagt den Beklagten auf Zahlung von 9.000 EUR. Nach Rechtshängigkeit – noch vor dem Termin zur mündlichen Verhandlung – zahlt der Beklagte an den Kläger 4.000 EUR. Der Kläger erklärt daraufhin in dieser Höhe den Rechtsstreit für erledigt. Insoweit war die Klage auch begründet, ebenso in Höhe weiterer 500 EUR. Im Übrigen ist sie in Höhe der restlichen 4.500 EUR unbegründet. Der Beklagte beantragt insgesamt Klageabweisung.

Urteilstenor:

681 Es wird festgestellt, dass der Rechtsstreit in der Hauptsache in Höhe von 4.000 EUR erledigt ist.
Im Übrigen wird der Beklagte verurteilt, an den Kläger 500 EUR zu zahlen; die weitergehende Klage wird abgewiesen.
Die Kosten des Rechtsstreits werden dem Kläger zu 58% und dem Beklagten zu 42% auferlegt.
Das Urteil ist vorläufig vollstreckbar.
Beiden Parteien wird nachgelassen, die Vollstreckung durch die jeweils andere Partei gegen Sicherheitsleistung in Höhe von 120% des auf Grund des Urteils vollstreckbaren Betrages abzuwenden, wenn nicht die jeweils andere Partei vor der Vollstreckung Sicherheit in Höhe von 120% des jeweils zu vollstreckenden Betrages leistet.

Erläuterungen:

682 Derartige Fälle, in denen ein Teil des Rechtsstreits einseitig für erledigt erklärt und im Übrigen weiter streitig verhandelt wird, kommen in der Praxis sehr häufig vor. Der Tenor ist hierbei nicht einfach und mit besonderer Sorgfalt zu formulieren.

683 **1.** Da die Erklärung der teilweisen Erledigung nur vom Kläger ausgesprochen worden ist, ist sein Begehren als Feststellungsantrag auszulegen und entsprechend zu bescheiden. Da insoweit die Klage bis zum Eintritt des erledigenden Ereignisses – nach Rechtshängigkeit – zulässig und begründet war, ist der Feststellungsantrag begründet.

Im Übrigen ist über die weitere Klage zu entscheiden, der Beklagte entsprechend teilweise zu verurteilen und die weitergehende Klage abzuweisen.

684 **2.** Wiederum nicht ganz einfach ist die Kostenentscheidung. Auf den ersten Blick scheint eine Kostenteilung in Betracht zu kommen, weil der Kläger von eingeklagten 9.000 EUR letztlich 4.500 EUR erhält. Eine derartige Entscheidung ließe aber außer Acht, dass unterschiedliche Streitwerte anzusetzen sind. Deshalb ist eine Einzelbetrachtung der entstandenen Kosten vorzunehmen (vgl. Fall 140):

685 **a)** Der Streitwert für die Gerichtskosten beträgt 9.000 EUR. Damit entstehen Kosten in Höhe von **666 EUR** (3 × 222 EUR). Insoweit haben beide Parteien zu gleichen Teilen Erfolg bzw. Misserfolg.

Kläger: 333 EUR Beklagter: 333 EUR

686 **b)** Die Verfahrensgebühren richten sich ebenfalls nach dem vorgenannten Streitwert von 9.000 EUR. In der Summe fallen zweimal 1,3 Verfahrensgebühren je 507 EUR, insgesamt somit **1 318,20 EUR** an, die Verfahrensgebühren für jeden Rechtsanwalt betragen somit 659,10 EUR netto. Jede Partei hat somit diese Gebühr zu tragen.

Kläger: 659,10 EUR Beklagter: 659,10 EUR

687 **c)** Die Terminsgebühren weichen hiervon ab.

Zum einen verhandeln die Parteien im Termin zur mündlichen Verhandlung streitig über den nicht für erledigt erklärten Teil in Höhe von 5.000 EUR.

Zum anderen verhandeln die Parteien bezüglich des von dem Kläger für erledigt erklärten Teils (4.000 EUR) über die Frage, wer insoweit die Kosten trägt. Damit bestimmt sich der Streitwert für die Terminsgebühren nach 5.000 EUR **zuzüglich** des Kosteninteresses für den erledigten Teil. Dieses Kosteninteresse ergibt sich aus einem Vergleich zwischen den Kosten, die angefallen wären, wenn der Kläger von vornherein nur – die streitigen – 5.000 EUR hätte einklagen müssen, und den (Mehr-)Kosten, die durch die weiteren – erledigten – 4.000 EUR entstanden sind.

aa) Hätte der Beklagte von vornherein – vor Rechtshängigkeit – 4.000 EUR an den Kläger gezahlt, hätte dieser nur 5.000 EUR geltend gemacht. 688

Dann wären Gerichtskosten in Höhe von 438 EUR (3 × 146 EUR) anstatt 666 EUR, entstanden, dh **228 EUR** weniger.

bb) In diesem Fall wären an Rechtsanwaltskosten auch nur für zwei Anwälte jeweils 1,3 Verfahrensgebühren in einer Gesamthöhe von 787,80 EUR netto (2 × 393,90 EUR netto) anstatt 1.318,20 EUR entstanden, dh um **530,40 EUR netto** geringere Anwaltskosten. 689

cc) Das Kosteninteresse für den erledigten Teil beträgt somit in der Summe **758,40 EUR.** Dieser Betrag ist auf den Streitwert für die Terminsgebühren von 5.000 EUR zu addieren. Damit ist der **Streitwert für die Terminsgebühren** auf 5.758,40 EUR bzw. – ohne Gebührensprung – **auf bis zu 6.000 EUR** festzusetzen. 690

Eine Terminsgebühr beträgt folglich **354 EUR netto.** Wie sind die Kosten für die für zwei Anwälte entstehenden 1,2 Terminsgebühren von insgesamt **849,60 EUR** (2 × 1,2 × 354 EUR) auf die Parteien zu verteilen? Auch hier ist nach dem erledigten und dem nicht erledigten Teil zu differenzieren. Als »Faustformel« für den Streitwert der »gesplitteten«, aus streitigem und erledigtem Teil bestehenden Terminsgebühr kann gelten: Der Streitwert für den nicht erledigten Teil wird auf die nächste Gegenstandsstufe (»auf bis zu…«) angehoben.

(1) Soweit der **streitige** Teil nach einem Streitwert von 5.000 EUR betroffen ist, ist der Kläger mit den ihm lediglich zugesprochenen 500 EUR zu 90% unterlegen, trägt folglich von diesem Gebührenanteil 90%, das heißt: 691

1,2 Terminsgebühren von 5.000 EUR belaufen sich auf 363,60 EUR (1,2 × 303 EUR). Für beide Anwälte entstehen somit **727,20 EUR** an Terminsgebühren (nach einem Streitwert von 5.000 EUR). Der Kläger trägt hiervon 90%, somit **654,48 EUR,** 10% trägt der Beklagte, somit **72,72 EUR.**

(2) Soweit die Terminsgebühren – über 5.000 EUR hinaus – den auf die **Erledigung** entfallenden Teil von **122,40 EUR,** dh die Differenz des Gesamtbetrages (849,60 EUR, vgl. oben unter cc)) zum streitigen Anteil der Terminsgebühren (727,20 EUR, vgl. oben unter (1)) betreffen, hat der Beklagte diese Erhöhung der Terminsgebühren zu tragen, da der Feststellungsantrag des Klägers begründet war. Der **Beklagte** trägt somit den erhöhten Teil der Terminsgebühren von **122,40 EUR,** dh die Differenz der Terminsgebühren nach einem Streitwert bis zu 6.000 EUR im Vergleich zu einem Streitwert von 5.000 EUR. 692

Insgesamt werden die Terminsgebühren damit wie folgt verteilt: 693
Kläger: 654,48 EUR Beklagter: 195,12 EUR.

dd) Setzt man die von den Parteien zu tragenden Kosten in Relation zueinander, so tragen der Kläger **1.646,58 EUR** und der Beklagte **1.187,22 EUR**. Dies ergibt eine Quote von (ca.) **58%** zu Lasten des Klägers und **42%** zu Lasten des Beklagten. 694

ee) Für den Fall, dass keine Erledigung eingetreten wäre, dh die Parteien über die gesamten 9.000 EUR streitig verhandelt hätten, wären die Kosten des Rechtsstreits gegeneinander aufgehoben worden. Der Kläger hätte 1.600,50 EUR zu zahlen gehabt (Gerichtskosten in Höhe von 333 EUR und 2,5 Anwaltsgebühren nach einem einheit- 695 lichen Streitwert von 9.000 EUR in Höhe von 1.267,50 EUR). Auch hier hat er sich somit durch die zu seinen Lasten verschobene Quote etwas verschlechtert (vgl. Fall 140).

696 **3.** Die Vollstreckbarkeit richtet sich für den Kläger nach § 708 Nr. 11 1. Alt. ZPO, da seine Hauptsacheverurteilung in Höhe von 500 EUR unter der Wertgrenze von 1.250 EUR liegt.

Für den Beklagten gilt § 708 Nr. 11 2. Alt. iVm § 711 S. 1, 2 ZPO. Er kann 58% seiner Anwaltskosten (1,3 Verfahrensgebühren à 507 EUR und 1,2 Terminsgebühren à 354 EUR) gegenüber dem Kläger vollstrecken, dh 628,66 EUR.

5. Die einseitige Erledigung des Rechtsstreits zwischen Anhängigkeit und Rechtshängigkeit

697 Wenn die Parteien den Rechtsstreit übereinstimmend für erledigt erklären, kommt es auf die Frage, wann die Erledigung eingetreten ist, nicht an. Es ist in jedem Fall nur gemäß § 91a ZPO durch Beschluss über die Kosten des Rechtsstreits zu entscheiden (→ Rn. 613 ff.).

Wenn dagegen der Kläger einseitig den Rechtsstreit für erledigt erklärt, wird die Differenzierung, ob die Erledigung vor oder nach Rechtshängigkeit der Klage eingetreten ist, relevant (→ Rn. 645 ff.).

Tritt das erledigende Ereignis hingegen zwischen Anhängigkeit und Rechtshängigkeit der Klage ein, so bietet nunmehr die Neufassung des § 269 Abs. 3 S. 3 ZPO eine Lösungsmöglichkeit an.

☑ Fall 150: Der Fall des § 269 Abs. 3 S. 3 ZPO

698 Der Kläger klagt gegen den Beklagten mit der am 12. Mai 2017 erhobenen Klage 10.000 EUR ein; der Beklagte zahlt diesen Betrag am 14. Mai 2017, die Klage wird ihm am 20. Mai 2017 zugestellt.

Erläuterungen:

699 **1.** Gemäß § 269 Abs. 3 S. 3 ZPO **kann** der Kläger die Klage zurücknehmen; auf Antrag ergeht dann eine Kostenentscheidung unter Berücksichtigung des bisherigen Sach- und Streitstandes nach billigem Ermessen. Die Vorschrift ist dem § 91a ZPO nachempfunden. Wenn der Beklagte sich im Verzug befand, hat er idR die Kosten zu tragen (Thomas/Putzo/*Seiler* ZPO § 269 Rn. 16). Die bloße Erledigungserklärung des Klägers dürfte hingegen noch nicht als entsprechende Klagerücknahme auszulegen sein (vgl. Zöller/*Althammer* ZPO § 91a Rn. 32). Bereits **vor** der Zustellung der Klage kann diese nunmehr mit der Kostenfolge des § 269 Abs. 3 S. 3 ZPO zurückgenommen werden (kritisch hierzu Zöller/*Greger* ZPO § 269 Rn. 18 d).

700 **2.** Fraglich ist, ob der Kläger stattdessen – weiterhin – einen Antrag auf **Feststellung, dass der Beklagte die Kosten des Rechtsstreits zu tragen hat**, stellen kann. Dies wurde vor der Neuregelung neben anderen Ansätzen in derartigen Fällen des Eintritts des erledigenden Ereignisses zwischen An- und Rechtshängigkeit der Klage überwiegend vertreten und erwies sich als praktikable Lösung, namentlich im Hinblick auf die weiteren Vorschläge der Klagerücknahme und Neuerhebung einer Klage, gestützt auf Ersatz des Verzugsschadens, bzw. der Klageänderung auf eine konkret bezifferte Kostenerstattungsklage.

a) Nach der Neuregelung wurde von einem großen Teil des Schrifttums die Feststellungsklage, gerichtet auf Feststellung des Ersatzes der Kosten des Rechtsstreits, weiterhin für möglich erachtet (vgl. Zöller/*Greger*, 30. Aufl., ZPO § 269 Rn. 18e; Musielak/Voit/*Foerste* ZPO § 269 Rn. 13c; *Schuschke/Kessen/Höltje* Rn. 1001; *Anders/Gehle* P-67 und P-64–66 für den Ausnahmefall des § 840 Abs. 2 S. 2 ZPO sowie für die streitigen Fälle, die eine Beweisaufnahme erfordern; vgl. auch die – frühere – Rspr. des *OLG Frankfurt* OLGR 2003, 127). 701

b) Nach anderer Ansicht stellte § 269 Abs. 3 S. 3 ZPO eine abschließende Sonderregelung dar (Zöller/*Vollkommer*, 29. Aufl., ZPO § 91a Rn. 32, 33, 42; ähnlich HK-ZPO/*Gierl* § 91a Rn. 73; vgl. auch MüKoZPO/*Schulz* § 91a Rn. 104–106, sowie *Knöringer* § 11 II 2.e; in diesem Sinne wohl auch *Lackmann* Rn. 364). Einer Kostenfeststellungsklage sollte idR das **Rechtsschutzbedürfnis** fehlen (Thomas/Putzo/*Hüßtege* ZPO § 91a Rn. 36.) 702

c) Zum Teil (*Elzer* NJW 2002, 2006) wurde danach differenziert, ob der Kläger ein Kosteninteresse an der Durchführung einer Beweisaufnahme habe. Da diese bei einer Klagerücknahme nach § 269 Abs. S. 3 ZPO nicht mehr durchgeführt werden könne, bestehe für die Parteien bei schlüssigem Klagevorbringen und erheblichem Beklagtenvortrag die Gefahr der Kostenteilung bzw. -aufhebung. Bei der Umwandlung in eine Feststellungsklage hingegen könne über die materielle Frage der Verpflichtung bzw. des Verzuges des Beklagten noch Beweis erhoben werden; diese sei somit für den Kläger häufig günstiger. 703

d) Nunmehr hat der *BGH* (NJW 2013, 2201) entschieden, dass § 269 Abs. 3 S. 3 ZPO dem Kläger die einfache Möglichkeit der Klagerücknahme einräume, nicht aber die Wahlmöglichkeit beschränke, die Klage auf Kostenerstattung umzustellen. Diese Entscheidung ist sachgerecht, weil sie den materiellen Kostenerstattungsanspruch prozessual unberührt lässt. Soweit ersichtlich, folgt die herrschende Meinung nunmehr dieser klarstellenden Rechtsprechung (Zöller/*Greger* ZPO § 269 Rn. 18 e; vgl. *Elzer* NJW 2013, 2203), zT jedoch mit der Einschränkung, dass die bisherige Klage zurückzunehmen sei und eine neue, auf den Ersatz des Verzugsschadens gerichtete (Kosten-)Klage erhoben werden könne (Zöller/*Althammer* ZPO § 91a Rn. 32; Thomas/Putzo/*Hüßtege* ZPO § 91a Rn. 36; vgl. auch BLHAG/*Weber* ZPO § 269 Rn. 39). 704

Letztlich zeigt sich darin, dass die Neuregelung des § 269 Abs. 3 S. 3 ZPO das Rechtsproblem nicht abschließend löst und vollkommen entbehrlich ist.

3. Soweit der Kläger im Falle der Erledigung zwischen An- und Rechtshängigkeit die Klage gemäß § 269 Abs. 3 S. 3 ZPO zurücknimmt und der Beklagte sich im Verzug befunden bzw. Veranlassung zur Klage gegeben hat, wird im Beschluss tenoriert (vgl. *Knöringer* § 11 II 2.e): 705

Dem Beklagten werden die Kosten des Rechtsstreits auferlegt.

Im anderen Fall sind dem Kläger die Kosten des Rechtsstreits aufzuerlegen. 706

IV. Das Urteil im einstweiligen Verfügungsverfahren

☑ Fall 151: Die verbotene Eigenmacht

Der Kläger verlangt von dem Beklagten im einstweiligen Verfügungsverfahren die Herausgabe eines PKW, den dieser ihm heimlich weggenommen habe; der Beklagte beruft sich in der anberaumten mündlichen Verhandlung auf sein Eigentum an dem Fahr- 707 zeug. Überdies beantragt er vorsorglich anzuordnen, dass der Verfügungskläger binnen einer vom Gericht zu bestimmenden Frist Klage zur Hauptsache zu erheben habe.

Urteilstenor:

708 Der Verfügungsbeklagte wird im Wege der einstweiligen Verfügung verurteilt, den PKW … (genaue Bezeichnung mit Fahrgestell-Nr.) an den Verfügungskläger herauszugeben
(ggf.: an einen Sequester …/an den Gerichtsvollzieher zum Zwecke der Sequestration herauszugeben).
Die Kosten des einstweiligen Verfügungsverfahrens werden dem Verfügungsbeklagten auferlegt.
Es wird angeordnet, dass der Verfügungskläger innerhalb eines Monats Klage zur Hauptsache zu erheben hat.

Erläuterungen:

709 Im einstweiligen Verfügungsverfahren kann ein **Urteil** nur dann erlassen werden, wenn das Gericht eine mündliche Verhandlung anberaumt hat. Dies ist jedoch der Regelfall, § 937 Abs. 2 ZPO; andernfalls wird durch Beschluss entschieden, §§ 922 Abs. 1, 936 ZPO. In der Gestaltung des Tenors ist das Gericht frei, § 938 Abs. 1 ZPO.

710 Im vorliegenden Fall ergibt sich der Verfügungs**anspruch** des Verfügungsklägers wegen verbotener Eigenmacht des Verfügungsbeklagten aus § 861 Abs. 1 BGB; die – petitorische – Frage des Eigentums des Verfügungsbeklagten ist bei der Prüfung des possessorischen Anspruchs aus § 861 BGB bedeutungslos, § 863 BGB.

Der Verfügungsbeklagte kann jedoch seine materielle Berechtigung grundsätzlich in einem Hauptsacheverfahren geltend machen. Soweit der Kläger in der Hauptsache eine auf § 861 BGB gestützte Klage erhebt, kommt eine sogenannte petitorische (Feststellungs-)Widerklage in Betracht; diese ist – soweit der Beklagte noch im Besitz des Fahrzeugs, folglich § 985 BGB nicht einschlägig ist – auf die Feststellung der Besitzberechtigung des Beklagten gerichtet; falls der Kläger sich – wieder – im Besitz des Fahrzeugs befindet, auf Herausgabe gemäß § 985 BGB (vgl. Fall 57).

711 Im Rahmen der einstweiligen Verfügung soll die petitorische Einwendung durch einen **Gegenantrag** möglich sein (Thomas/Putzo/*Seiler* ZPO § 935 Rn. 1). Fraglich ist jedoch, ob die materielle Berechtigung in einem einstweiligen Verfügungsverfahren hinreichend geklärt werden kann.

712 Der Verfügungs**grund** braucht idR bei § 861 BGB nicht gesondert festgestellt zu werden, er ist der verbotenen Eigenmacht immanent, da typischerweise – bis zur Klärung in der Hauptsache – gerade die Wiederherstellung des status quo ante erreicht werden soll (vgl. Palandt/*Herrler* BGB § 861 Rn. 11; *OLG Hamm* Beschl. v. 21.8.2003 – 5 W 62/03; aA für den Fall verzögerter Prozessführung *LG Bochum* Beschl. v. 8.5.2003 – 2 O 298/03).

713 Zwar darf idR das einstweilige Verfügungsverfahren die Hauptsache nicht vorweg nehmen, so dass in anderen Fällen des Streits um die materielle Berechtigung häufig in Betracht kommt, zB den PKW an einen Sequester herauszugeben; auf Grund der hier vorliegenden **verbotenen Eigenmacht** darf aber ausnahmsweise bis zur Entscheidung in der Hauptsache das Fahrzeug an den Verfügungskläger als den bisherigen Besitzer herausverlangt werden.

714 Die Kostenentscheidung folgt aus § 91 Abs. 1 ZPO.

Einer Tenorierung der – vorläufigen – Vollstreckbarkeit bedarf es nicht, da sich diese aus dem Wesen der einstweiligen Verfügung eo ipso ergibt (vgl. § 929 ZPO).

Die Anordnung der Erhebung der Hauptsacheklage folgt aus § 926 Abs. 1 ZPO. Damit soll ein entsprechender Druck auf den Verfügungskläger ausgeübt werden, es nicht bei der einstweiligen Regelung zur Aufrechterhaltung des status quo ante zu belassen, sondern den Streit in der Hauptsache mit allen Beweismöglichkeiten zu führen.

Fall 152: Abwandlung

Der Antrag ist mangels verbotener Eigenmacht des Verfügungsbeklagten unbegründet. 715

Urteilstenor:

Der Antrag auf Erlass einer einstweiligen Verfügung wird zurückgewiesen. 716
Dem Verfügungskläger werden die Kosten des einstweiligen Verfügungsverfahrens auferlegt.
Das Urteil ist vorläufig vollstreckbar.
Dem Verfügungskläger wird nachgelassen, die Vollstreckung durch den Verfügungsbeklagten gegen Sicherheitsleistung in Höhe von 120% des auf Grund des Urteils vollstreckbaren Betrages abzuwenden, wenn nicht der Verfügungsbeklagte vor der Vollstreckung Sicherheit in Höhe von 120% des jeweils zu vollstreckenden Betrages leistet.

Erläuterungen:

Neben der üblichen Tenorierung einer Zurückweisung des Antrages ist bei der Vollstreckbarkeit § 708 Nr. 6 ZPO iVm § 711 S. 1, 2 ZPO zu beachten. 717

Fall 153: Der Unterlassungsanspruch

Der Verfügungskläger begehrt im einstweiligen Verfügungsverfahren von dem Verfügungsbeklagten Unterlassung ehrverletzender Äußerungen und unrichtiger Tatsachenbehauptungen, u.a. ihn als Betrüger zu bezeichnen. Der Antrag ist begründet. 718

Urteilstenor:

Der Verfügungsbeklagte wird im Wege der einstweiligen Verfügung verurteilt, es zu unterlassen, folgende Behauptungen aufzustellen: ... (genau bezeichnen) und überdies den Verfügungskläger als »Betrüger« zu bezeichnen. 719
Für jeden Fall der Zuwiderhandlung wird dem Verfügungsbeklagten ein Ordnungsgeld bis zu 250.000 EUR, ersatzweise Ordnungshaft oder Ordnungshaft bis zu sechs Monaten angedroht.
Die Kosten des einstweiligen Verfügungsverfahrens werden dem Verfügungsbeklagten auferlegt.

Erläuterungen:

Im einstweiligen Rechtsschutzverfahren kann – bis zur Klärung der Hauptsache – idR nur ein »Unterlassen«, hingegen kein Widerruf, allenfalls ein vorläufiger Widerruf verlangt werden (vgl. Thomas/Putzo/*Seiler* ZPO § 940 Rn. 17). 720

Die Androhung von Ordnungsmaßnahmen beim Unterlassen folgt aus § 890 Abs. 1 ZPO; die Erforderlichkeit ergibt sich aus § 890 Abs. 2 ZPO, damit im Falle einer Zuwiderhandlung vollstreckt werden kann.

Die Vollstreckbarkeit wird nicht ausdrücklich angeordnet, sie folgt aus § 929 ZPO (vgl. Fall 151).

☑ Fall 154: Die Bestätigung der einstweiligen Verfügung

Das Amtsgericht hat dem Verfügungsbeklagten im Wege der einstweiligen Verfügung mit Beschluss vom ... aufgegeben, dem Verfügungskläger wieder Zutritt zu der von ihm angemieteten Wohnung zu verschaffen, nachdem der Verfügungsbeklagte zuvor die Türschlösser in der Urlaubszeit des Verfügungsklägers ausgetauscht hatte. Auf den Widerspruch des Verfügungsbeklagten erachtet das Amtsgericht den Antrag auf Erlass der einstweiligen Verfügung weiterhin für begründet. 721

Urteilstenor:

722 Die einstweilige Verfügung vom ... wird bestätigt.
Dem Verfügungsbeklagten werden die weiteren Kosten des einstweiligen Verfügungsverfahrens auferlegt.

Erläuterungen:

723 Die zunächst erlassene einstweilige Verfügung ist zu »bestätigen«, §§ 925 Abs. 2, 936 ZPO. Da bereits ein Vollstreckungstitel vorliegt, darf kein weiterer Titel geschaffen werden. Dieser Fall ist mit der Aufrechterhaltung eines Versäumnisurteils vergleichbar.

Da auch die Kostenentscheidung der einstweiligen Verfügung bestätigt wird, ist in dem Urteil nur noch über die **weiteren** Kosten zu entscheiden.

Auch diese – bestätigende – Entscheidung ist unmittelbar vollstreckbar, ohne dass es einer Titulierung der Vollstreckbarkeit bedarf (vgl. Zöller/*Vollkommer* ZPO § 925 Rn. 9).

☑ Fall 155: Die Aufhebung der einstweiligen Verfügung

724 Das Amtsgericht hat wegen der besonderen Dringlichkeit im Wege der einstweiligen Verfügung die Eintragung einer Vormerkung auf Eintragung einer Bauhandwerkersicherungshypothek in das Grundstück des Verfügungsbeklagten bewilligt. Auf dessen Widerspruch kommt das nunmehr zur Entscheidung berufene Landgericht zu der Überzeugung, dass der Antrag unbegründet ist, weil der Verfügungsbeklagte nicht der Auftraggeber ist.

Urteilstenor:

725 Die einstweilige Verfügung des AG ... vom ... wird aufgehoben. Der Antrag auf Erlass einer einstweiligen Verfügung wird zurückgewiesen.
Die Kosten des einstweiligen Verfügungsverfahrens werden dem Verfügungskläger auferlegt.
Das Urteil ist vorläufig vollstreckbar.
Dem Verfügungskläger wird nachgelassen, die Vollstreckung durch den Verfügungsbeklagten gegen Sicherheitsleistung in Höhe von 120% des auf Grund des Urteils vollstreckbaren Betrages abzuwenden, wenn nicht der Verfügungsbeklagte vor der Vollstreckung Sicherheit in Höhe von 120% des jeweils zu vollstreckenden Betrages leistet.

Erläuterungen:

726 Das AG hat zunächst gemäß § 942 Abs. 1 ZPO die einstweilige Verfügung erlassen. Über den Widerspruch hat aber das originär zuständige Gericht der Hauptsache – hier: das LG – zu entscheiden (Zöller/*Vollkommer* ZPO § 942 Rn. 4).

Da der Antrag gemäß § 650 e BGB unbegründet ist – es wird die formale Identität von Besteller und Grundstückseigentümer verlangt (vgl. Palandt/*Sprau* BGB § 650e Rn. 5 mwN) –, ist zum einen der bereits existente Titel, der Beschluss über den Erlass der einstweiligen Verfügung, aufzuheben und zum anderen der Antrag auf Erlass der einstweiligen Verfügung zu bescheiden, dh hier: zurückzuweisen.

Es ist deshalb gemäß § 91 Abs. 1 ZPO insgesamt über die Kosten des einstweiligen Verfügungsverfahrens zu entscheiden.

Die Vollstreckbarkeit richtet sich nach § 708 Nr. 6 iVm § 711 ZPO.

V. Das Urteil im Arrestverfahren

Fall 156: Der dingliche Arrest

Der Antragsteller hat gegen den Antragsgegner eine Kaufpreisforderung aus einem Kaufvertrag vom 8. April 2020 in Höhe von 7.000 EUR und verlangt den Arrest in das Vermögen des Antragsgegners, weil dieser im Begriff sei, sein Vermögen zu veräußern und sich ins Ausland abzusetzen. Das Gericht entscheidet nach mündlicher Verhandlung. 727

Tenor des Arresturteils:

Zur Sicherung der Zwangsvollstreckung wegen einer Kaufpreisforderung des Antragstellers aus dem Kaufvertrag vom 8. April 2020 gegen den Antragsgegner in Höhe von 7.000 EUR wird der dingliche Arrest in das (bewegliche/unbewegliche) Vermögen des Antragsgegners angeordnet. 728
Dem Antragsgegner werden die Kosten des Arrestverfahrens auferlegt.
Durch Hinterlegung eines Betrages in Höhe von 8.400 EUR wird die Vollziehung des Arrestes gehemmt und der Antragsgegner zu dem Antrag auf Aufhebung des vollzogenen Arrestes berechtigt.

Erläuterungen:

Der Arrest ist in der Praxis eher selten, weil der Arrestgrund schwer begründbar ist (vgl. hierzu die einschlägigen Kommentierungen); die bloße Gefahr, dass der Antragsgegner vermögenslos werden könnte, reicht nämlich grundsätzlich nicht aus (vgl. Thomas/Putzo/*Seiler* ZPO § 917 Rn. 2). 729

Zur Tenorierung vgl. *Furtner* S. 566 f. Die Geldforderung ist nach Grund und Betrag genau zu bezeichnen (vgl. Zöller/*Vollkommer* ZPO § 922 Rn. 2), ebenso die Parteien und das arrestierte Vermögen.

Zum Teil werden auch die Bezeichnungen »Arrestkläger« und »Arrestbeklagter« verwendet.

Die Kostenentscheidung beruht auf § 91 Abs. 1 ZPO.

Das Urteil ist gemäß § 929 ZPO ohne ausdrückliche Anordnung vollstreckbar. Die Abwendungsbefugnis folgt aus § 923 ZPO. Auch insoweit ist ein Aufschlag von 20% vorgenommen worden.

Fall 157: Abwandlung

Der Antragsteller möchte in das Bankkonto des Antragsgegners bei der S-Bank vollstrecken. 730

Tenor des Arresturteils:

Zur Sicherung der Zwangsvollstreckung wegen einer Kaufpreisforderung des Antragstellers aus dem Kaufvertrag vom 8. April 2020 gegen den Antragsgegner in Höhe von 7.000 EUR wird der dingliche Arrest in die Forderung des Antragsgegners gegen die S-Bank aus dem Konto: … (genaue Bezeichnung) angeordnet. 731
In Vollziehung des Arrestes wird die Forderung des Antragsgegners in Höhe von 7.000 EUR gegenüber der S-Bank als Drittschuldnerin gepfändet.
Soweit die Forderung gepfändet ist, wird der Drittschuldnerin untersagt, an den Antragsgegner zu leisten und dem Antragsgegner geboten, sich jeder Verfügung über die Forderung, insbesondere ihrer Einziehung, zu enthalten.
Dem Antragsgegner werden die Kosten des Verfahrens auferlegt.
Durch Hinterlegung … (vgl. Fall 156).

Erläuterungen:

732 Zur Tenorierung vgl. die Erläuterungen zum vorherigen Fall.

Vorliegend ist der Arrest mit dem Ausspruch der Pfändung gemäß § 930 Abs. 1 ZPO verbunden worden (vgl. Thomas/Putzo/*Seiler* ZPO § 930 Rn. 2).

Fall 158: Der persönliche Arrest

733 Der Antragsteller begehrt die Verhaftung des Antragsgegners.

Tenor des Arresturteils:

734 Zur Sicherung der Zwangsvollstreckung wegen einer Kaufpreisforderung des Antragstellers aus dem Kaufvertrag vom 8. April 2020 gegen den Antragsgegner in Höhe von 7.000 EUR wird der persönliche Sicherheitsarrest gegen den Antragsgegner angeordnet.

Dem Antragsgegner werden die Kosten des Verfahrens auferlegt.

Durch Hinterlegung … (vgl. Fall 156).

Erläuterungen:

735 Diese Art der persönlichen Arrestierung des Antragsgegners ist in der Praxis der Zivilgerichte äußerst selten.

Zur Tenorierung vgl. *Furtner* S. 567.

Fall 159: Abwandlung

736 Der Antrag ist unbegründet.

Urteilstenor:

737 Der Antrag wird zurückgewiesen.

Dem Antragsteller werden die Kosten des Arrestverfahrens auferlegt.

Das Urteil ist vorläufig vollstreckbar.

Dem Antragsteller wird nachgelassen, die Vollstreckung durch den Antragsgegner gegen Sicherheitsleistung in Höhe von 120% des auf Grund des Urteils vollstreckbaren Betrages abzuwenden, wenn nicht der Antragsgegner vor der Vollstreckung Sicherheit in Höhe von 120% des jeweils zu vollstreckenden Betrages leistet.

Erläuterungen:

738 Der Tenor weist keine besonderen Schwierigkeiten auf (vgl. auch *Theimer/Theimer,* II, Muster 153, zum entsprechenden Beschluss-Tenor).

Bei der Vollstreckbarkeit ist § 708 Nr. 6 ZPO iVm § 711 S. 1, 2 ZPO zu beachten.

VI. Die Bewilligung von Prozesskostenhilfe

739 In der Rechtspraxis wird meistens nicht bedacht, dass der beigeordnete Prozessbevollmächtigte der Partei, der Prozesskostenhilfe bewilligt worden ist, geringere Anwaltsgebühren erhält. Damit stellt sich die Frage, ob das Auswirkungen auf den Urteilstenor der vorläufigen Vollstreckbarkeit insbesondere im Hinblick auf die Kostengrenze des § 708 Nr. 11 2. Alt. ZPO hat. Die Antwort ist auf den ersten Blick überraschend: Nein. Dies mögen die beiden nachfolgenden Fälle verdeutlichen.

Fall 160: Die Abschlagszahlung im Werkvertragsrecht

Der Kläger als Werkunternehmer verklagt den Beklagten auf eine Abschlagszahlung von 30.000 EUR. Dem Beklagten ist Prozesskostenhilfe bewilligt worden. Tatsächlich kann der Kläger den Nachweis des Wertzuwachses seiner Teilleistung nicht führen. 740

Urteilstenor:

Die Klage wird abgewiesen. 741
Die Kosten des Rechtsstreits werden dem Kläger auferlegt.
Das Urteil ist gegen Sicherheitsleistung in Höhe von 120% des jeweils zu vollstreckenden Betrages vorläufig vollstreckbar.

Erläuterungen:

Grundsätzlich wird der Werklohnanspruch des Werkunternehmers erst mit der Abnahme fällig, § 641 Abs. 1 BGB. Nach der Vorschrift des § 632 a BGB kann der Werkunternehmer aber auch schon vor der Fertigstellung und Abnahme des Werkes Abschlagszahlungen verlangen, und zwar in der Höhe des durch die Teilleistung entstandenen Wertzuwachses beim Besteller. Ist ein solcher – wie hier – nicht eingetreten, ist die Klage hingegen unbegründet. 742

Die dem Prozessbevollmächtigten des Beklagten zustehende Prozesskostenhilfe beläuft sich gemäß § 49 RVG auf 2,5 Anwaltsgebühren (1,3 Verfahrens- und 1,2 Terminsgebühren) in Höhe von lediglich jeweils **412 EUR**. Damit wäre grundsätzlich noch der Anwendungsbereich des § 708 Nr. 11 2. Alt. ZPO eröffnet. Da der Beklagte in der Sache aber obsiegt hat, kann sein Prozessbevollmächtigter gemäß § 126 Abs. 1 ZPO die vollen Wahlanwaltsgebühren nach § 13 RVG vom Kläger als Prozessgegner vollstrecken (Zöller/*Geimer* ZPO § 126 Rn. 1), folglich 2,5 Gebühren zu je **863 EUR**. Insoweit ist die Wertgrenze von 1.500 EUR überschritten und § 709 S. 1, 2 ZPO einschlägig. 743

Fall 161: Der verlorene Arzthaftungsprozess

Der Kläger verlangt von dem beklagten Arzt Schmerzensgeld in Höhe von 15.000 EUR mit der Begründung, dieser habe eine medizinisch gebotene wesentliche Maßnahme nicht durchgeführt, wie die Nichtdokumentation belege. Dem Kläger wird Prozesskostenhilfe bewilligt. Dem beklagten Arzt gelingt der Nachweis, diese Behandlungsmaßnahme tatsächlich erbracht zu haben. 744

Urteilstenor:

Die Klage wird abgewiesen. 745
Die Kosten des Rechtsstreits werden dem Kläger auferlegt.
Das Urteil ist gegen Sicherheitsleistung in Höhe von 120% des jeweils zu vollstreckenden Betrages vorläufig vollstreckbar.

Erläuterungen:

Aufgrund der Dokumentationspflicht nach § 630f (insbes. Abs. 2) BGB wird grundsätzlich vermutet, dass der Arzt die nicht dokumentierte medizinisch gebotene wesentliche Behandlungsmaßnahme nicht getroffen hat, § 630h Abs. 3 BGB. Gelingt dem Arzt der Gegenbeweis, so ist die Schadensersatz- bzw. Schmerzensgeldklage gleichwohl unbegründet. 746

747 Der Prozessbevollmächtigte des Klägers erhält Prozesskostenhilfe, folglich 2,5 Anwaltsgebühren zu je 335 EUR. Vollstrecken kann die Klägerseite nichts. Der Beklagte hingegen kann seine vollen Gebühren (2,5 Anwaltsgebühren zu je 650 EUR) vollstrecken, somit ist der Anwendungsbereich des § 709 S. 1, 2 ZPO eröffnet. Die Bewilligung der Prozesskostenhilfe ist gemäß § 123 ZPO ohne Bedeutung für die Erstattung der **gegnerischen** Kosten.

C. Berufungsurteile

I. Berufungsurteile gegen Urteile des Amtsgerichts

☑ Fall 162: Die unbegründete Berufung (im Fall des § 708 Nr. 11 ZPO)

Das Amtsgericht hat den Beklagten mit Urteil vom … verurteilt, an den Kläger den Kaufpreis von 500 EUR zu zahlen. Zur Begründung hat es ausgeführt, dass der Beklagte, der wie der Kläger Kaufmann sei, zwar Mängel der Kaufsache gerügt habe, aber verspätet erst nach 2½ Wochen, so dass die Kaufsache als genehmigt gelte. 748

Das AG hat die Berufung gemäß § 511 Abs. 4 ZPO wegen der Bedeutung der Sache im Hinblick auf die Regelung des § 377 HGB zugelassen. Der Beklagte legt auch Berufung ein. Diese ist aber unbegründet.

Tenor des Berufungsurteils des LG:

Die Berufung des Beklagten gegen das am … verkündete Urteil des AG … wird zurückgewiesen. 749
Dem Beklagten werden die Kosten des Berufungsverfahrens auferlegt.
Das Urteil ist vorläufig vollstreckbar.
Die Revision wird nicht zugelassen.

Erläuterungen:

An die Zulassung der Berufung durch das AG ist das LG gebunden, § 511 Abs. 2 Nr. 2, Abs. 4 S. 2 ZPO. Deshalb hat es in der Sache zu entscheiden. Wenn es nicht in den Fällen des § 522 Abs. 2 ZPO die Berufung durch Beschluss einstimmig zurückweist, so ist durch Urteil zu entscheiden. Falls ein beiderseitiges Handelsgeschäft vorliegt, dürfte eine Rüge leicht feststellbarer bzw. offensichtlicher Mängel nach 2½ Wochen bereits verspätet sein (vgl. Baumbach/Hopt/*Hopt* HGB § 377 Rn. 23/26): die Berufung des Beklagten ist deshalb erfolglos und wird zurückgewiesen. 750

Da das Urteil des AG eine – richtige – Entscheidung über die Kosten des Rechtsstreits erster Instanz erhält, ist gemäß § 97 Abs. 1 ZPO nur über die – weiteren – Kosten des Berufungsverfahrens zu entscheiden.

Die Entscheidung über die vorläufige Vollstreckbarkeit beruht auf § 708 Nr. 10 S. 1 ZPO iVm § 711 S. 1, 2 ZPO. § 708 Nr. 10 S. 2 ZPO ist in diesem Fall nicht einschlägig, weil das erstinstanzliche Urteil keine Vollstreckbarkeit gegen Sicherheitsleistung angeordnet hat (Fall des § 708 Nr. 11 1. Alt. ZPO; vgl. *Anders/Gehle* S-71). Aus Gründen der Klarstellung dürfte sich mE eine Klarstellung, dass das Urteil des Amtsgerichts ohne Abwendungsbefugnis vorläufig vollstreckbar ist, empfehlen; im Gesetz ausdrücklich vorgesehen ist das nicht. 751

Eine Abwendungsbefugnis für das Berufungsurteil ist nicht zu tenorieren: Das Landgericht hat die Revision nicht zugelassen, so dass ein Fall des § 713 ZPO vorliegt (vgl. *Anders/Gehle* S-71). Eine Nichtzulassungsbeschwerde gemäß § 544 ZPO ist vorliegend unzulässig, da weder die Wertgrenze von 20.000 EUR überschritten ist (§ 544 Abs. 2 Nr. 1 ZPO) noch das Landgericht als Berufungsgericht die Berufung als unzulässig verworfen hat (§ 544 Abs. 2 Nr. 2 ZPO).

☑ Fall 163: Die unbegründete Berufung (im Fall des § 709 S. 1, 2 ZPO)

Das Amtsgericht hat den Beklagten mit Urteil vom … verurteilt, an den Kläger 2.000 EUR zu zahlen. 752

Der Beklagte legt Berufung ein. Diese ist unbegründet.

Tenor des Berufungsurteils des LG:

753 Die Berufung des Beklagten gegen das am ... verkündete Urteil des AG ... wird zurückgewiesen.
Dem Beklagten werden die Kosten des Berufungsverfahrens auferlegt.
Dieses Urteil und das Urteil des Amtsgerichts ... vom ...sind vorläufig vollstreckbar.
Die Revision wird nicht zugelassen.

Erläuterungen:

754 Grundsätzlich wird auf die Ausführungen zum vorherigen Fall 162 verwiesen. Hier ergibt sich aber die Besonderheit der Anwendung der Neuregelung des § 708 Nr. 10 S. 2 ZPO. Denn das erstinstanzliche Urteil ist vorliegend wegen der in der Hauptsache 1.250 EUR übersteigenden Verurteilung (arg e § 708 Nr. 11 1. Alt. ZPO) gemäß § 709 S. 1, 2 ZPO gegen Sicherheitsleistung vorläufig vollstreckbar. Diese Sicherheitsleistung entfällt nunmehr (vgl. *Anders/Gehle* S-71). Insoweit ist die Vollstreckbarkeit für **beide** Urteile zu tenorieren (vgl. auch *Anders/Gehle* S-67). Für die Vollstreckbarkeit des Berufungsurteils gilt § 713 ZPO.

☑ Fall 164: Die begründete Berufung

755 Das AG hat den Beklagten mit Urteil vom ... verurteilt, an den Kläger 1.000 EUR zu zahlen. Der Beklagte legt Berufung ein. Diese ist begründet.

Tenor des Berufungsurteils des LG:

756 Auf die Berufung des Beklagten wird das am ... verkündete Urteil des AG ... abgeändert: Die Klage wird abgewiesen.
Dem Kläger werden die Kosten des Rechtsstreits auferlegt.
Das Urteil ist vorläufig vollstreckbar.
Die Revision wird nicht zugelassen.

Erläuterungen:

757 Auch wenn das Urteil des AG vollständig abgeändert wird, weil die Klage nicht begründet, sondern – vollständig – abzuweisen ist, sollte man in »freundlicher«, § 528 S. 2 ZPO entsprechender Formulierung das Urteil »abändern« und nicht »aufheben«; die zuletzt genannte Tenorierung findet sich indes ebenfalls in manchen Berufungsurteilen (vgl. *Anders/Gehle* S-69).

Da auch die Kostenentscheidung des AG-Urteils keinen Bestand hat, ist nunmehr über die gesamten Kosten (und nicht nur über die Kosten des Berufungsverfahrens) gemäß § 91 Abs. 1 ZPO zu entscheiden.

Zur Vollstreckbarkeit vgl. die Erläuterungen zu Fall 162.

☑ Fall 165: Die zT begründete Berufung

758 Das AG hat den Beklagten mit Urteil vom ... verurteilt, an den Kläger 1.000 EUR zu zahlen. Der Beklagte legt Berufung ein. Diese ist in Höhe von 200 EUR begründet.

Tenor des Berufungsurteils des LG:

759 Auf die Berufung des Beklagten wird das am ... verkündete Urteil des AG ... teilweise abgeändert (und wie folgt neu gefasst):
Der Beklagte wird verurteilt, an den Kläger 800 EUR zu zahlen. Im Übrigen wird die Klage abgewiesen; die weitergehende Berufung wird zurückgewiesen.

Die Kosten des Rechtsstreits (beider Instanzen) werden dem Kläger zu 20% und dem Beklagten zu 80% auferlegt.
Das Urteil ist vorläufig vollstreckbar.
Die Revision wird nicht zugelassen.

Erläuterungen:

Bei der teilweise erfolgreichen Berufung empfiehlt es sich, das Urteil abzuändern und den Tenor sodann in der Hauptsache neu zu fassen (vgl. *Anders/Gehle* S. 69). Zu beachten ist hier, dass neben dem Hauptsacheausspruch die Klage teilweise abzuweisen und die weitergehende Berufung zurückzuweisen ist. **760**

Es ist über die gesamten Kosten des Rechtsstreits beider Instanzen zu entscheiden; der in Klammern erfolgte Zusatz ist nicht zwingend erforderlich.

Im Hinblick auf die Tenorierung der vorläufigen Vollstreckbarkeit ist vorliegend trotz teilweise unbegründeter Berufung nur § 708 Nr. 10 S. 1 ZPO einschlägig; insoweit wird auf die Erläuterungen zu Fall 162 verwiesen.

Fall 166: Die erfolgreiche Teilberufung

Das AG hat den Beklagten mit Urteil vom … verurteilt, an den Kläger 3. 000 EUR zu zahlen. Der Beklagte legt in Höhe von 1.000 EUR Berufung ein. Diese ist begründet. **761**

Tenor des Berufungsurteils des LG:

Auf die Berufung des Beklagten wird das am … verkündete Urteil des AG teilweise abgeändert: **762**
Der Beklagte bleibt verurteilt, an den Kläger 2.000 EUR zu zahlen.
Im Übrigen wird die weitergehende Klage abgewiesen.
Die Kosten des Rechtsstreits erster Instanz werden dem Kläger zu 33,33% und dem Beklagten zu 66,67% auferlegt.
Die Kosten des Berufungsverfahrens werden dem Kläger auferlegt.
Das Urteil ist vorläufig vollstreckbar.
Die Revision wird nicht zugelassen.

Erläuterungen:

Im Hinblick auf die Verurteilung des Beklagten, an den Kläger 2.000 EUR zu zahlen, ist das Urteil des AG nicht mit der Berufung angefochten worden, sondern in Rechtskraft erwachsen. Hierüber hatte folglich das LG nicht zu entscheiden. Um aber einen insgesamt verständlichen Tenor im Berufungsurteil des LG zu erhalten, empfiehlt es sich, die gewählte Formulierung zu übernehmen und den gesamten Klageanspruch zu erfassen. **763**

Da die Berufung sich nicht auf den gesamten Streitgegenstand bezieht, ist eine für jede Instanz separate Kostenentscheidung zu treffen. Im Hinblick auf den insgesamt eingeklagten Betrag von 3.000 EUR hat der Kläger letztlich zu zwei Dritteln Erfolg. Dementsprechend ergibt sich die Kostenquote für das Verfahren in erster Instanz. Die nur auf 1.000 EUR beschränkte Berufung des Beklagten ist hingegen vollständig erfolgreich; deshalb hat der Kläger die gesamten Kosten des Berufungsverfahrens zu tragen.

Im Hinblick auf die Tenorierung der vorläufigen Vollstreckbarkeit ist vorliegend wiederum nur § 708 Nr. 10 S. 1 ZPO einschlägig, da die Berufung – soweit sie reicht – vollumfänglich Erfolg hat; ergänzend wird auf die Erläuterungen zu Fall 162 verwiesen.

Fall 167: Die zT erfolgreiche Teilberufung

764 Das AG hat den Beklagten mit Urteil vom … antragsgemäß verurteilt, an den Kläger 4.000 EUR zu zahlen. Der Beklagte legt in Höhe von 3.000 EUR Berufung ein. Diese ist in Höhe von 1.000 EUR begründet.

Tenor des Berufungsurteils des LG:

765 Auf die Berufung des Beklagten wird das am … verkündete Urteil des AG … teilweise abgeändert:
Der Beklagte bleibt verurteilt, an den Kläger 3.000 EUR zu zahlen.
Im Übrigen werden die weitergehende Klage abgewiesen und die weitergehende Berufung zurückgewiesen.
Die Kosten des Rechtsstreits erster Instanz werden dem Kläger zu 25% und dem Beklagten zu 75% auferlegt.
Die Kosten des Berufungsverfahrens werden dem Kläger zu 33,33% und dem Beklagten zu 66,67% auferlegt.
Dieses Urteil und das Urteil des AG … vom …im Umfang seiner Aufrechterhaltung sind vorläufig vollstreckbar.
Die Revision wird nicht zugelassen.

Erläuterungen:

766 Auch in diesem Fall der nur eingeschränkt eingelegten und überdies nur eingeschränkt erfolgreichen Berufung empfiehlt es sich, grundsätzlich wie im vorherigen Fall zu tenorieren.

Formal korrekt müsste grundsätzlich tenoriert werden:

767 Auf die Berufung des Beklagten wird das am … verkündete Urteil des AG … teilweise abgeändert:
Der Beklagte bleibt verurteilt, an den Kläger 1.000 EUR zu zahlen.
Im Übrigen wird der Beklagte verurteilt, an den Kläger weitere 2.000 EUR zu zahlen. Die weitergehende Klage wird abgewiesen; die weitergehende Berufung wird zurückgewiesen …

768 Dieser Tenor brächte zwar zum Ausdruck, dass in Höhe von 1.000 EUR keine Berufung eingelegt worden ist, wäre letztlich aber doch unnötig umständlich.

Bezüglich der Kosten ist wiederum nach den in den beiden Instanzen unterschiedlichen Streitwerten zu differenzieren. Der Kläger erhält im Ergebnis 3.000 EUR der eingeklagten 4.000 EUR; folglich trägt er 25% der Kosten in erster Instanz.

Da der Beklagte mit seiner Berufung nur mit 1.000 EUR von 3.000 EUR, die er zur Überprüfung stellt, Erfolg hat, ergibt sich die tenorierte Kostenquote.

Im Hinblick auf die Tenorierung der vorläufigen Vollstreckbarkeit ist vorliegend aufgrund der teilweise unbegründeten Berufung neben § 708 Nr. 10 S. 1 ZPO auch S. 2 einschlägig, denn das Urteil des Amtsgerichts hat gemäß § 709 S. 1, 2 ZPO die Vollstreckbarkeit gegen Sicherheitsleistung angeordnet; ergänzend wird insoweit auf die Erläuterungen zu Fall 163 verwiesen.

Fall 168: Der Fall des § 97 Abs. 2 ZPO

769 Das Amtsgericht hat den Beklagten antragsgemäß verurteilt, an den Kläger 2.000 EUR zu zahlen. Der Beklagte legt gegen dieses Urteil Berufung ein und erhebt mit der Berufungsbegründung die Einrede der Verjährung. Der Anspruch ist verjährt.

Tenor des Berufungsurteils des LG:

770 Auf die Berufung des Beklagten wird das am … verkündete Urteil des Amtsgerichts … abgeändert:
Die Klage wird abgewiesen.

Die Kosten des Rechtsstreits erster Instanz werden dem Kläger, die Kosten des Berufungsverfahrens werden dem Beklagten auferlegt.
Das Urteil ist vorläufig vollstreckbar.
Die Revision wird nicht zugelassen.

Erläuterungen:

Im Hinblick auf den Hauptsachetenor ergeben sich keine Besonderheiten; auch in den Fällen, in denen das Berufungsgericht zum vollständig anderen Ergebnis als das erstinstanzliche Gericht kommt, sollte das Urteil des Amtsgerichts nicht aufgehoben, sondern lediglich (vollständig) abgeändert werden (vgl. Fall 164). 771

Die Kostenentscheidung weist vorliegend die Besonderheit dieses Falles auf. Da der Beklagte nämlich bei sorgfältiger Prozessführung die Einrede der Verjährung bereits in erster Instanz hätte erheben können, hätte der Kläger den Rechtsstreit bereits in erster Instanz verloren; deshalb ist es gerecht, dass dieser die Kosten des Rechtsstreits erster Instanz zu tragen hat. Nicht einzusehen ist hingegen, dass der Kläger auch die Kosten des Berufungsverfahrens tragen soll. Diese wären bei sachgerechter Prozessführung vermeidbar gewesen. Deshalb enthält § 97 Abs. 2 ZPO eine entsprechende Regelung der Kostendifferenzierung. Diese sehr ausgewogene Regelung ist nach der Neufassung des Berufungsrechts mit der gemäß §§ 531 Abs. 2; 529 Abs. 1 ZPO eingeschränkten Möglichkeit, neue Tatsachen geltend zu machen, in ihrer Bedeutung erheblich reduziert worden. Der vorliegende Fall wurde deshalb nicht von der Geltendmachung neuer Tatsachen abhängig gemacht, sondern von der Geltendmachung eines Rechts, dh der Erhebung der Einrede der Verjährung. 772

Zur Vollstreckbarkeit und Nichtzulassung der Revision vgl. Fall 162.

Fall 169: Die Erledigungserklärung des Berufungsbeklagten

Das AG hat den Beklagten antragsgemäß verurteilt, an den Kläger das Reitpferd P (im Wert von 4.000 EUR) herauszugeben. Der Beklagte verfolgt mit der Berufung seinen Klageabweisungsantrag mit der Begründung weiter, der Kläger habe ihm – dem Beklagten – das Pferd geschenkt habe, sei folglich nicht mehr Eigentümer des Tieres und damit nicht mehr zur Herausgabe berechtigt. Im Verlauf des Berufungsverfahrens vor dem LG verstirbt das Pferd. Der Kläger und Berufungsbeklagte erklärt den Rechtsstreit in der Hauptsache für erledigt. Der Beklagte und Berufungskläger widerspricht. Tatsächlich war der Kläger Eigentümer des Pferdes verblieben. 773

Tenor des Berufungsurteils des LG:

Das Urteil des Amtsgerichts vom … wird wie folgt abgeändert: 774
Es wird festgestellt, dass der Rechtsstreit in der Hauptsache erledigt ist.
Die Berufung des Beklagten wird zurückgewiesen.
Die Kosten des Berufungsverfahrens werden dem Beklagten auferlegt.
Dieses Urteil und das Urteil des Amtsgerichts … vom …im Umfang seiner Aufrechterhaltung sind vorläufig vollstreckbar.
Die Revision wird nicht zugelassen.

Erläuterungen:

Inzwischen findet man auch in Examensklausuren vereinzelt schon die Problematik der Erledigungserklärung des Rechtsmittel**gegners,** hier: des Berufungsbeklagten. Nicht selten halten Kandidaten eine derartige Erledigungserklärung mit dem Hinweis für unzulässig, der Beklagte könne nicht wirksam den Rechtsstreit einseitig für erledigt 775 erklären. Dabei wird übersehen, dass der Berufungsbeklagte tatsächlich **Kläger** ist und dies auch im Berufungsverfahren bleibt, somit weiterhin über den Streitgegenstand der Klage disponieren kann – er kann sie ja auch zurücknehmen!

776 *Zur Abgrenzung:*

Nicht disponieren kann er selbstredend isoliert über das Berufungsverfahren: eine Erklärung der Erledigung des Berufungsverfahrens wäre unzulässig.

777 Vorliegend ist die übliche Prüfung einer einseitigen Erledigungserklärung vorzunehmen. Diese stellt einen Antrag auf Feststellung der Erledigung in der Hauptsache dar. Es ist folglich zu überprüfen, ob die Klage ursprünglich zulässig und begründet war und sich durch ein nach Rechtshängigkeit eintretendes Ereignis erledigt hat. Dies ist vorliegend der Fall, der Kläger hätte das Tier aufgrund seines Eigentums gemäß § 985 BGB von dem Beklagten herausverlangen können. Es ist die Abänderung der Entscheidung des AG – Feststellung statt Herausgabe – zu tenorieren, ohne dieses als Erfolg des Berufungsklägers darzustellen (vgl. Fall 162). Deshalb heißt es sinnvollerweise zur Klarstellung nicht: »Auf die Berufung des Beklagten wird das Urteil des AG vom … abgeändert …«, sondern nach der Feststellung der Erledigung wird die Berufung des Beklagten zurückgewiesen. Damit kommt die Erfolglosigkeit der Berufung zum Ausdruck und macht zudem die Entscheidung über die Kosten der Berufung gemäß § 97 Abs. 1 ZPO transparent, die Entscheidung über die Kosten erster Instanz bleibt bestehen.

Im Hinblick auf die Tenorierung der vorläufigen Vollstreckbarkeit ist vorliegend aufgrund der unbegründeten Berufung neben § 708 Nr. 10 S. 1 ZPO auch S. 2 einschlägig, denn das Urteil des Amtsgerichts hat gemäß § 709 S. 1 ZPO die Vollstreckbarkeit gegen Sicherheitsleistung angeordnet; ergänzend wird insoweit auf die Erläuterungen zu Fall 163 verwiesen.

II. Berufungsurteile gegen Urteile des Landgerichts

Fall 170: Die zT begründete Berufung

778 Das LG hat die Zahlungsklage des Klägers, gerichtet auf 40.000 EUR, abgewiesen. Die Berufung des Klägers ist in Höhe von 10.000 EUR begründet.

Tenor des Berufungsurteils des OLG:

779 Auf die Berufung des Klägers wird das am … verkündete Urteil des LG teilweise abgeändert:

Der Beklagte wird verurteilt, an den Kläger 10.000 EUR zu zahlen. Im Übrigen werden die weitergehende Klage abgewiesen und die weitergehende Berufung zurückgewiesen.

Die Kosten des Rechtsstreits werden dem Kläger zu 75% und dem Beklagten zu 25% auferlegt.

Das Urteil ist vorläufig vollstreckbar.

Die Revision wird nicht zugelassen.

Erläuterungen:

780 Es gelten dieselben Grundsätze wie beim Berufungsurteil des LG. Unterschiede gibt es nicht mehr. § 708 Nr. 10 S. 2 ZPO dürfte vorliegend nicht einschlägig sein; zwar wird die Berufung zum Teil zurückgewiesen, es verbleibt aber kein vollstreckbarer Inhalt mehr aus dem erstinstanzlichen Urteil, der sich vorliegend nur aus der Kostenentscheidung ergeben könnte; insoweit aber trifft das Berufungsurteil eine neue Kostenregelung.

Die Vollstreckbarkeit des Berufungsurteils richtet sich grundsätzlich nach §§ 708 Nr. 10 iVm 711 ZPO. Auch hier gilt aber § 713 ZPO, da die Voraussetzungen für die Revision nicht gemäß § 544 Abs. 2 ZPO erfüllt sind (vgl. Fall 162).

Fall 171: Berufung und Anschlussberufung

Der Kläger klagt gegen den Beklagten vor dem LG … 20.000 EUR ein. Das LG verurteilt den Beklagten zur Zahlung von 15.000 EUR und weist im Übrigen die Klage ab. 781

Mit der Berufung verlangt der Kläger weitere 5.000 EUR, der Beklagte wendet sich seinerseits mit der (Anschluss-)Berufung gegen das Urteil, soweit die Verurteilung 5.000 EUR übersteigt.

Das OLG erkennt auf einen Anspruch des Klägers in Höhe von 10.000 EUR.

Tenor des Berufungsurteils des OLG:

Auf die Berufungen des Klägers und des Beklagten … 782

oder:

Auf die Berufung des Klägers und die Anschlussberufung des Beklagten … 783
wird das am … verkündete Urteil des LG … teilweise abgeändert:
Der Beklagte wird verurteilt, an den Kläger 10.000 EUR zu zahlen. Im Übrigen wird die Klage abgewiesen.
Die Berufung des Klägers und die weitergehende Berufung des Beklagten werden zurückgewiesen.
Die Kosten des Rechtsstreits erster Instanz werden gegeneinander aufgehoben.
Die Kosten des Berufungsverfahrens tragen der Kläger zu zwei Dritteln und der Beklagte zu einem Drittel.
Dieses Urteil und das Urteil des Landgerichts … vom … sind vorläufig vollstreckbar.
Die Revision wird nicht zugelassen.

Erläuterungen:

Dieser umfangreiche Tenor in einer äußerst praxisrelevanten Sache, die wahrlich keinen besonders schwierigen Ausnahmefall darstellt, verdeutlicht eindrucksvoll, dass die Tenorierung nicht zu vernachlässigen ist, sondern letztlich auch im Berufungsverfahren das Herzstück des Urteils darstellt. 784

Das Urteil ist abzuändern und der gesamte Ausspruch zur Hauptsache – aus Klarstellungsgründen – neu zu tenorieren (auch wenn die Verurteilung des Beklagten zu 5.000 EUR nicht angegriffen worden und damit in Rechtskraft erwachsen ist).

Da dem auf 20.000 EUR gerichteten Klageantrag nur teilweise stattgegeben worden ist, darf auch im Berufungsurteil nicht vergessen werden, die weitergehende Klage abzuweisen.

Im Übrigen ist über die Berufungsanträge zu entscheiden: die Berufung des Klägers war vollständig erfolglos, ist dementsprechend zurückzuweisen. Die Berufung des Beklagten, der die Verurteilung zur Zahlung von 15.000 EUR um 10.000 EUR reduzieren wollte, hat immerhin in Höhe von 5.000 EUR Erfolg. Deshalb ist nur seine »weitergehende« Berufung zurückzuweisen.

Aufgrund der unterschiedlichen Streitwerte in beiden Instanzen ist die Kostenentscheidung entsprechend für beide Instanzen zu differenzieren. Im Endergebnis erhält der Kläger von den in erster Instanz eingeklagten 20.000 EUR die Hälfte (10.000 EUR), so dass insoweit die Kosten gegeneinander aufzuheben sind.

Im Hinblick auf die Berufungskosten ist zu differenzieren: der Berufungsstreitwert beträgt 15.000 EUR: in Höhe von 5.000 EUR greift der Kläger, in Höhe von 10.000 EUR der Beklagte das Urteil an. Der Kläger hat mit seiner Berufung keinen Erfolg (MINUS 5.000 EUR) und im Hinblick auf die Berufung des Beklagten zur Hälfte Misserfolg (MINUS 5.000 EUR), verliert folglich mit 10.000 EUR von im Berufungsverfahren relevanten 15.000 EUR. Für den Beklagten gilt die umgekehrte 785

Größenordnung; folglich muss dieser 1/3 und der Kläger 2/3 der Berufungskosten tragen.

786 Die Vollstreckbarkeit richtet sich nach § 708 Nr. 10 S. 1 und 2 iVm § 713 ZPO. Da das Urteil des Landgerichts gegen Sicherheitsleistung vorläufig vollstreckbar ist und weiterhin eine Vollstreckung (in Höhe von 10.000 EUR) ermöglicht, ist auch insoweit die vorläufige Vollstreckbarkeit ohne Sicherheitsleistung auszusprechen, § 708 Nr. 10 S. 2 ZPO.

Fall 172: Die Zurückweisung der Berufung nach § 522 Abs. 2 ZPO – Wirkungslosigkeit der unselbstständigen Anschlussberufung

Der Kläger klagt gegen den Beklagten vor dem LG … 20.000 EUR ein. Das LG verurteilt den Beklagten zur Zahlung von 5.000 EUR und weist im Übrigen die Klage ab.

Mit der Berufung verlangt der Kläger weitere 15.000 EUR, der Beklagte wendet sich seinerseits mit der unselbstständigen (Anschluss-)Berufung gegen das Urteil, soweit es ihn (in Höhe von 5.000 EUR) verurteilt hat.

Das OLG ist einstimmig davon überzeugt, dass die Berufung offensichtlich keine Aussicht auf Erfolg hat.

Tenor des Beschlusses des OLG:

787 Die Berufung des Klägers gegen das Urteil des Landgerichts … wird zurückgewiesen.
Die Anschlußberufung des Beklagten verliert ihre Wirkung.
Die Kosten des Berufungsverfahrens tragen der Kläger 75 % und der Beklagte zu 25 %.
Dieses Urteil und das Urteil des Landgerichts … vom …sind vorläufig vollstreckbar.
Die Revision wird nicht zugelassen.

Erläuterungen:

788 Die Wirkungslosigkeit der Anschlussberufung ergibt sich aus § 524 Abs. 4 ZPO.

Die Kostenentscheidung ist problematisch. Es erscheint auf den ersten Blick gut vertretbar, dem unterliegenden Berufungsführer sämtliche Kosten aufzuerlegen (vgl. *OLG Hamm* Beschl. v. 27.3.2008 – 28 U 116/07; *OLG Köln* OLGR 2004, 397 f.). Die hM jedoch spricht sich für eine mE zutreffende anteilige Kostentragung von Berufungs- und Anschlussberufungsführer aus, weil beide mit ihren Urteilsangriffen scheitern. Will der Anschlussberufungsführer diese Rechtsfolge, die ihn ja ohne Rechtsprüfung »seiner« Berufung trifft, vermeiden, muss er selbstständig Berufung einlegen (vgl. *OLG Rostock* Beschl. v. 21.12.2018 – 1 U 25/17, mit ausführlicher Begründung; so auch Zöller/*Heßler* ZPO § 524 Rn. 44; ebenso BGHZ 80,146, für den – vergleichbaren – Fall von Revision und Anschlussrevision).

789 Die Vollstreckbarkeit richtet sich nach § 708 Nr. 10 S. 1 und 2 iVm § 713 ZPO.

Da das Urteil des Landgerichts gegen Sicherheitsleistung vorläufig vollstreckbar ist und weiterhin eine Vollstreckung (in Höhe von 5.000 EUR) ermöglicht, ist auch insoweit die vorläufige Vollstreckbarkeit ohne Sicherheitsleistung auszusprechen.

Fall 173: Die Klageerweiterung in der Berufungsinstanz

790 Das Landgericht hat den Beklagten mit Urteil vom … verurteilt, an den Kläger den von ihm ausgeliehenen Pkw … herauszugeben. Der Beklagte legt Berufung mit der nunmehr vorgetragenen Begründung ein, das Fahrzeug nicht mehr im Besitz zu haben; es sei ihm inzwischen entwendet worden, da er es unverschlossen habe stehen

lassen (vgl. Fall 67). Der Kläger ändert seine Klage daraufhin auf Schadensersatz in Höhe von 25.000 EUR um. Das OLG erachtet die Klage für begründet.

Tenor des Berufungsurteils des LG:

Die Berufung des Beklagten gegen das am ... verkündete Urteil des LG ... wird zurückgewiesen. 791
Das Urteil des LG wird teilweise abgeändert:
Der Beklagte wird verurteilt, an den Kläger 25.000 EUR zu zahlen.
Die Kosten des Rechtsstreits einschließlich des Berufungsverfahrens werden dem Beklagten auferlegt.
Das Urteil ist vorläufig vollstreckbar.
Dem Beklagten wird nachgelassen, die Vollstreckung durch den Kläger gegen Sicherheitsleistung in Höhe von 120% des aufgrund des Urteils vollstreckbaren Betrages abzuwenden, wenn nicht der Kläger vor der Vollstreckung Sicherheit in Höhe von 120% des jeweils zu vollstreckenden Betrages leistet.
Die Revision wird nicht zugelassen.

Erläuterungen:

Inwieweit eine Klageänderung in der Berufungsinstanz möglich ist, bestimmt sich nach § 533 Nrn. 1 und 2 ZPO. Vorliegend handelt es sich um eine nach § 264 Abs. 3 ZPO zulässige Klageänderung. In der Berufungsinstanz sind zwar die zusätzlichen Voraussetzungen des § 529 ZPO zu prüfen; diese dürften aber regelmäßig gemäß §§ 529 Abs. 1 Nr. 2; 531 Abs. 2 Nr. 3 ZPO vorliegen (Zöller/*Heßler* ZPO § 533 Rn. 3). Die Klage ist gemäß § 280 Abs. 1, 3 BGB iVm § 281 Abs. 1 BGB begründet. 792

Die Berufung des Beklagten gegen den Herausgabetitel des LG ist grundsätzlich unbegründet, da es nach hM für die Begründetheit der Herausgabeklage ausreicht, wenn der Beklagte zwar bestreitet, (noch) Besitzer zu sein, für den von ihm behaupteten Besitzverlust aber haften würde (vgl. Fall 67). Der Beklagte hat somit alle Kosten des Rechtsstreits einschließlich der Berufung gemäß §§ 91 Abs. 1; 97 Abs. 1 ZPO zu tragen. 793

Sieht man das anders bzw. steht nach hM der Besitzverlust des Beklagten unstreitig fest, ist somit die ursprüngliche Klage unbegründet geworden, so sind die Kosten des insoweit erfolgreichen Berufungsverfahrens – vorbehaltlich der möglichen Regelung nach § 97 Abs. 2 ZPO – dem Kläger aufzuerlegen. 794

Die Entscheidung über die vorläufige Vollstreckbarkeit beruht auf § 708 Nr. 10 S. 1 iVm § 711 S. 1, 2 ZPO. Vorliegend ist eine Nichtzulasungsbeschwerde gemäß § 544 Abs. 2 Nr. 1 ZPO wegen Überschreitens der Wertgrenze von 20.000 Euro zulässig, so dass hier die Abwendungsbefugnis zu tenorieren ist, § 713 ZPO folglich nicht einschlägig ist. Ebensowenig dürfte § 708 Nr. 10 S. 2 ZPO anzuwenden sein; insoweit wird auf die Erläuterungen zum Fall 170 verwiesen. 795

Fall 174: Die Aufhebung und Zurückverweisung

Der Beklagte stützt seine Berufung darauf, dass das LG nicht sämtliche von ihm benannten Zeugen gehört habe und der Klage deshalb zu Unrecht stattgegeben worden sei. Das OLG erachtet die Nichtvernehmung der Zeugen als wesentlichen Verfahrensfehler. 796

Tenor des Berufungsurteils des OLG:

Auf die Berufung des Beklagten wird das Urteil des LG ... vom ... mit dem ihm zugrundeliegenden Verfahren aufgehoben. 797
Der Rechtsstreit wird zur neuen Verhandlung und Entscheidung, auch über die Kosten des Berufungsverfahrens, an das Landgericht ... zurückverwiesen.
Gerichtskosten für das Berufungsverfahren werden nicht erhoben.

Erläuterungen:

798 Der Tenor folgt aus § 538 Abs. 2 Nr. 1 ZPO.

799 Da nicht feststeht, ob sich nach der durchzuführenden – vollständigen – Beweisaufnahme in der Sache ein anderes Ergebnis ergibt als der Klage stattzugeben, kann noch keine abschließende Entscheidung über die Kosten des Rechtsstreits (auch nicht über die Kosten des Berufungsverfahrens) getroffen werden. Das LG hat vielmehr einheitlich über die Kosten beider Instanzen zu entscheiden. Für das Berufungsverfahren sind gemäß § 21 Abs. 1 GKG Gerichtskosten nicht zu erheben, weil sie bei richtiger Sachbehandlung nicht entstanden wären (vgl. *OLG Hamm* DRiZ 1974, 374).

Sachregister

Die Zahlen bezeichnen die Randnummern des Buches.